“十三五”高等职业教育汽车类专业“互联网+”创新教材

# 汽车发动机电控系统检修


主　编　吴志强　何文锋

副主编　贾辰飞　杨　锐　闫寒乙　王　思

参　编　梁　乾　张欢唱　付　宽　唐　宏

郑　晖　苏　畅　陈　捷　任水善

主　审　闫　军

机械工业出版社

本书以汽车机电维修岗位、发动机电控维修的典型工作任务为主要内容，以大众迈腾、雪佛兰科鲁兹、丰田卡罗拉等典型教学车型为技术依据，精心设计了汽车发动机电控系统认知、汽油供给系统检修、空气供给系统检修、电控点火系统检修、发动机排放控制系统检修5个学习项目，共计16个学习任务。

同时，本书配套实训工作页（需要另行购买）、电子课件（免费索取）、教学动画、技能微课视频（扫描书中二维码免费观看），通过信息化教学手段，将纸质教材与课程资源有机结合，为资源丰富的“互联网+”智慧教材。

本书可作为职业院校汽车检测与维修技术、汽车运用与维修等汽车类专业的教材，也可作为汽车维修技能社会培训用书，还可供汽车维修技术人员参考使用。

本书配套电子课件可登录 www.cmpedu.com 以教师身份免费注册、下载。编辑咨询电话 010-88379375。

**图书在版编目（CIP）数据**

汽车发动机电控系统检修/吴志强，何文锋主编. —北京：机械工业出版社，2018.10（2023.6重印）
“十三五”高等职业教育汽车类专业“互联网+”创新教材
ISBN 978-7-111-61086-1

Ⅰ.①汽… Ⅱ.①吴…②何… Ⅲ.①汽车-发动机-电子系统-控制系统-检修-高等职业教育-教材 Ⅳ.①U472.43

中国版本图书馆 CIP 数据核字（2018）第230933号

机械工业出版社（北京市百万庄大街22号 邮政编码100037）
策划编辑：曹新宇 责任编辑：曹新宇 张丹丹
责任校对：佟瑞鑫 封面设计：鞠 杨
责任印制：常天培
北京机工印刷厂有限公司印刷
2023年6月第1版第8次印刷
184mm×260mm · 11.75印张 · 287千字
标准书号：ISBN 978-7-111-61086-1
定价：36.00元

电话服务
客服电话：010-88361066
010-88379833
010-68326294

网络服务
机 工 官 网：www.cmpbook.com
机 工 官 博：weibo.com/cmp1952
金 书 网：www.golden-book.com
机工教育服务网：www.cmpedu.com

# 前　言

本书坚持以服务为宗旨、以就业为导向、以技能为核心的职业教育理念，推进职业教育教学改革，加大教育信息化推广力度，编者结合了高等职业教育汽车类专业群的教学实际，在广泛调研的基础上编写了本书。

本书以“基于工作过程系统化的学习领域课程”理念为指导，以“行动导向”的教学改革为方向，以汽车机电维修岗位发动机电控维修的典型工作任务为内容，以大众迈腾、雪佛兰科鲁兹、丰田卡罗拉等典型教学车型为技术依据，精心设计了汽车发动机电控系统认知、汽油供给系统检修、空气供给系统检修、电控点火系统检修、发动机排放控制系统检修等5个学习项目，共计16个学习任务。每个学习任务都按照“任务导入—任务目标—知识准备—任务实施—任务小结—知识拓展”六个环节编写，重点突出了“任务实施”的过程性与完整性。本书内容紧扣岗位工作实际与厂家维修标准，理论知识讲解深入浅出、透彻明了，任务实施步骤规范科学、有据可循。本书各项目内容与建议学时如下：

| 项　目 | 项目内容 | 建议学时 |
| --- | --- | --- |
| 项目1 | 汽车发动机电控系统认知 | 8 |
| 项目2 | 汽油供给系统检修 | 26 |
| 项目3 | 空气供给系统检修 | 32 |
| 项目4 | 电控点火系统检修 | 16 |
| 项目5 | 发动机排放控制系统检修 | 20 |
| 合计 | | 102 |

本书配套原理动画、技能微课视频，借助“互联网+”及信息技术，紧抓数字化机遇，以二维码形式融入教材，使本书内容立体化、可视化、数字化，能够满足“人人皆学、处处能学、时时可学”的学习需要，助力学生学习成长，进一步丰富、优化、更新教材数字化资源，推进教育数字化。同时，本书配套出版了《汽车发动机电控系统检修实训工作页》，方便实训课程的组织与实施，供大家选用。

本书由汉中职业技术学院吴志强担任第一主编（负责编写项目3、项目4）并完成统稿，咸阳职业技术学院何文锋担任第二主编（负责编写项目1）。担任副主编的有汉中职业技术学院贾辰飞（负责编写项目2）、杨锐（负责编写项目5）、闫寒乙（负责编写附录），渭南职业技术学院王思（负责图稿）。本书由汉中职业技术学院闫军教授主审，他为本书提出了许多宝贵的修改建议。参与本书编写的还有梁乾、张欢唱、付宽、唐宏、郑晖、苏畅、陈捷、任水善等老师，他们为本书提供了大量的素材。

本书配套的动画、技能微课等资源由深圳风向标教育资源股份有限公司制作，浙江吉利控股集团、陕西唐龙汽车集团、汉中鼎鑫汽车销售有限公司等企业为本书的编写提供了设备、技术支持。在本书编写的过程中，参阅了大量的书籍和资料，在此对企业相关人员及参考书籍、资料原作者一并表示感谢！

由于编者水平有限，书中难免会有疏漏和不足之处，恳请业内专家、同仁、广大读者批评指正（编者邮箱：243223507@ qq. com）。

编　者

# 目　录

# 二维码索引

（续）

| 序号 | 任务名称 | 图形 | 页码 | 序号 | 任务名称 | 图形 | 页码 |
|---|---|---|---|---|---|---|---|
| 13 | 节气门位置传感器及控制电路检修 | | 91 | 20 | 点火线圈及控制电路检修 | | 126 |
| 14 | 节气门电机及控制电路检修 | | 91 | 21 | 爆燃传感器及控制电路检修 | | 126 |
| 15 | 加速踏板位置传感器及控制电路检测 | | 91 | 22 | 曲轴位置传感器及控制电路检修 | | 136 |
| 16 | 气门正时可变控制系统检修 | | 111 | 23 | 凸轮轴位置传感器及控制电路检修 | | 136 |
| 17 | 气门升程可变控制系统检修 | | 111 | 24 | 燃油蒸发控制系统检修 | | 148 |
| 18 | 进气道可变控制系统检修 | | 111 | 25 | 氧传感器及控制电路检修 | | 158 |
| 19 | 废气涡轮增压控制系统检修 | | 111 | 26 | 汽车尾气的检测与分析 | | 166 |

# 项目 1

# 汽车发动机电控系统认知

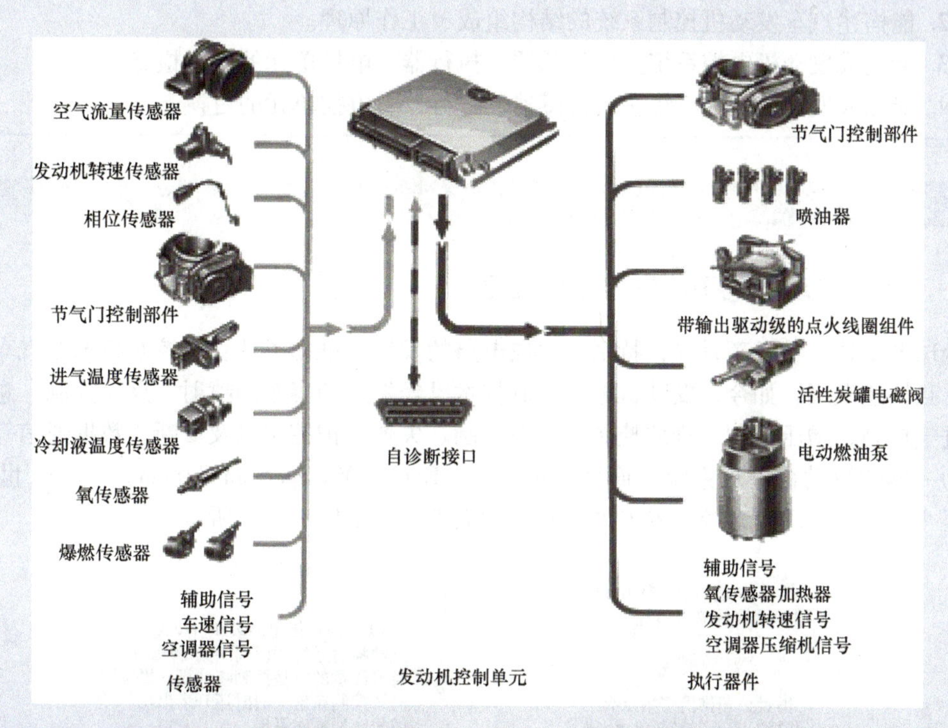


## 【项目导读】

| | |
|---|---|
| 描述 | 要完成汽车发动机电控系统的各种检修工作，首先必须了解发动机电控系统的基本结构，在对发动机电控系统全面认知、掌握诊断仪等必备检测仪器的基础上才能开展检测与维修。本项目通过两个任务的训练，使学生掌握电控发动机系统的组成及自诊断的相关理论知识，学会诊断仪的使用，为发动机电控系统检修奠定基础 |
| 任务 | 任务 1.1　发动机电控系统部件外观检查<br>任务 1.2　汽车诊断仪的使用 |

# 任务1.1 发动机电控系统部件外观检查

## 【任务导入】

一辆装备1ZR-FE发动机的丰田卡罗拉轿车发动机电控系统发生了故障，入厂进行维修。技术经理要求先对该车发动机电控系统进行了解认知，并找出发动机电控元件安装位置，初步观察其外观是否良好。

## 【任务目标】

1. 能通过查阅相关维修技术资料等方式，获取车辆资讯与信息。
2. 能描述汽车发动机控制系统的结构组成、工作原理。
3. 能完成发动机电控系统主要传感器、执行器、电控单元的外观检查。
4. 能完成发动机电控系统主要传感器、执行器、电控单元的更换。

## 【知识准备】

### 一、汽车发动机电子控制技术的发展

全球电子技术的日新月异，特别是集成电路的发展，推动了计算机控制技术在汽车上的应用并且快速发展。如今，发动机电子控制技术已经发展到集燃油喷射、点火控制、怠速控制、进气控制、增压控制、排放控制、防盗控制、失效保护控制以及诊断、数据通信等多项控制为一体的发动机管理系统，简称“EMS”（Engine Management System）。从20世纪60年代至今，汽车发动机电控技术发展的几个代表性阶段如图1-1-1所示。

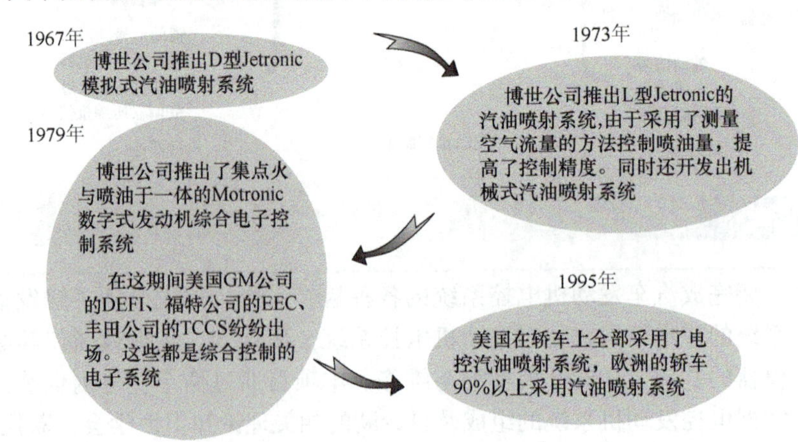


图1-1-1 汽车发动机电控技术发展的几个代表性阶段

### 二、汽油发动机电控系统的组成

汽油发动机电控系统主要由信号输入装置、电控单元和执行器三大部分组成，如图1-1-2

所示，其控制方式根据是否具有反馈信号可分为开环控制与闭环控制。

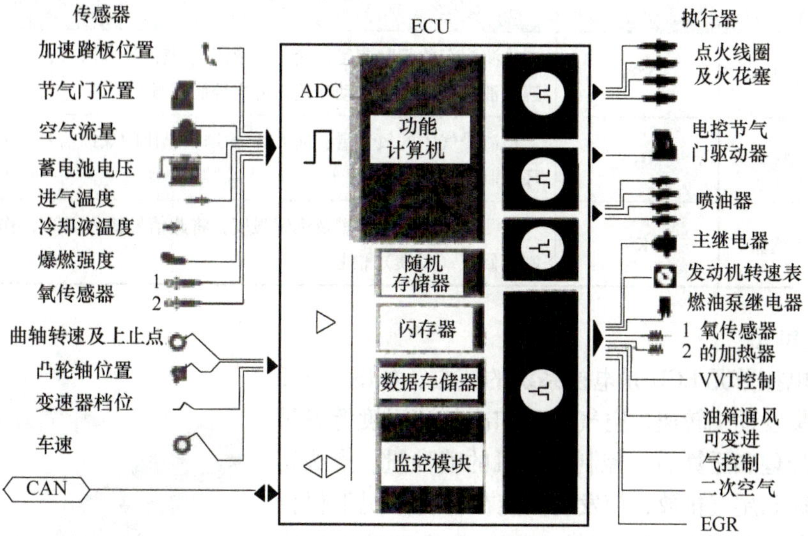

图 1-1-2　汽油发动机电控系统的组成

### 1. 信号输入装置

信号输入装置包括各种传感器和开关，安装在发动机的各个部位，其功用是采集电控系统所需的信息，并将其转换成电信号输送给发动机电控单元 ECU（Electronic Control Unit）。汽油发动机常见传感器及其主要功能见表 1-1-1。

表 1-1-1　汽油发动机常见传感器及其主要功能

| 序号 | 类　型 | 英文缩写 | 主要功能 |
| --- | --- | --- | --- |
| 1 | 空气流量传感器 | MAFS | 在 L 型电控燃油喷射系统中，由空气流量传感器测量发动机的进气量，并将信号输入 ECU，作为燃油喷射和点火控制的主控制信号 |
| 2 | 进气歧管绝对压力传感器 | MAPS | 在 D 型电控燃油喷射系统中，由进气歧管绝对压力传感器测量进气歧管内气体的绝对压力，并将该信号输入 ECU，作为燃油喷射和点火控制的主控制信号 |
| 3 | 节气门位置传感器 | TPS | 检测节气门的开度及开度变化，如全关（怠速）、全开及节气门开闭的速率（单位时间内开闭的角度）信号，将此信号输入 ECU，用于燃油喷射控制及其他辅助控制 |
| 4 | 凸轮轴位置传感器 | CMPS | 给 ECU 提供曲轴转角基准位置信号（G 信号），作为喷油正时控制和点火正时控制的主控制信号 |
| 5 | 曲轴位置传感器 | CKPS | 用来检测曲轴转角位移，给 ECU 提供发动机转速信号和曲轴转角信号，作为喷油正时控制和点火正时控制的主控制信号 |
| 6 | 进气温度传感器 | IATS | 给 ECU 提供进气温度信号，作为燃油喷射控制和点火控制的修正信号 |
| 7 | 冷却液温度传感器 | ECTS | 给 ECU 提供发动机冷却液温度信号，作为燃油喷射控制和点火控制的修正信号。冷却液温度传感器信号也是其他控制系统（如怠速控制和废气再循环控制等）的控制信号 |

（续）

| 序号 | 类　型 | 英文缩写 | 主要功能 |
|---|---|---|---|
| 8 | 车速传感器 | VSS | 检测汽车的行驶速度，给 ECU 提供车速信号（SPI），用于巡航控制和限速断油控制，也是自动变速器的主控制信号 |
| 9 | 氧传感器 | $O_2S$ | 检测排气中的氧含量，向 ECU 输送空燃比的反馈信号，进行喷油量的闭环控制 |
| 10 | 爆燃传感器 | KS | 检测汽油机是否爆燃及爆燃强度，将此信号输入 ECU，作为点火正时控制的修正（反馈）信号 |

**2. 电控单元**

发动机电控单元 ECU 是电控系统的核心，如图 1-1-3 所示。它采集发动机转速、空气流量和冷却液温度等各种信号，进行处理和运算后，控制发动机的喷油量、点火正时、怠速转速和尾气排放，使发动机能在各种工况下保持较好的动力性、经济性和排放性。ECU 在发动机中主要的输入接口是传感器（如转速、温度和负荷等），最主要的输出接口是控制接口，它控制外部执行机构的动作，如喷油器、燃油泵等。

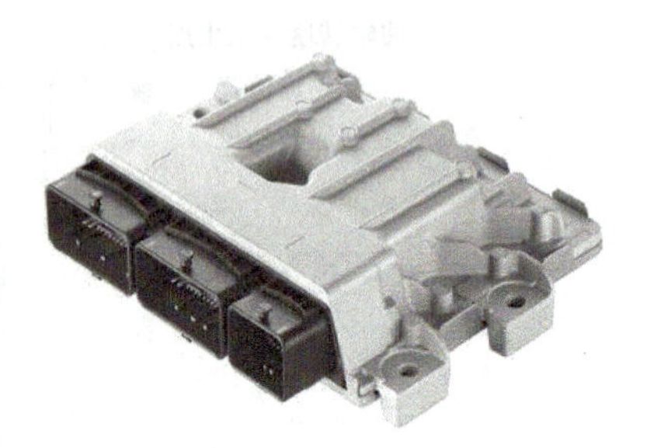

图 1-1-3　发动机电控单元 ECU

**3. 执行器**

执行器是电控系统中的执行机构，其功用是接受 ECU 的指令，完成具体控制动作。汽油发动机常见执行器及功能见表 1-1-2。

表 1-1-2　汽油发动机常见执行器及功能

| 序　号 | 类　型 | 英文缩写 | 主要功能 |
|---|---|---|---|
| 1 | 喷油器 | INJ | 根据 ECU 的喷油脉冲信号，精确计算燃油喷射量 |
| 2 | 点火器 | ICM | 根据 ECU 脉冲信号，控制点火 |
| 3 | 怠速控制阀 | ISCV | 控制发动机怠速转速 |
| 4 | 节气门控制电动机 | CCSV | 根据 ECU 控制节气门开度 |
| 5 | 废气再循环阀 | EGRV | 根据 ECU 控制废气再循环量 |
| 6 | 进气控制阀 | IACV | 根据 ECU 控制进气系统工作 |
| 7 | 活性炭罐电磁阀 | ACCV | 回收燃油箱内部的燃油蒸气，以减少污染 |
| 8 | 电动汽油泵 | FP | 供给燃油喷射系统规定压力的燃油 |
| 9 | 真空电磁阀 | VSV | 根据 ECU 控制真空管路通断 |
| 10 | 二次空气喷射电磁阀 | SAIV | 根据 ECU 脉冲信号控制二次空气喷射量 |

**4. 开环控制**

当发动机工作时，ECU 根据传感器的信号对执行器进行控制，而控制的结果是否达到预期目标无法做出分析，控制的结果对控制过程没有影响，这种控制方式称为开环控制，如图 1-1-4 所示。开环控制方式比较简单但精度较差，如活性炭罐电磁阀的控制。

图 1-1-4　开环控制

**5. 闭环控制**

发动机电控系统的闭环控制系统除具有开环控制的功能外，还对其控制结果进行检测，并将检测结果（即反馈信号）输入ECU，ECU则根据反馈信号误差进行修正，如图1-1-5所示。所以闭环控制系统的控制精度比开环控制系统更高，如喷油量控制、点火提前角控制。

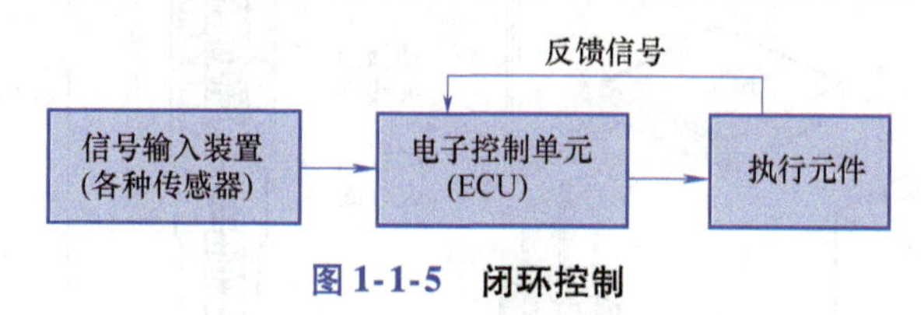


图 1-1-5　闭环控制

## 三、汽油发动机电控系统的主要控制系统

汽油发动机电控系统按照控制功能的不同可分为电控燃油喷射系统、电控点火系统、排放控制系统和自诊断系统等。通常将电控燃油喷射系统、电控点火系统以外的其他控制系统统称为辅助控制系统。

**1. 电控燃油喷射系统**

电控燃油喷射系统由燃油供给系统、空气供给系统及电子控制系统组成，如图1-1-6所示。其主要根据进气量确定基本的喷油量，再根据其他传感器（如冷却液温度传感器、节气门位置传感器等）信号对喷油量进行修正，使发动机在各种运行工况下均能获得最佳浓度的混合气，从而提高发动机的动力性、经济性和排放性。除喷油量控制外，电控燃油喷射系统还包括喷油正时控制、断油控制和燃油泵控制。

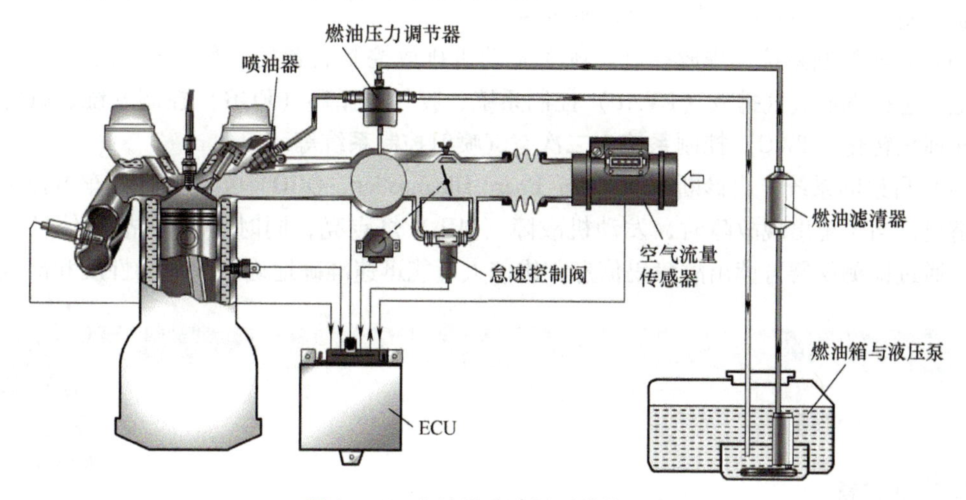


图 1-1-6　电控燃油喷射系统的组成

**2. 电控点火系统**

电控点火系统的主要功能是点火提前角控制。该系统根据各相关传感器信号，判断发动

机的运行工况和运行条件，选择最理想的点火提前角点燃混合气，从而改善发动机的燃烧过程，以实现提高发动机动力性、经济性和降低排放污染的目的。此外，电控点火系统还具有通电时间控制和爆燃控制功能。单独电控点火系统主要由蓄电池、点火开关、传感器、ECU和带点火器的点火线圈组成，如图 1-1-7 所示。

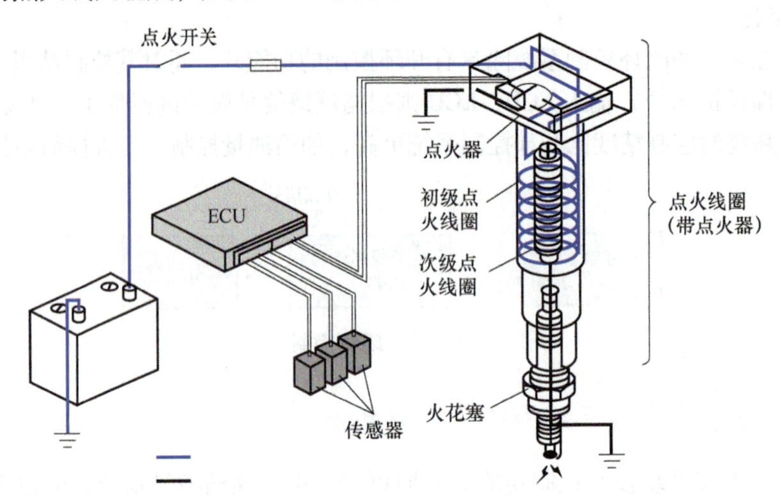

图 1-1-7　电控点火系统的组成

**3. 辅助电控系统**

（1）进气控制系统　根据发动机转速和负荷的变化，对发动机的进气进行控制，以提高发动机的充气效率，从而改善发动机动力性。进气控制系统包括谐波进气增压系统（ACIS）、废气涡轮增压系统、可变气门正时系统（VVT）和电子控制节气门系统（EPC）等。

（2）怠速控制系统　怠速控制（ISC）系统能在发动机怠速工况下，根据发动机冷却液温度、空调压缩机是否工作、变速器是否挂入档位等，通过怠速控制阀对发动机的进气量进行控制，使发动机随时以最佳怠速转速运转。

（3）排放控制系统　排放控制系统对发动机排放控制装置的工作实行电子控制。排放控制主要包括汽油蒸气排放（EVAP）控制系统、废气再循环（EGR）控制系统、氧传感器及三元催化转化（TWC）控制系统、二次空气喷射控制系统等。

（4）自诊断系统　自诊断系统（On-Board Diagnostics，OBD）实时监控汽车电控系统的运行情况，当系统出现故障时，发动机故障（MIL）灯点亮，同时 ECU 将故障信息存入存储器，通过检测仪器可读出故障码信息，维修人员能迅速准确地确定故障的性质和部位。

## 【任务实施】

发动机电控系统部件外观检查

### 一、任务准备

**1. 实训设备**

丰田卡罗拉轿车及 1ZR-FE 发动机实训台或相似实训设备。

**2. 实训工具**

汽车拆装手动工具。

**3. 实训资料**

实训工作页、维修手册、教材。

**4. 辅助材料**

翼子板布和前格栅布、三件套、抹布、白板笔。

## 二、实施步骤

**1. 车辆基本检查**

1）实训车辆安全防护。

2）登记车辆基本信息。

3）车辆油、水、电基本检查。

**2. 发动机电控系统传感器外观的检查**

（1）空气流量传感器与进气温度传感器　1ZR-FE 发动机空气流量传感器与进气温度传感器为一体式设计，安装在进气管上，连接线束共有五根导线，如图 1-1-8 所示。

（2）凸轮轴位置传感器　1ZR-FE 发动机为顶置双凸轮轴结构，有进、排气两个凸轮轴位置传感器，安装在发动机顶部后端进、排气凸轮轴附近，连接线束各有三根导线，如图 1-1-9 所示。

图 1-1-8　空气流量传感器与进气温度传感器

图 1-1-9　凸轮轴位置传感器

（3）冷却液温度传感器　1ZR-FE 发动机冷却液温度传感器安装在气缸盖后端、冷却水管接头附近，连接线束共有两根导线，如图 1-1-10 所示。

（4）氧传感器　1ZR-FE 发动机有前、后两个氧传感器，安装在排气管三元催化转化器前后，连接线束各有四根导线，后氧传感器如图 1-1-11 所示。

图 1-1-10　冷却液温度传感器

图 1-1-11　后氧传感器

（5）曲轴位置传感器　1ZR-FE发动机曲轴位置传感器安装在发动机前部曲轴附近，连接线束共有两根导线，如图1-1-12所示。

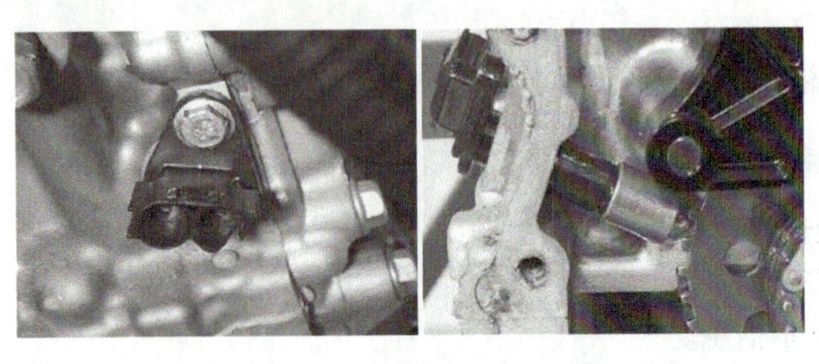

图1-1-12　曲轴位置传感器

（6）加速踏板位置传感器　1ZR-FE发动机加速踏板位置传感器安装在驾驶室内、驾驶人侧右上底板上，连接线束共计六根，如图1-1-13所示。

图1-1-13　加速踏板位置传感器

（7）爆燃传感器　1ZR-FE发动机爆燃传感器安装在进气歧管附近的气缸壁上，连接线束导线共计两根，如图1-1-14所示。

（8）节气门位置传感器与节气门体　1ZR-FE发动机节气门体总成包括节气门位置传感器、节气门控制电动机、节气门，安装在进气管上，连接线束导线共计六根，如图1-1-15所示。

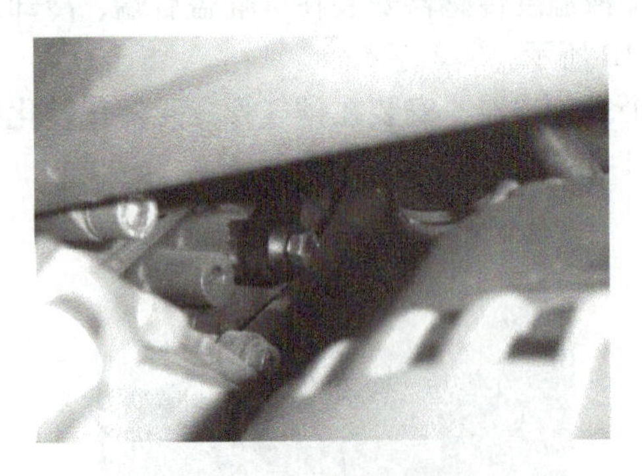

图1-1-14　爆燃传感器

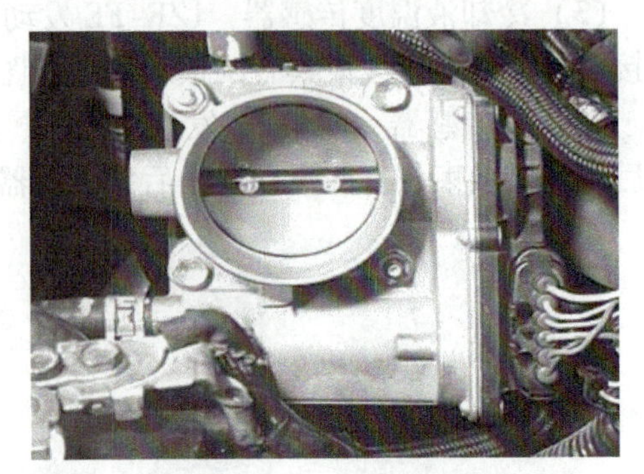

图1-1-15　节气门体

**3. 发动机电控系统执行器外观的检查**

（1）喷油器　1ZR-FE发动机为直列四缸，缸外喷射，四个喷油器及油轨均安装在进气歧管根部，每个喷油器连接线束共有两根导线，如图1-1-16所示。

图1-1-16　喷油器

（2）燃油泵　卡罗拉轿车燃油泵安装在后排座椅坐垫下方、油箱内，连接线束共有四根导线，如图1-1-17所示。

（3）活性炭罐电磁阀　1ZR-FE发动机的活性炭罐电磁阀为占空比控制型真空开关阀，安装在发动机顶部后端、炭罐管路上，连接线束共有两根导线，如图1-1-18所示。

图1-1-17　燃油泵

图1-1-18　活性炭罐电磁阀

（4）凸轮轴正时机油控制阀　1ZR-FE发动机装备双气门可变正时控制系统（D-VVT），进、排气凸轮轴正时机油控制阀安装在发动机顶部前端、凸轮轴附近，连接线束各有两根导线，如图1-1-19所示。

图1-1-19　凸轮轴正时机油控制阀（进气）

（5）点火器与点火线圈　1ZR-FE发动机为单缸独立点火，配备有四个带点火器的点火线圈，安装在发动机顶部，每个点火线圈连接线束有四根导线，如图1-1-20所示。

（6）三元催化转化器　三元催化转化器不属于发动机电控系统的执行器，但也是发动机排放控制系统的重要部件，安装在排气管上，如图 1-1-21 所示。

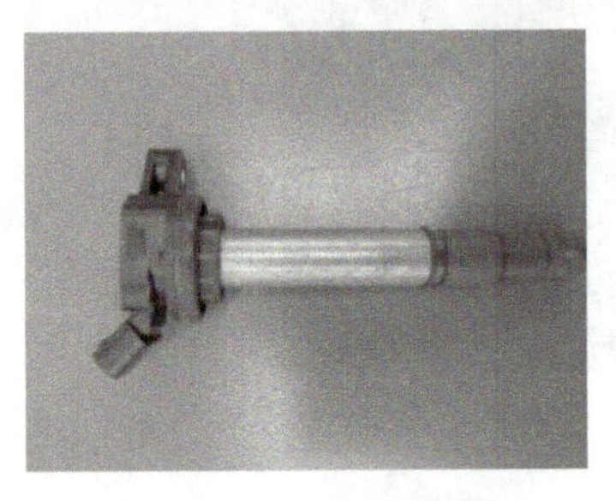

图 1-1-20　点火线圈

图 1-1-21　三元催化转化器

**4. 发动机电控单元外观检查**

1ZR-FE 发动机的电控单元被称为发动机控制模块（Engine Control Module，ECM），其安装在发动机舱内、蓄电池旁边，由两个插头连接线束，其中 B31 插头共有 140 根导线，A50 插头共有 60 根导线，各导线连接端子的编号标注在 ECM 端子根部，如图 1-1-22 所示。

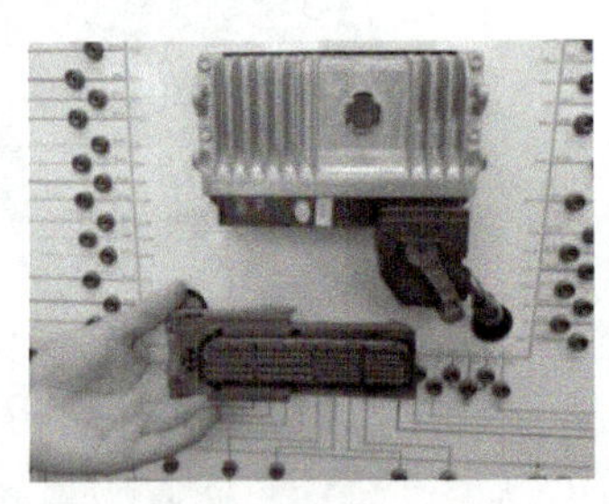

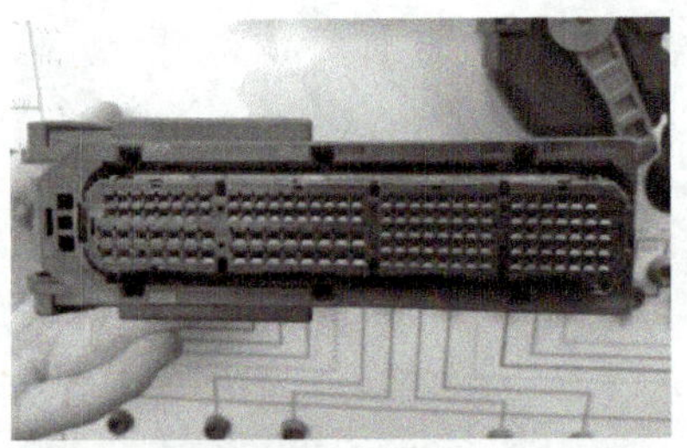

图 1-1-22　发动机电控单元

**5. 现场恢复**

完成实训任务后，按照要求恢复车辆、仪器和设备，做好现场 6S 管理。

### 【任务小结】

本任务主要介绍了发动机电控技术的发展历程、电控系统的工作原理和组成部件。通过任务训练，学生获取车辆 VIN 码等基本信息，找到电控系统的重要部件，熟悉其安装位置和连接情况，完成发动机电控系统部件外观检查的任务。

### 【知识拓展】——汽车电子电控知名企业简介

目前，德国博世、美国德尔福、日本电装株式会社为汽车电子、电控研发生产的龙头企业，品牌标志如图 1-1-23 所示。

图 1-1-23　博世、电装、德尔福品牌标志

博世在三家企业中最早将技术传入我国。无锡威孚于1984年耗资3000万元引进了博世公司的A型泵制造技术。1995年再次合作，投资3000万美元建立了无锡欧亚柴油喷射有限公司。随之博世在苏州成立博世汽车部件（苏州）有限公司。

德尔福自1994年进入我国以来，目前在我国的总投资额已超过5亿美元。建立了1家投资公司、11家合资独资生产企业、4个客户服务中心、1个技术中心和1个科技研发中心，并与清华大学合作建立了德尔福清华汽车研究所。日本电装株式会社在我国也不甘落后，于2003年成立了上海电装燃油喷射系统有限公司。主要开发生产汽车发电设备、船舶用柴油机燃油泵及其配套的燃油喷射系统零部件产品，并提供售后服务。

## 任务1.2 汽车诊断仪的使用

### 【任务导入】

一辆2018款科鲁兹轿车发动机故障指示灯常亮，入厂进行维修，需要使用汽车诊断仪。技术经理要求先掌握汽车诊断仪的使用方法，以便为维修工作奠定基础。

### 【任务目标】

1. 能描述随车自诊断系统的基本原理及故障码的含义等相关知识。
2. 能描述汽车诊断仪的种类、功能。
3. 能使用汽车诊断仪读取和清除故障码。
4. 能使用诊断仪完成数据流读取、波形检测和执行器测试等操作。

### 【知识准备】

#### 一、随车自诊断系统

随车自诊断系统的功能是利用ECU监视电子控制系统各组成部分的工作情况，发现故障后，自动启动故障运行程序。它不仅保证汽车在有故障的情况下可以继续行驶，同时还将存储在存储器中的故障信息（故障码）以一定的方式显示出来，或以数据流的形式通过汽车上配置的诊断插座输出，以便于驾驶人和维修人员发现和排除故障。

**1. 随车自诊断系统的组成与原理**

随车自诊断系统主要由自诊断电路（输入信号电路、输出信号控制电路等）和ECU组成，如图1-2-1所示，其中，输入信号电路、ECU与发动机电子控制系统共用，诊断的输出接口由发动机电控系统警告灯、故障诊断插座（TDCL）等组成。

在正常情况下，传感器向ECU输入的信号电压值，都有一定的变化范围。若传感器输出的信号电压数值多次偏离正常工作范围且持续一定时间，ECU便认为该器件或电路发生了故障，把这一故障以代码的形式存入内部随机存储器，并同时点亮仪表板上的故障指示灯。对于执行器（如喷油器、点火器和怠速控制阀等）故障，有的能被ECU检测出来，有

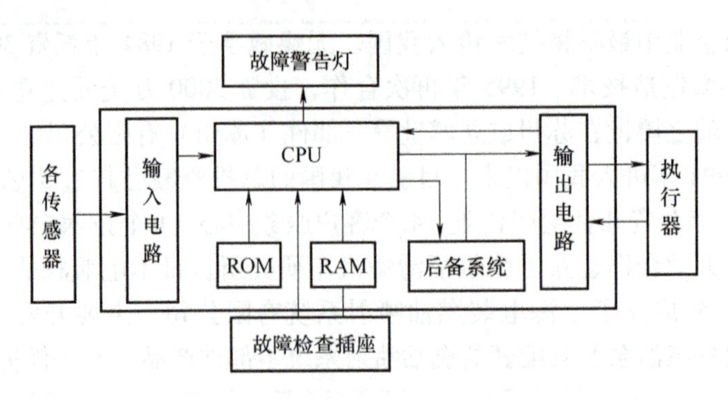


图 1-2-1　随车自诊断系统的组成

的则不能检测，依车型的控制软件设计而异。同时，ECU 内设有监控回路，用以监视 ECU 是否按正常的控制程序工作。

在多数的 ECU 内设有备用控制回路（应急回路）。当备用控制回路收到监控回路的异常信号后，即刻启动备用电路，以简单的控制程序进行控制，从而保持汽车仍能维持一定的运行能力。因此，这种故障运行功能又称为“缓慢回家”或“跛行”功能。

故障信号的出现不只是与传感器或执行器本身出现故障有关，而且还与相应的配线电路故障有关，电子控制系统的各种传感器和执行器都是如此。在 ECU 判断出某一电路故障时，只是提供了故障的性质和范围，最后要确定是传感器、执行器还是相应配线故障，应进一步检查配线、插头、ECU 和相关元器件。

**2. OBD-Ⅱ故障自诊断系统**

OBD 的设计初衷是为了监测排气管废气排放质量，在排放系统有故障时提示车主注意，使维修技术人员快速地找到故障来源，减少汽车废气对大气的污染。后来，逐步发展成为用于进行电控系统故障诊断。20 世纪 90 年代初期，美国汽车工程师学会（SAE）在第一代随车诊断标准基础上，统一了相关标准，开始推行第二代随车自诊断系统 OBD-Ⅱ。

（1）故障诊断通信接口 TDCL　OBD-Ⅱ标准规定，各种车型的 OBD-Ⅱ应具有统一尺寸和 16 端子的诊断插座，如图 1-2-2 所示。OBD-Ⅱ标准对诊断插座中的各个端子也做了相应的规定，该诊断插座应位于汽车的客舱内并置于驾驶座上伸手可及之处。

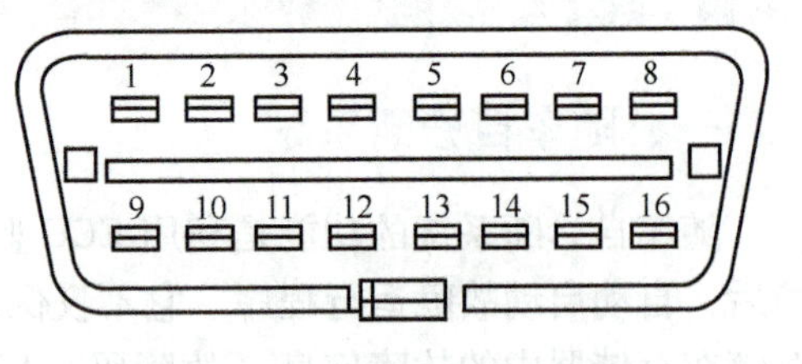


图 1-2-2　OBD-Ⅱ诊断插座

在 16 个端子中，其中 7 个是标准定义的信号端子，其余 9 个由生产厂家自行设定，大部分的系统只用 7 个端子中的 5 个具体定义好的端子，第 7 号和第 15 号端子是 ISO 1994-2 标准传送资料的，而第 2 和第 10 号端子是 SAEJ-1850 标准，诊断座各端子的作用见表 1-2-1。

表 1-2-1　诊断座各端子的作用

| 端　子 | 功　用 | 端　子 | 功　用 |
|---|---|---|---|
| 1 | 生产厂家自行设定 | 3 | 生产厂家自行设定 |
| 2 | 总线正极（BUS +） | 4 | 底盘搭铁 |

（续）

| 端　子 | 功　用 | 端　子 | 功　用 |
|---|---|---|---|
| 5 | 信号搭铁 | 10 | 总线负极（BUS－） |
| 6 | 生产厂家自行设定 | 11～14 | 生产厂家自行设定 |
| 7 | K线 | 15 | L线 |
| 8 | 生产厂家自行设定 | 16 | 蓄电池正极 |
| 9 | 生产厂家自行设定 | | |

（2）故障指示灯　先将点火开关转到“ON”位置，但不起动发动机，此时故障指示灯（CHECK）应当点亮。如果指示灯“CHECK”不亮，说明指示灯或其控制线路有故障，应予检修。起动发动机，此时故障指示灯应立即熄灭。如指示灯始终发亮，说明控制系统有故障。发动机故障指示灯如图1-2-3所示。

图1-2-3　发动机故障指示灯

（3）OBD-Ⅱ故障码的含义　美国汽车工程师学会（SAE）规定OBD-Ⅱ故障码（Diagnostic Trouble Cod，DTC）由5位组成，第一位是英文字母，后四位是数字，如图1-2-4所示。

第一个代码为英文代码，代表测试系统，B代表车身控制系统（BODY），C代表底盘控制系统（CHASSIS），P代表发动机变速器控制系统，即动力控制总成（POWERTRAIN），U代表车载网络系统（CAN）。

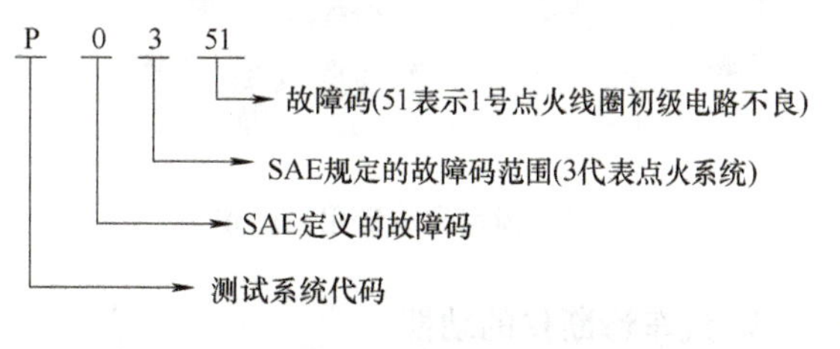


图1-2-4　OBD-Ⅱ故障码的组成及含义

第二位表示该DTC由谁定义：“0/2/3”表示为SAE定义的故障码，“1”代表生产商定义的故障码。

第三位“3”代表SAE定义的故障范围，为点火系统，代表故障范围见表1-2-2。

表1-2-2　SAE定义的故障范围

| 代　码 | SAE定义的故障范围 | 代　码 | SAE定义的故障范围 |
|---|---|---|---|
| 1 | 燃料或空气计量系统不良 | 5 | 怠速控制系统不良 |
| 2 | 燃料或空气计量系统不良 | 6 | 控制单元或输出控制元件不良 |
| 3 | 点火不良或间歇熄火 | 7 | 变速器控制系统不良 |
| 4 | 废气控制系统不良 | 8 | 变速器控制系统不良 |

第四、五位“51”代表原制造厂设定的故障码，表示1号点火线圈一次电路不良。

## 二、汽车诊断仪

汽车诊断仪俗称解码器，是维修电子控制装置必备的仪器。诊断仪与汽车自诊断插座相连，在一定协议支持下可与汽车 ECU 进行相互通信，以交流各种信息，从而获取 ECU 工作的重要参数。

**1. 汽车诊断仪的分类**

汽车诊断仪可分为专用诊断仪和通用诊断仪。专用诊断仪是指由汽车厂家提供或指定的诊断仪，一般只能诊断自己的车系，不能检测其他公司生产的汽车，如通用汽车专用诊断仪（TECH2）如图 1-2-5 所示、日产汽车专用诊断仪（CONSULT3）、大众汽车专用诊断仪（V. A. G5052）、捷豹路虎专用诊断仪（SDD）等。

通用诊断仪是由仪器设备制造商生产的能检测多个品牌、多个系列汽车的诊断仪，如博世 KT660、金德 KT660、远征 X-431 PRO 3S+等，元征通用诊断仪如图 1-2-6 所示。针对某一品牌的汽车，通用诊断仪功能没有专用的专业、强大。

图 1-2-5　通用汽车专用诊断仪

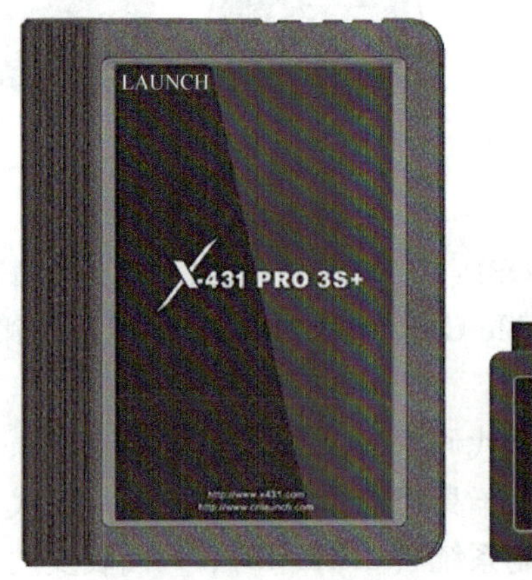

图 1-2-6　元征通用诊断仪

**2. 汽车诊断仪的功能**

在诊断车辆电控系统故障时，用户可以用故障诊断仪迅速地读取汽车电控系统的故障，查明发生故障的部位及原因。汽车故障诊断仪是维修中非常重要的工具，一般有如下功能：①读取计算机版本信息；②读取故障码；③清除故障码；④读取发动机数据流；⑤示波器功能；⑥元件动作测试；⑦匹配、设定和编码功能；⑧其他特殊功能。

**3. 博世 KT720 诊断仪简介**

博世 KT720 为一款通用诊断仪，可以诊断上百种车型，其由诊断测试软件、KT720 主机、诊断接头及各种连接测试线组成。集汽车诊断、汽车分析两大功能为一体。汽车诊断功能包括：读版本信息、读取与清除故障码、读数据流、动作测试、匹配/设置等。汽车分析仪具有元器件测试、通用示波器、传感器示波、万用表和扩展等功能。

（1）KT720 诊断软件　博世 KT720 的诊断软件安装在计算机上，需要通过 USB 或者无线 WIFI 与主机相连（通常用无线连接），诊断软件主界面及各区域功能如图 1-2-7 所示。

（2）KT720 主机　博世 KT720 主机及测试延长线如图 1-2-8 所示，其表面有电源、连

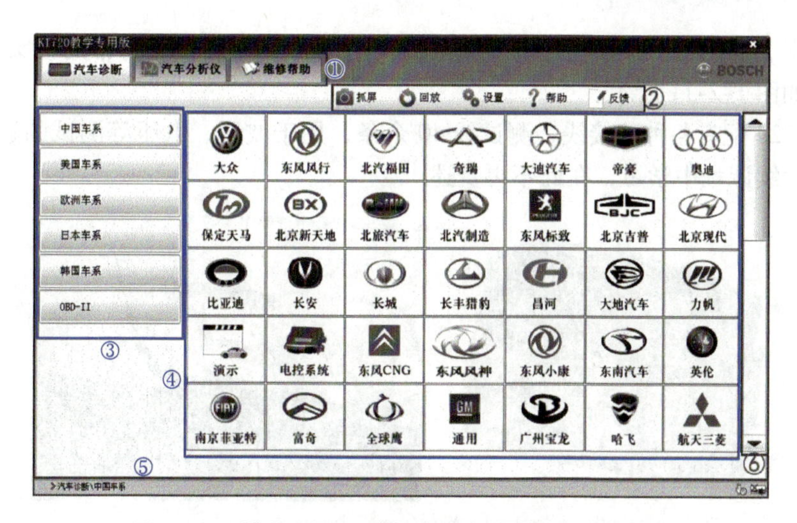


图 1-2-7 博世 KT720 诊断软件主界面及各区域功能

①—主功能区 ②—系统功能区 ③—车系显示区 ④—可测品牌显示区 ⑤—状态栏 ⑥—滚动条

接状态等指示灯。主机通过测试延长线连接诊断接头，再通过诊断接头连接车辆诊断座，主机与计算机的连接可选用有线 USB 连接或者通过设置用无线 WIFI 连接。

主机顶部有 5 个接口，如图 1-2-9 所示。各接口功能为：①Micro USB，用于通信连接；②USB2.0 标准接口，用于连接无线网卡；③Micro SD card 插槽，用于插 Micro SD card；④诊断接口，用于连接测试延长线；⑤电源接口，用于连接电源适配器。主机下部有 5 个接口，如图 1-2-10 所示，各接口功能为：①～④为 CH1～CH4 示波通道，CH4 同时为万用表通道；⑤为 AUX 辅助通道。

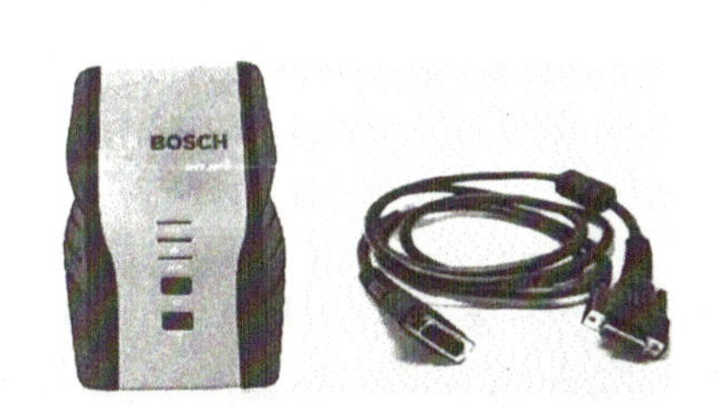


图 1-2-8 博世 KT720 主机及测试延长线

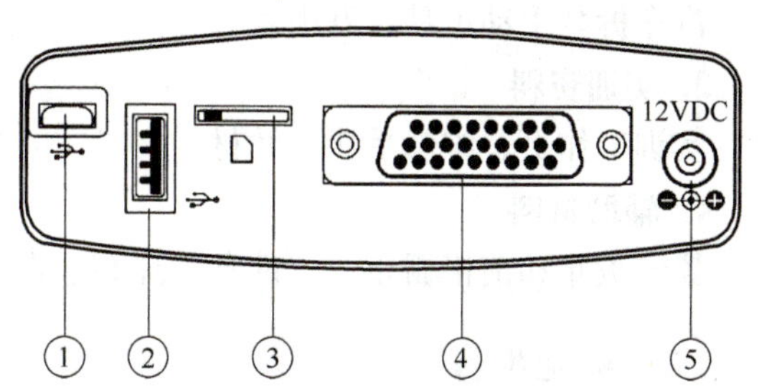


图 1-2-9 主机顶部接口

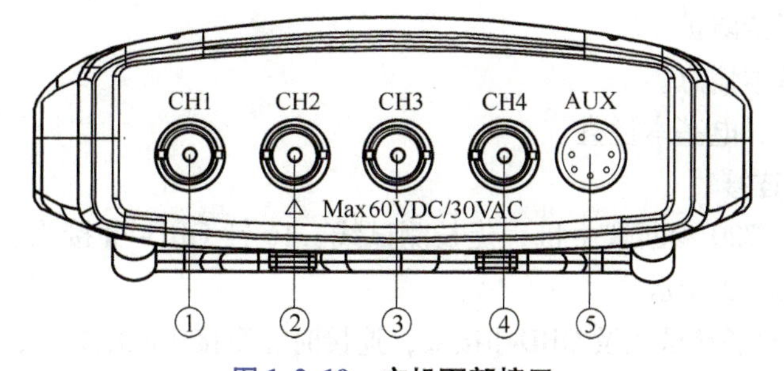


图 1-2-10 主机下部接口

**4. 诊断仪接头及测试连接线**

博世 KT720 配有 10 余个专用车型接头与 1 个 16 针 OBD-Ⅱ接头，用于连接主机测试线与车辆诊断座。现在的轿车都实行了 OBD- Ⅱ标准，故 OBD- Ⅱ接头为常用接头，OBD- Ⅱ接头及诊断座如图 1-2-11 所示。

博世 KT720 配有各种连接线、测试线 40 余条，用于波形、电压等测试的连接，连接线的使用将在后续课程中学习，在此不再赘述。

图 1-2-11　OBD- Ⅱ接头及诊断座

## 【任务实施】

汽车诊断仪的使用

### 一、任务准备

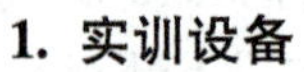

**1. 实训设备**

科鲁兹轿车、博世 KT720 诊断仪或相似实训设备。

**2. 实训工具**

汽车拆装手动工具、万用表。

**3. 实训资料**

实训工作页、维修手册、教材。

**4. 辅助材料**

翼子板布和前格栅布、三件套、抹布、白板笔。

### 二、实施步骤

**1. 车辆基本检查**

1）实训车辆安全防护。

2）登记车辆基本信息。

3）车辆油、水、电基本检查。

**2. 汽车诊断仪连接**

1）检查博世 KT720 诊断仪主机、延长测试线、16 针 OBD- Ⅱ接头、诊断测试软件及计算机完备，如图 1-2-12 所示。

2）连接主机与延长测试线及 OBD-Ⅱ接头，连接时注意接头匹配方向，勿损坏各连接端子。

3）博世 KT720 主机有四种供电方式：①交流电源供电；②汽车蓄电池供电；③点烟器供电；④通过诊断座供电，且自带电池，为了方便工作，可先给主机充电。

4）检查车辆点火开关处于关闭状态，连接诊断仪与车辆，即 OBD- Ⅱ接头与车辆诊断座相连，如图1-2-13所示。

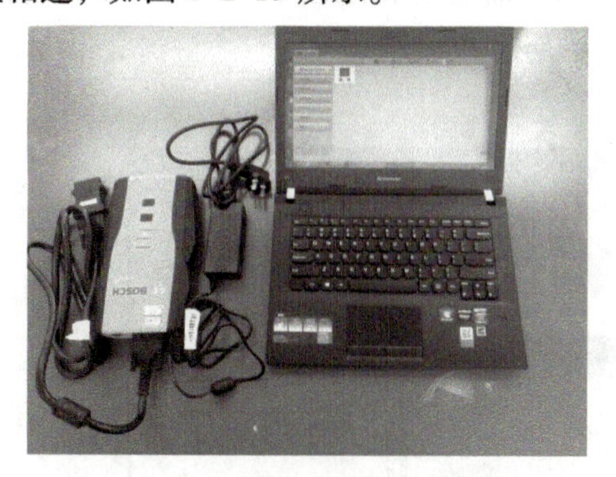

图1-2-12　博世KT720汽车诊断仪

图1-2-13　诊断仪与车辆的连接

5）打开诊断仪主机、诊断测试计算机及软件，设置主机与软件的通信。博世KT720通信有“USB通信”“无线普通”“无线路由”三种模式，为了方便工作，一般选用“无线普通”模式，如图1-2-14所示。

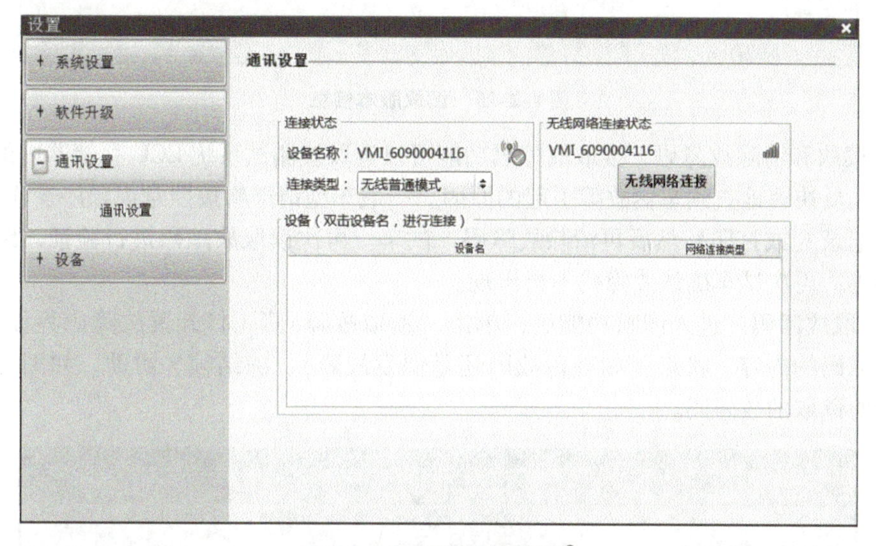


图1-2-14　无线普通模式[⊖]

**3. 汽车诊断功能的使用**

博世KT720诊断仪诊断功能较多，在此重点进行读取版本信息、读取和清除故障码、读取数据流和动作测试操作，其他功能在后续学习训练中练习。

（1）读取版本信息　读取被测试系统的ECU信息，读取的信息根据车型或系统的不同而不同。一般更换车辆控制单元时，需要读出原控制单元信息并记录，以作为购买新控制单元的参考，对新的控制单元进行编码时，需要原控制单元信息。

1）检查诊断仪主机与软件通信已连接，并打开车辆点火开关，不起动发动机。

2）进入汽车诊断主界面，选择单击“中国车系”-“通用”-“科鲁兹”-“发动机”，进入

⊖　通讯是指通信。

发动机电控系统，并选择“读版本信息”选项，弹出对话框显示的是汽车ECU的相关信息，包括软件版本、硬件版本和零件号等信息，并记录，如图1-2-15所示。

3）单击“确定”按钮，退出此功能。

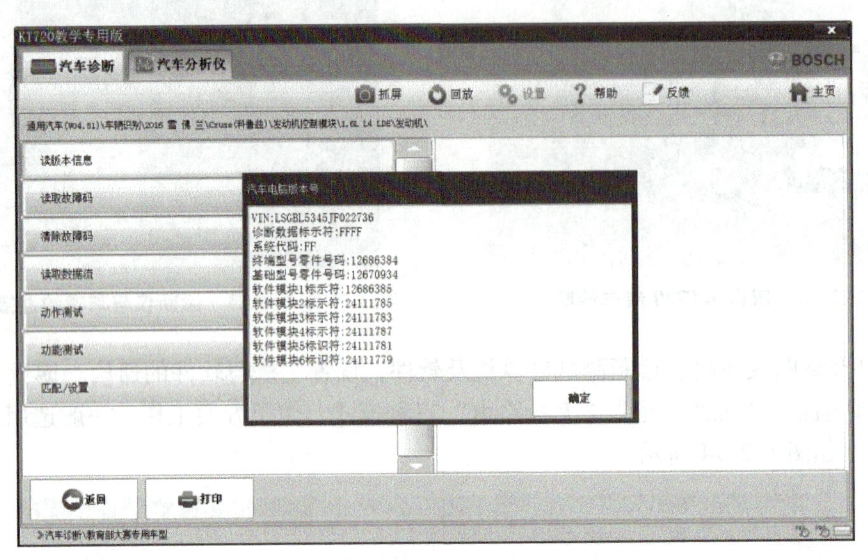


图1-2-15　读取版本信息

（2）读取和清除故障码　读取故障码功能可以读取被测试系统ECU存储器内的故障码，帮助维修人员快速地查到车辆故障引起的原因。一般车型请严格按照常规顺序操作：先读故障码，并记录（或打印）然后再清除故障码，试车、再次读取故障码进行验证，维修车辆，清除故障码，再次试车确认故障码不再出现。

1）读取故障码。进入诊断功能后，单击“读取故障码”，打开读故障码界面，显示内容包括故障码的内容、状态（如现行故障还是偶发故障）、冻结帧、帮助，如图1-2-16所示，记录所读取的故障码。

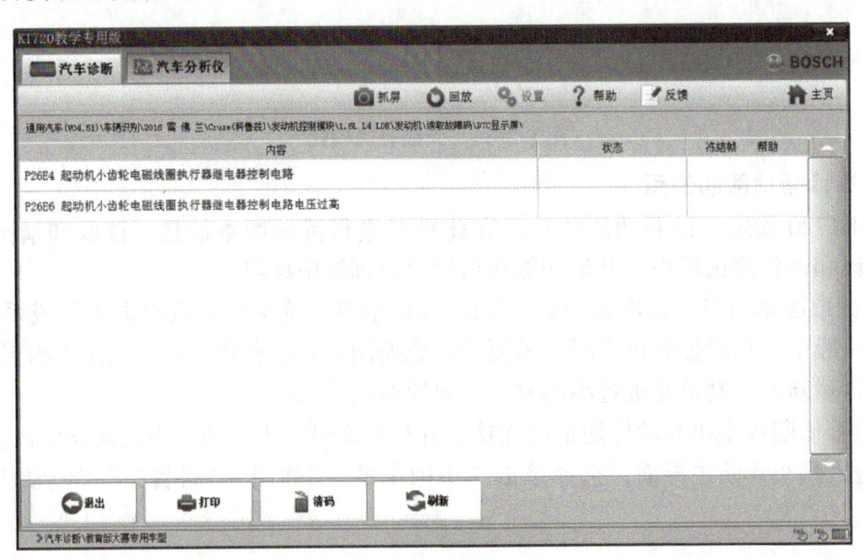


图1-2-16　读取故障码

2）读取冻结帧。冻结帧功能是发动机管理系统对故障码功能的补充，主要是用于冻结发动机故障触发时的发动机相关工况，帮助维修人员了解故障发生时的整车工况。单击“读取冻结帧信息”，进入读取冻结帧界面，每条冻结帧最多可显示5组数据，如图1-2-17所示，记录读取的冻结帧。

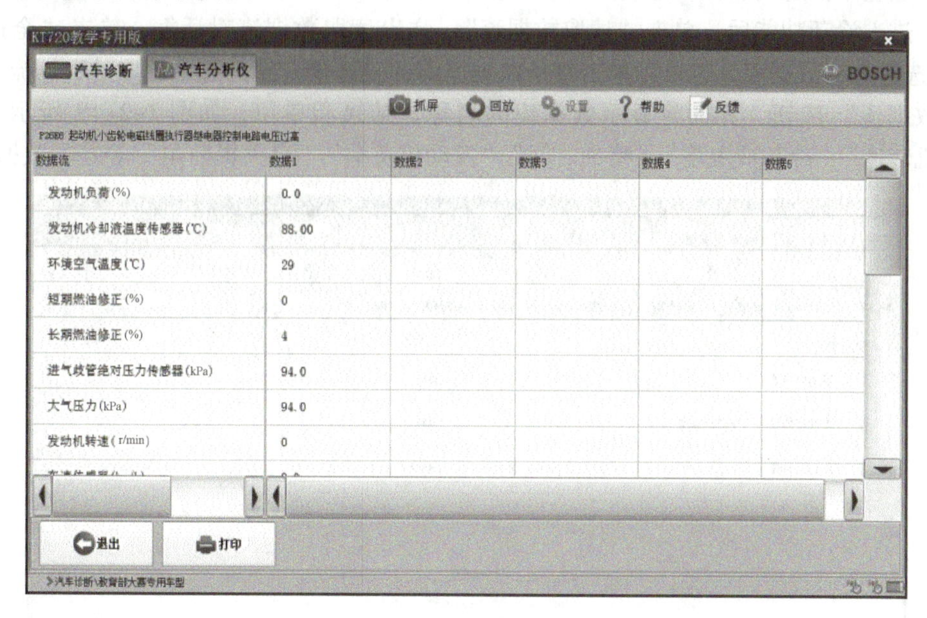


图1-2-17　读取冻结帧

3）清除故障码。进入诊断功能后，单击“清除故障码”，弹出对话框将显示清除条件，完成清除故障码功能后，界面显示“清码命令已执行”，如图1-2-18所示。当前硬性故障码是不能被清除的，如果是氧传感器、爆燃传感器、气缸失火之类的技术型故障码虽然能立即清除，但在一定周期内还会出现。必须要彻底排除故障之后故障码才不会再出现。

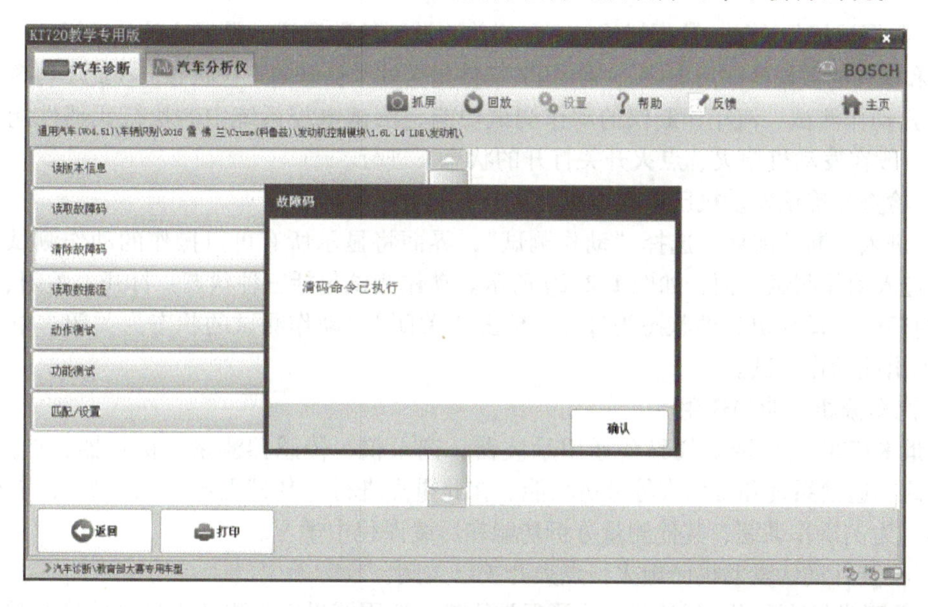


图1-2-18　清除故障码

(3) 读取数据流 汽车数据流是指 ECU 与传感器和执行器交流的数据参数，数据流真实地反映了各传感器和执行器的工作电压和状态，通过诊断接口，由专用诊断仪读取的数据，且随时间和工况而变化，为汽车故障诊断提供了依据。

1）检查车辆起动安全，起动发动机，检查仪器连接正常，准备读取动态数据流。

2）进入诊断功能后，单击“读取数据流”，弹出读取数据流对话框，单击“全选”复选框，选择所有数据流，也可以单击每条数据流前的复选框，选择想要读取的数据流，单击“读取数据流”按钮，界面将显示数据流的名称、结果和单位，如图 1-2-19 所示。记录“发动机转速”“冷却液温度”“喷油时间”“发动机负荷”“点火提前角”等基本数据流。

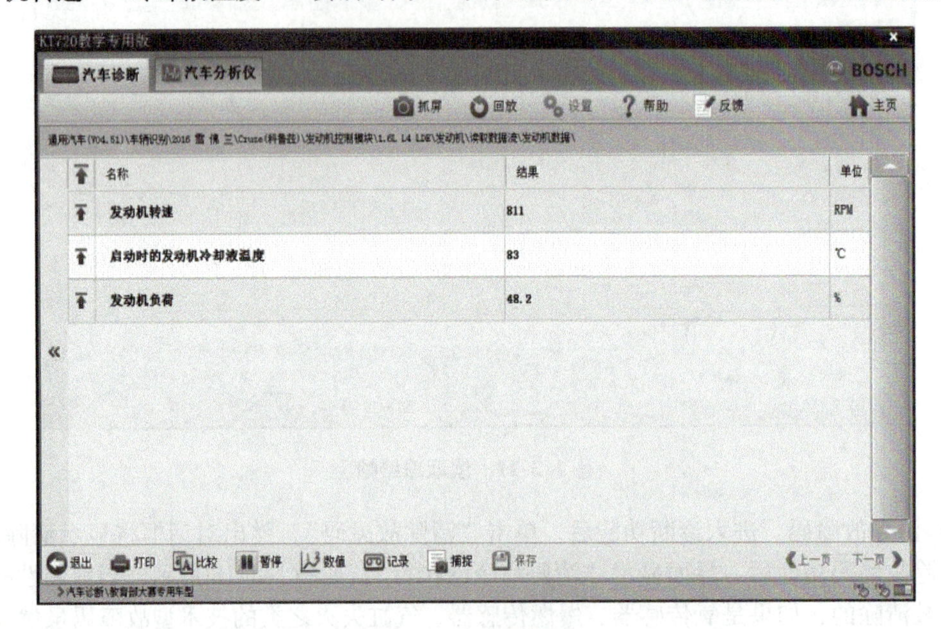


图 1-2-19 读取数据流

3）数据捕捉与比较。数据捕捉是记录当前测试到的数据流，数据比较是通过比较数据流当前值和保存的数据流的历史值，判断相关部件是否处于良好的工作状态，在此不再赘述。

(4) 动作测试 汽车诊断仪的动作测试功能是测试电控系统中的执行元部件能否正常工作，一般在发动机熄火、点火开关打开的状态下进行。

1）检查并确认发动机已熄火，且点火开关打开。

2）进入诊断功能后，选择“动作测试”，界面将显示所有可以操作的动作测试。单击某条，进入动作测试界面，如图 1-2-20 所示。动作测试包括三种状态：打开、关闭、退出。单击“打开”，动作测试的状态为打开；单击“关闭”，动作测试的状态为关闭；单击“退出”，退出此动作测试。

**4. 汽车分析功能的使用**

博世 KT720 汽车诊断仪具备通用示波器、记录仪、传感器测量、执行器、点火系统、电气系统、通信系统和万用表等分析功能。在此重点进行“传感器测量”，以“凸轮轴位置传感器”为例操作训练，其他测量分析功能在后续课程中学习。

1）检查并确认发动机已熄火，点火开关已关闭。

2）T 型线与波形测试线连接。为了保护线束，选用博世 208 测试线 T 型线连接传感器线

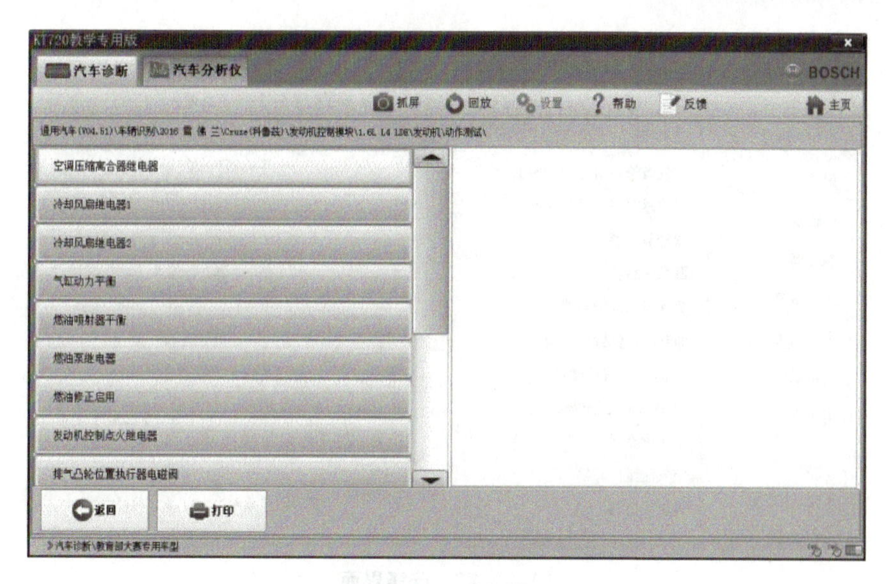


图 1-2-20 动作测试

束，将VMI示波测试线BNC端接入通道1（CH1端口），然后将测试线输入正极（红色）与凸轮轴位置传感器信号线连接，将测试线输入负极（黑色）与搭铁相连，如图1-2-21所示。

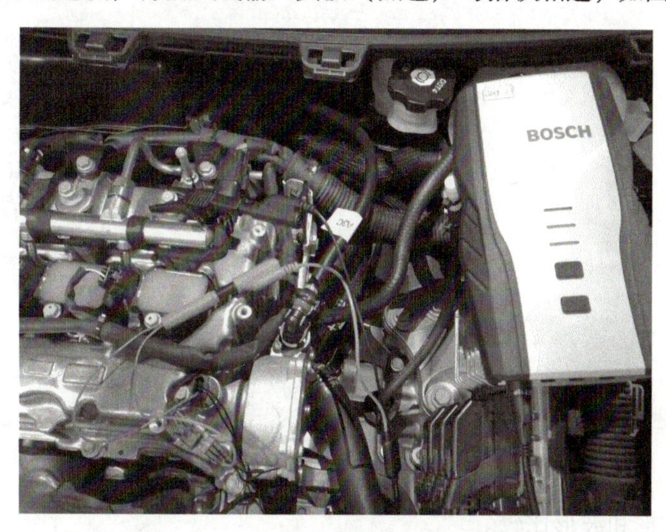


图 1-2-21 凸轮轴位置传感器测量连接图

3）起动发动机，待发动机运转正常。

4）单击测试软件“汽车分析仪”选项，选择“传感器测量”功能，如图1-2-22所示。

5）选择“曲轴凸轮位置传感器”，进入凸轮轴位置传感器测量页面，根据测量条件，屏幕将显示波形，如图1-2-23所示，记录所测量的波形。

6）博世KT720“传感器测量”波形可以根据实际调整周期、幅值、耦合方式、波形反相显示和光标，若周期在高频段，还可以调整触发通道和触发方式。

7）博世KT720“传感器测量”可以打印测量数据、载入快照数据和参考波形数据、对当前配置进行存储或获取以前的配置、自动调节幅值、冻结波形数据、对冻结的参数设置、

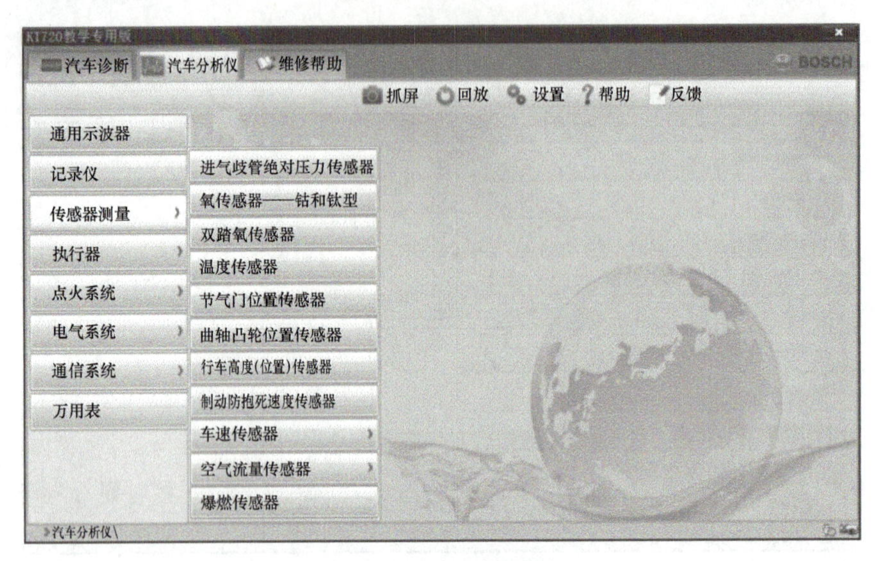


图 1-2-22 选择界面

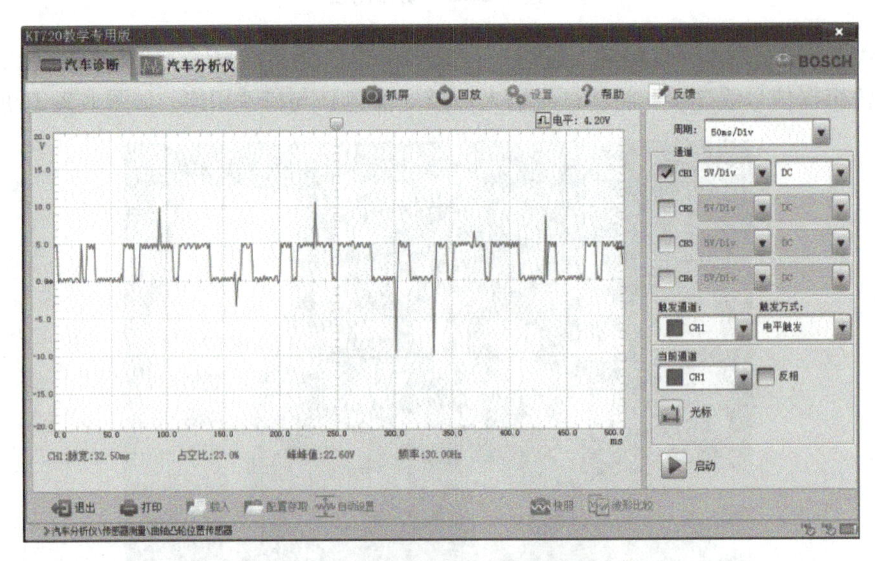


图 1-2-23 凸轮轴位置传感器测试波形

抓取当前屏波形数据和波形比较。

8）若想仔细查看当前屏波形，单击“暂停”按钮；同时此按钮变为“启动”按钮，单击此按钮，继续测量。单击“记录”按钮，记录一段连续的波形。

**5. 现场恢复**

完成实训任务后，按照要求恢复车辆、仪器和设备，做好现场6S管理。

## 【任务小结】

本任务主要介绍了随车自诊断系统 OBD-Ⅱ的基本知识，及汽车诊断仪的作用、分类和使用。通过任务训练，学生应掌握汽车自诊断系统的基本原理，完成汽车诊断仪读取清除故障码、读取数据流和动作测试操作，并能进行传感器测量等使用任务。

## 【知识拓展】——汽车诊断仪特殊功能简介

常用的通用汽车诊断仪具备“读取清除故障码”“读取数据流”“传感器测量”等常规功能，一些特殊的诊断仪还具备“防盗匹配”“里程表调校”“遥控器（智能卡）匹配”等功能。例如国内的朗仁、研华和金奔腾等厂家生产的部分型号汽车诊断仪就具备诸多特殊、高级功能，如图1-2-24所示。

### 一、防盗匹配

现在大多家用汽车钥匙内一般都有防盗芯片，该芯片与本车电控系统中的防盗系统匹配使用，只有经过匹配的芯片钥匙才能被汽车电控系统识别为合法钥匙，否则电控系统将认为该钥匙非法，不能起动汽车，甚至不能打开车门。当车钥匙弄丢、更换汽车锁或想多配一把时，就需要进行防盗匹配。某些汽车诊断仪的特殊功能就能读出车辆的防盗密码，完成钥匙芯片与电控系统的匹配，例如金奔腾的匹配S600+诊断仪，当然随着汽车防盗技术的发展，诊断仪的“特殊功能”可能只支持部分车型。

### 二、里程表调校

汽车的里程数据存储在仪表的RAM中，通过某些汽车诊断仪的特殊功能，配套特殊的接口连接线，再配合相关软件，可以对车辆的里程数进行修改。例如研华的Digimaster Ⅲ数码大师就具备强大的解码、编程功能。同样，该功能为特殊功能可能仅支持部分车型，同时“里程表调校”在此仅作为技术交流介绍，不得用于商业用途。

### 三、遥控器（智能卡）匹配

现在轿车基本均配有遥控器，用于遥控车辆门锁、车窗和行李箱等。具备一键起动功能的车辆则需要遥控器在车内，以便电控系统能够识别，此种遥控器内安装有与车辆电控系统匹配的智能卡。当遥控器丢失或损坏时，就需要对新遥控器、智能卡进行匹配，如朗仁的X400pro诊断仪就能完成部分车型遥控器、智能卡的匹配，如图1-2-24。

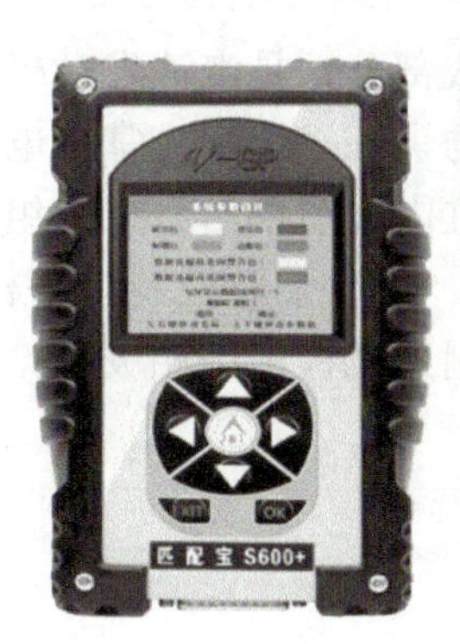

图1-2-24　特殊功能汽车诊断仪

# 汽油供给系统检修

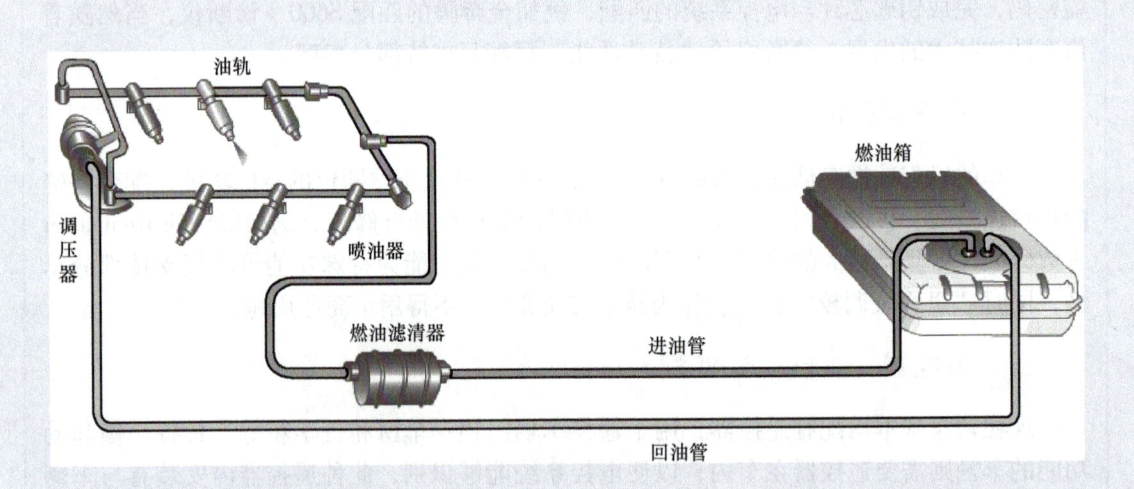


## 【项目导读】

| | |
|---|---|
| 描述 | 汽油供给系统是电控燃油喷射系统的重要组成部分，是汽油发动机完成油气混合的核心。通过本项目四个任务的学习与训练，学生应掌握电控燃油喷射系统的基本原理，普通汽油供给系统、缸内直喷供给系统的组成与基本原理，掌握电控汽油发动机燃油压力检测、燃油泵及控制电路检修、喷油器及控制电路检修、缸内直喷高压燃油控制系统检修的相关理论知识与核心技能 |
| 任务 | 任务 2.1　汽油发动机燃油压力的检测<br>任务 2.2　电动燃油泵及控制电路的检修<br>任务 2.3　喷油器及控制电路的检修<br>任务 2.4　缸内直喷高压燃油控制系统的检修 |

# 任务 2.1　汽油发动机燃油压力的检测

## 【任务导入】

一辆装备 LDE 发动机的科鲁兹轿车出现起动困难、加速无力的现象，入厂进行维修，技术经理要求首先对该车发动机燃油压力进行测量，以便分析故障所在。

## 【任务目标】

1. 能描述电控汽油喷射系统的组成、基本原理及分类。
2. 能描述电控汽油喷射系统的主要控制功能及控制原理。
3. 能描述燃油供给系统的组成及基本原理。
4. 能完成缸外喷射汽油发动机燃油压力的检测与分析。

## 【知识准备】

### 一、电控燃油喷射系统

电控燃油喷射系统（Electronic Fuel Injection）简称为“EFI”，汽油机燃油喷射系统由燃油供给系统、空气供给系统及有关电子控制系统构成，如图 2-1-1 所示。其功能是根据进气量确定基本喷油量，再根据其他传感器（如冷却液温度传感器、节气门位置传感器等）信号等对喷油量进行修正，使发动机在各种运行工况下均能获得最佳浓度的混合气，从而提高发动机的动力性、经济性和排放性。

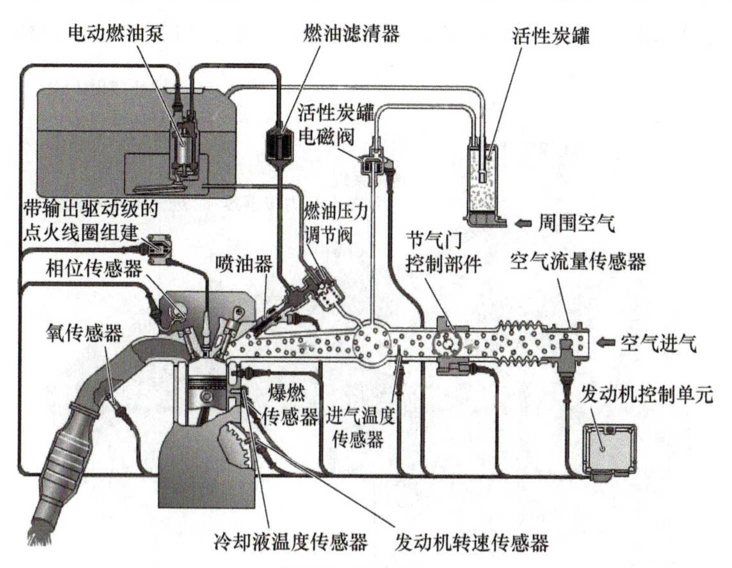


图 2-1-1　电控燃油喷射系统的组成

电控汽油喷射系统的分类方式有多种。按燃油喷射位置的不同，分为缸内喷射、进气管

（缸外）喷射和混合喷射，其中缸外喷射按喷油器的数目，可分为单点喷射（SPI）、多点喷射（MPI）；按进气量的检测方式，可分为压力型（D 型）、质量流量型（L 型）；按喷射时序，可分为同时喷射、分组喷射和顺序喷射。其中单点喷射、同时喷射和分组喷射的技术已经逐步淘汰，在此不再介绍。

（1）缸内喷射　缸内喷射（Fuel Stratified Injection，FSI）又称为汽油直接喷射，是将燃油通过喷油器直接喷入气缸的喷射方式，属于高压喷射，喷油压力达到 3～4MPa，如图 2-1-2 所示。喷油器安装在气缸盖上，通过合理组织缸内气体的流动，可以实现分层燃烧和稀薄燃烧，有利于降低排放和节约燃油消耗，缸内直喷技术是汽油喷射系统的发展趋势。

（2）进气管喷射　进气管喷射也叫作缸外喷射，通过安装在进气歧管内或进气门附近的喷油器，将燃油喷射后与空气混合形成可燃混合气后再进入气缸，属于低压喷射，喷油压力为 0.2～0.3MPa，如图 2-1-3 所示。

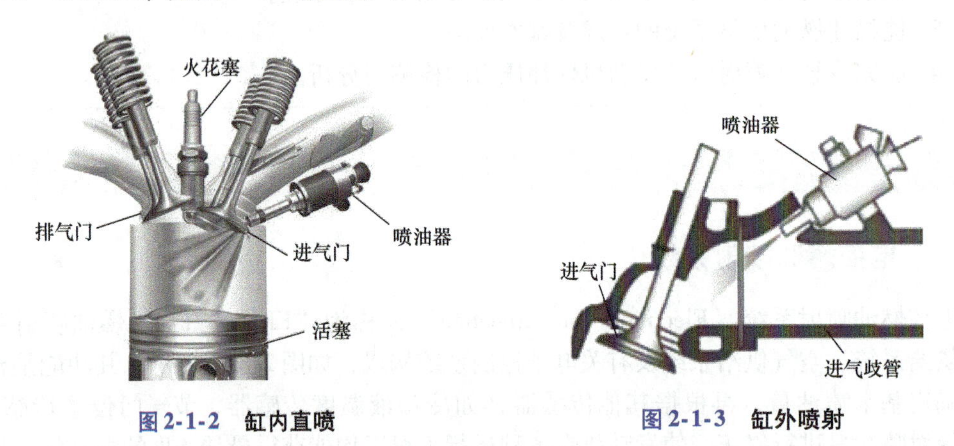


图 2-1-2　缸内直喷　　图 2-1-3　缸外喷射

（3）混合喷射　混合喷射是指缸内直喷加进气歧管喷射，如图 2-1-4 所示。当低负荷工况时，歧管喷油器在气缸进气行程时喷油，混合气进入气缸，再配合压缩行程时气缸内喷油器

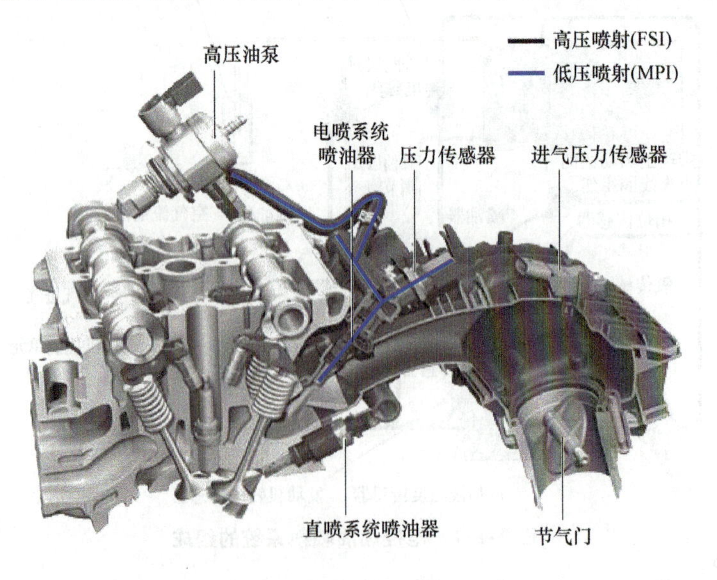


图 2-1-4　混合喷射

喷油，从而实现分层燃烧；当高负荷工况时，只在压缩行程进行缸内直喷。这样一来，不仅可以提高发动机的工作效率，还避免了上面提到的在低负荷工况下因氧气过量导致的排放问题。

（4）压力型（D型）燃油喷射系统　压力型（D型，“D”是德语“压力”的第一个字母）也叫作速度密度控制型，不是直接检测吸入发动机的空气量，而是通过检测进气歧管压力（真空度）和发动机转速，推算出吸入的空气量，再由空气量配比燃油量，工作原理如图2-1-5所示。

（5）质量流量型（L型）燃油喷射系统　质量流量型（L型，“L”是德文“空气”的第一个字母）利用空气流量传感器直接测量发动机的进气量，计算机不必进行推算，可根据空气流量传感器信号计算与该空气量相应的喷油量，工作原理如图2-1-6所示。

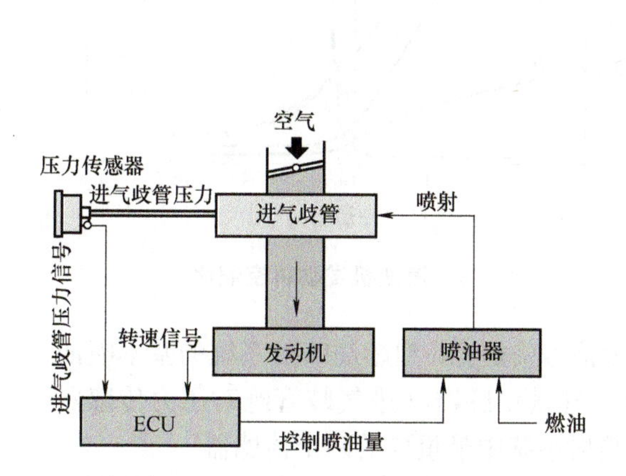


图2-1-5　D型燃油喷射系统

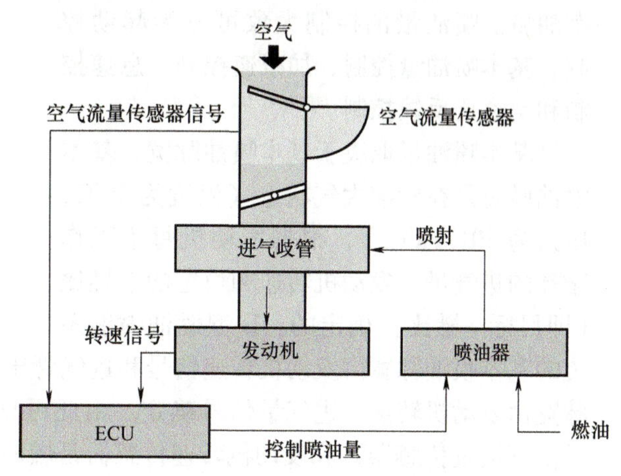


图2-1-6　L型燃油喷射系统

（6）顺序喷射　顺序喷射也称为独立喷射，如图2-1-7所示，每缸喷油器按点火顺序依次喷油，每个工作循环各缸喷油器顺序喷油一次，是目前广泛采用的喷射方式。

## 二、电控汽油喷射系统的功能

电控汽油喷射控制的功能主要包括喷油量控制、喷油正时控制以及断油控制，其中喷油量控制与喷油正时控制是电控汽油喷射系统的核心控制功能。

**1. 喷油量控制**

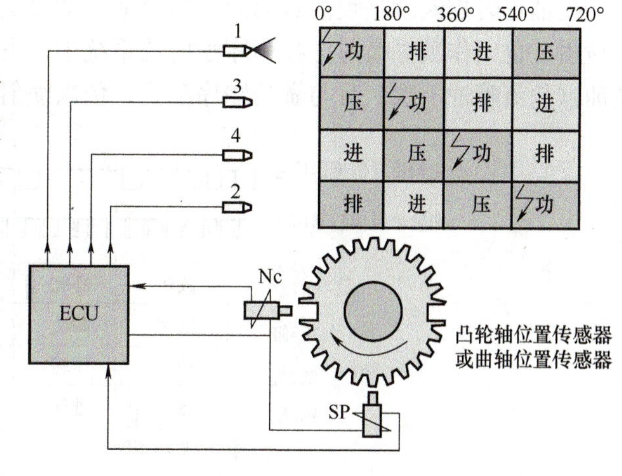


图2-1-7　顺序喷射

喷油量控制的依据是发动机的目标空燃比。可燃混合气中空气质量与燃油质量之比为空燃比，空燃比 *A/F* 表示空气和燃料的混合比。从理论上说，每克燃料完全燃烧所需的最少的空气质量（单位：克），叫作理论空燃比。各种燃料的理论空燃比是不同的，汽油为14.7，柴油为14.3。空燃比大于理论值的混合气叫作稀混合气，气多油少，燃烧完全，油耗低，污染小，但功率较小。空燃比小于理论值的混合气叫作浓混合气，气少油多，功率较大，但燃烧不完全，油耗高，污染大。空燃比是发动机运转时的一个重要参数，它对尾气排放、发动机的动力性和经济性都有很大的影响，如图 2-1-8 所示。

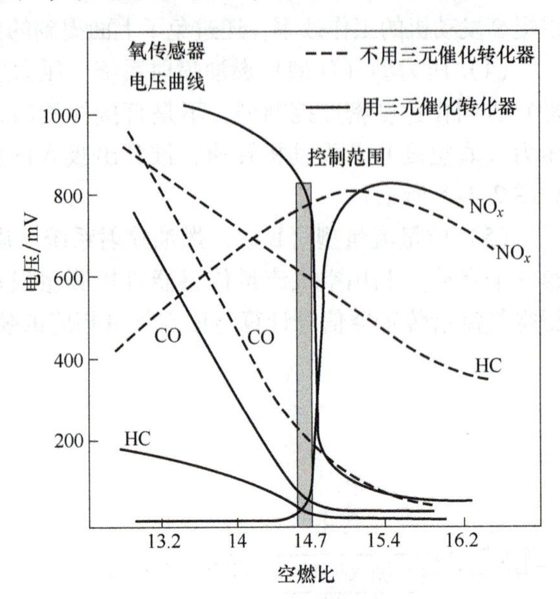


图 2-1-8 汽油机发动机空燃比

喷油量控制的实质是喷油器打开的时间控制，即喷油脉宽控制。发动机 ECU 通过进气歧管绝对压力传感器或空气流量传感器信号计量进气量，并根据计算出的进气量与目标空燃比比较，即可确定每次燃烧必需的燃油量。喷油量的控制大致可分为起动控制、基本喷油量控制、加减速控制、怠速控制和空燃比反馈控制。

基本喷油量取决于基本喷油脉宽，基本喷油脉宽是在标准大气状态（温度为 20℃，压力为 101kPa）下，根据发动机每个工作循环的进气量、发动机转速和设定的空燃比（即目标空燃比）确定的。D 型燃油喷射系统的基本喷油脉宽由发动机转速信号和进气管压力信号确定。L 型燃油喷射系统的基本喷油脉宽由发动机转速、进气量信号确定。由此可见进气量传感器（进气歧管绝对压力传感器或空气流量传感器）和发动机转速传感器是燃油喷射系统中最重要的两个传感器。

基本喷油量确定后，发动机电控系统再根据冷却液温度、进气温度、发动机工况等因素对实际喷油量进行修正，得到最终喷油量。有关起动工况的喷油控制和起动后喷油量的修正在此不再赘述。

**2. 喷油正时控制**

喷油正时控制就是喷油器何时开始喷油，即喷油开始时刻。现在电控汽油机基本都为顺序喷射，也叫作独立喷射。在顺序喷射的系统中，发动机工作一个循环，曲轴转两圈，各缸喷油器轮流喷油一次，且与做功顺序配合，依次喷射，过程如图 2-1-9 所示。

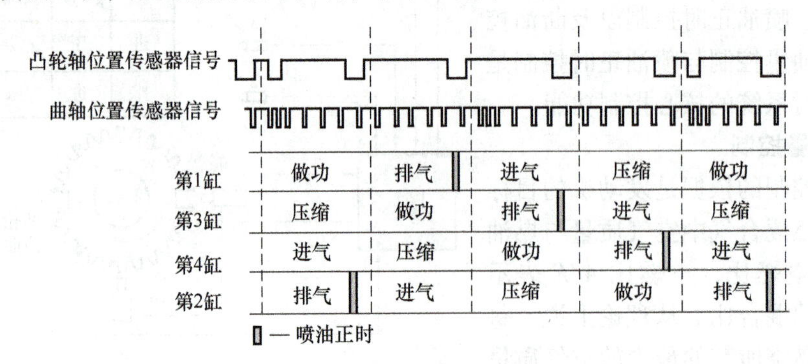


图 2-1-9 顺序喷射正时控制

实现顺序喷射正时控制，ECU 需要一个气缸判别信号（判缸信号），再根据曲轴位置信号，最后根据计算确定出哪一个气缸的活塞运行至排气上止点前某一角度（四缸机一般在上止点前60°左右）时，发出喷油指令，接通该缸喷油器电磁线圈电流，使喷油器开始喷油。

**3. 断油控制**

断油控制是ECU在某些情况下，暂时中断燃油喷射，以便满足发动机运行时的需要，包括超速断油控制和减速断油控制，在此不再赘述。

## 三、燃油供给系统

燃油供给系统是电控燃油喷射系统的重要组成部分，其作用是及时地向发动机提供一定压力和流量的燃油。燃油供给系统主要由燃油泵、燃油滤清器、燃油分配管、燃油压力调节器、燃油脉动阻尼器和喷油器等组成，如图2-1-10所示。

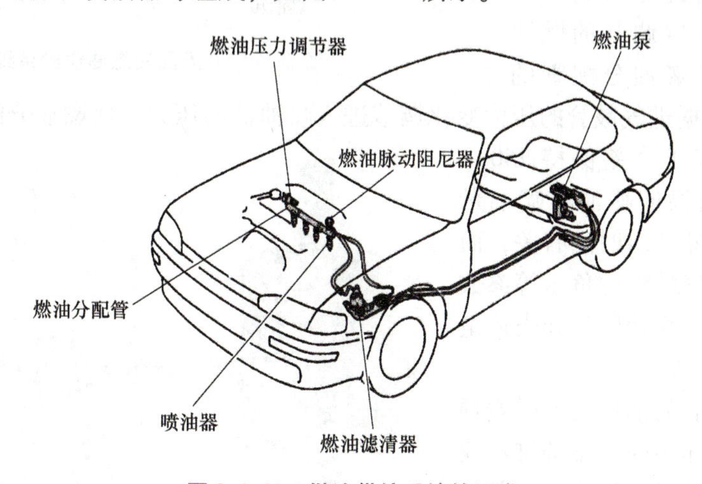


图2-1-10 燃油供给系统的组成

**1. 燃油供给系统的分类**

电控汽油发动机的燃油供给系统按照有无回油管路可分为有回油燃油供给系统和无回油燃油供给系统。

（1）有回油燃油供给系统 当发动机工作时，电动燃油泵运转，将燃油箱中的燃油送出去，燃油经燃油滤清器过滤后到达燃油分配管，然后再分送到各个喷油器。由装在燃油分配管上的燃油压力调节器对燃油压力进行调整后，多余的燃油通过回油管流回油箱，燃油压力与进气歧管的真空度相关联，油压一般在0.25～0.3MPa，如图2-1-11所示。

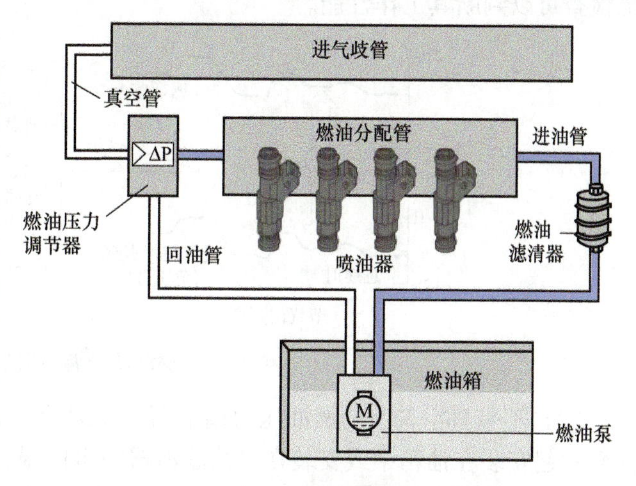


图2-1-11 有回油燃油供给系统

（2）无回油燃油供给系统 无回油燃油供给系统也称为定压燃油供给系统，没有回油管路，燃油压力与进气歧管的真空度无关，燃油压力通过燃油泵或燃油滤清器中的燃油压力调节器进行调节，燃油压力一般保持在0.35MPa左右，如图2-1-12

所示。

**2. 燃油压力调节器**

燃油压力调节器的主要功能是调节喷油器供油压力，使供油压力维持在一定范围内，以满足发动机不同工况的要求。可分为带真空调节的燃油压力调节器和不带真空调节的燃油压力调节器。

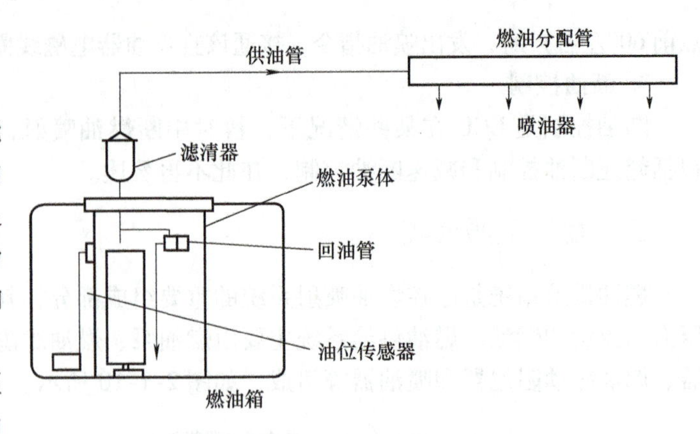


图 2-1-12　无回油燃油供给系统

（1）带真空调节的燃油压力调节器　带真空调节的燃油压力调节器位于燃油分配管的一端，作用是根据进气歧管的压力变化调节进入喷油器的压力，使燃油分配管中的油压与进气歧管中的气压之差保持 250～300kPa 不变，以保证喷油器喷油量的大小只与喷油器开启时间有关，而与系统油压、进气歧管的负压等参数无关。其由膜片、弹簧阀门和壳体组成，如图 2-1-13 所示。

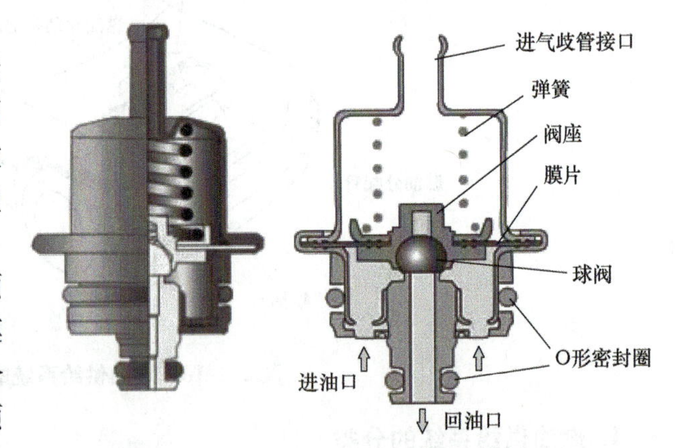


图 2-1-13　带真空调节的燃油压力调节器

当燃油分配管的油压高于弹簧预紧力与进气歧管压力时，燃油推动膜片向上压弹簧，打开回油阀，使部分燃油流回燃油箱；当油压低于弹簧预紧力与进气歧管压力时，回油阀关闭，油压升高。这样燃油分配管内燃油压力随进气歧管的压力变化而变化，从而使喷油器上下两端压力差值保持恒定，其工作特性如图 2-1-14 所示。燃油压力调节器对稳定油压至关重要，其通过保持压力检查与工作情况检查可以判断其工作性能。

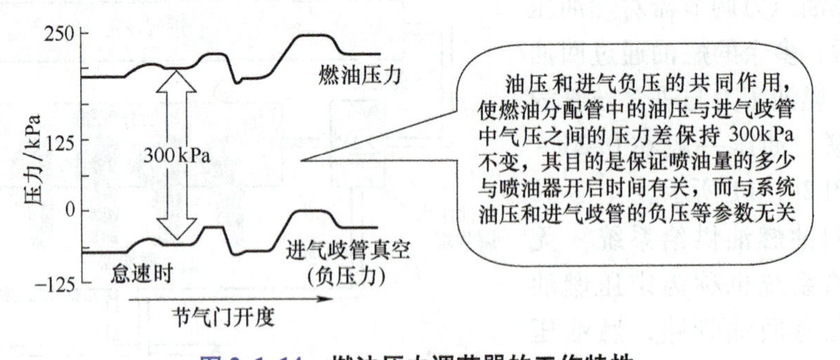


图 2-1-14　燃油压力调节器的工作特性

（2）不带真空调节的燃油压力调节器　不带真空调节的燃油压力调节器通常与电动燃油泵一起安装在油箱中或安装在燃油滤清器的出口端。由于取消了真空度控制，系统油压不论在何种工况下都保持恒定，通常为 0.35MPa 左右。带燃油压力调节器的燃油滤清器如

图 2-1-15 所示。

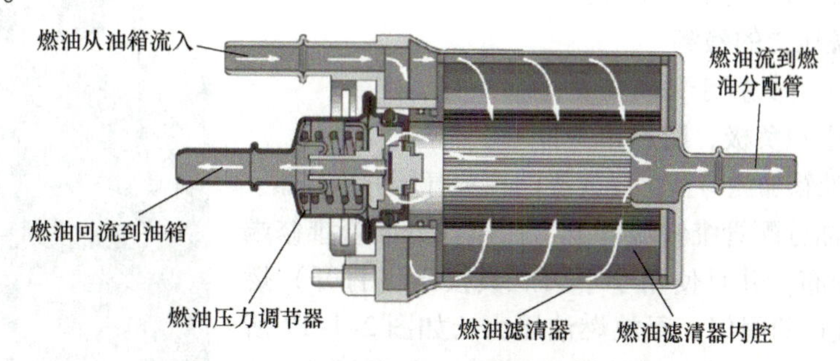


图 2-1-15 带燃油压力调节器的燃油滤清器

**3. 燃油分配管**

燃油分配管的作用是将燃油均匀、等压地输送给各缸喷油器。燃油分配管的横截面多为方形和圆形，如图 2-1-16 所示。燃油分配管的容积相对于发动机的喷油量来说要大得多，能起到储油蓄压、防止燃油压力波动的作用，此外还便于拆装喷油器。

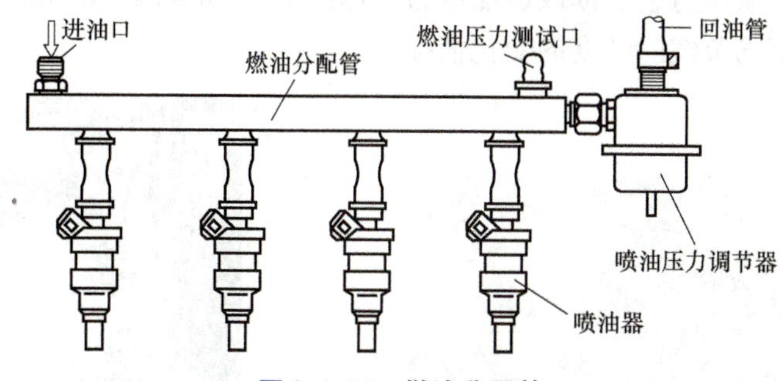


图 2-1-16 燃油分配管

## 【任务实施】

汽油发动机燃油压力检测

### 一、任务准备

**1. 实训设备**

科鲁兹轿车或 LDE 发动台架或相似实训设备。

**2. 实训工具**

汽车拆装手动工具、燃油压力表。

**3. 实训资料**

实训工作页、维修手册、教材。

**4. 辅助材料**

翼子板布和前格栅布、三件套、抹布、白板笔。

### 二、实施步骤

**1. 车辆基本检查**

1）实训车辆安全防护。

2）登记车辆基本信息。

3）车辆油、水、电基本检查。

**2. 燃油系统压力的检测**

1）检查点火开关置于关闭位置。

2）断开蓄电池负极，防止车身带电。

3）松开燃油箱加注口盖，释放燃油箱蒸气压力后拧紧。

4）拆下燃油分配管维修端口盖，在燃油分配管维修端口周围包一块抹布，并且使用小平刃工具按压（打开）燃油分配管测试端口的阀门，释放燃油压力，如图2-1-17所示。燃油系统泄压也可采用拔掉燃油泵熔丝或继电器，让发动机运行至熄火的方式，在此不再介绍。

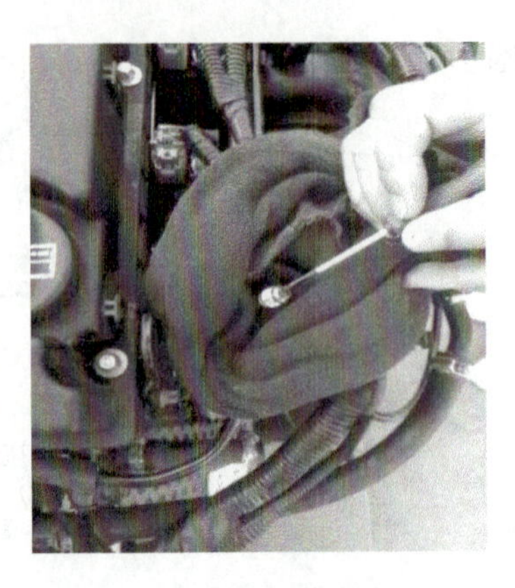

图2-1-17 燃油系统手动泄压

5）选择合适的接头，连接燃油压力表至燃油分配管维修端口，如图2-1-18所示。

6）接上蓄电池负极，起动发动机，怠速时放出燃油压力表中的空气，将流出的燃油收集到合适的容器中，从压力表上读取燃油压力，标准值为380kPa（0.38MPa），如图2-1-19所示，并观察压力值随节气门开度的变化情况。

图2-1-18 燃油压力表的连接

图2-1-19 燃油压力的测量

7）关闭点火开关，确认燃油压力在1min内下降不超过34kPa。

8）释放燃油表内的燃油，将流出的燃油收集到合适的容器中，拆卸燃油压力表，装上燃油分配管维修端口盖。

9）清洁燃油分配管维修端口附近泄漏的燃油及燃油压力表。

**3. 燃油系统压力分析**

燃油系统压力在正常范围内对电控汽油机的工作至关重要，当所测量的燃油压力值过高、过低都会影响发动机的性能，燃油压力的分析是燃油系统检修的重要知识内容。

燃油压力过高，会引起混合气过浓，加速不良，冒黑烟，油耗增加，甚至导致燃油管路破裂。燃油压力过高的主要原因是燃油压力调节器故障，不能使过多的燃油回流至燃油箱。油泵安全阀损坏、油泵控制电路故障也可能导致油压过高。

燃油压力过低，会引起混合气过稀，着车困难，加速无力。燃油压力过低的原因有油泵单向阀及油泵故障、燃油滤清器堵塞、燃油管路泄漏、喷油器泄漏、燃油压力调节器故障等。当故障发生时，应根据实际情况，进一步诊断排除。

**4. 现场恢复**

完成实训任务后，按照要求恢复车辆、仪器和设备，做好现场6S管理。

## 【任务小结】

本任务主要介绍了电控燃油喷射系统的基本原理知识，及燃油供给系统的基本原理，重点阐述了汽油发动机燃油压力的检测过程。通过本任务学习与训练，学生应掌握相关理论知识，完成电控汽油机燃油系统泄压、燃油压力表连接、燃油压力测量等工作任务。

## 【知识拓展】——博世-Motronic燃油喷射系统

1979年，德国博世公司生产出了集电控汽油喷射系统与点火系统于一体的M型（Motronic）数字式电控系统。随后，美国和日本各大汽车公司也相继研制出了与各自车型配套的数字式发动机管理系统，如通用汽车公司的DEFI系统、福特公司的EEC系统、日产汽车的ECCS系统、丰田汽车公司的TCCS系统等。

20世纪90年代推出了BOSCH-ME7发动机管理系统，增加了许多车辆功能和系统的透明度，实现了真正意义上的集中控制。该公司又专门为直喷式汽油机推出Motronic-MED7电控燃油喷射系统，如图2-1-20所示。ME7系统是目前国内采用的德国博世公司生产的Motronic系列发动机管理系统（Engine Management System，EMS）最先进的一种，与之前的M1和M3系统的最大不同在于ME7系统的控制策略是基于转矩控制的。这种控制策略可以灵活地将众多系列的Motronic系统功能移植到不同的发动机和使用环境。

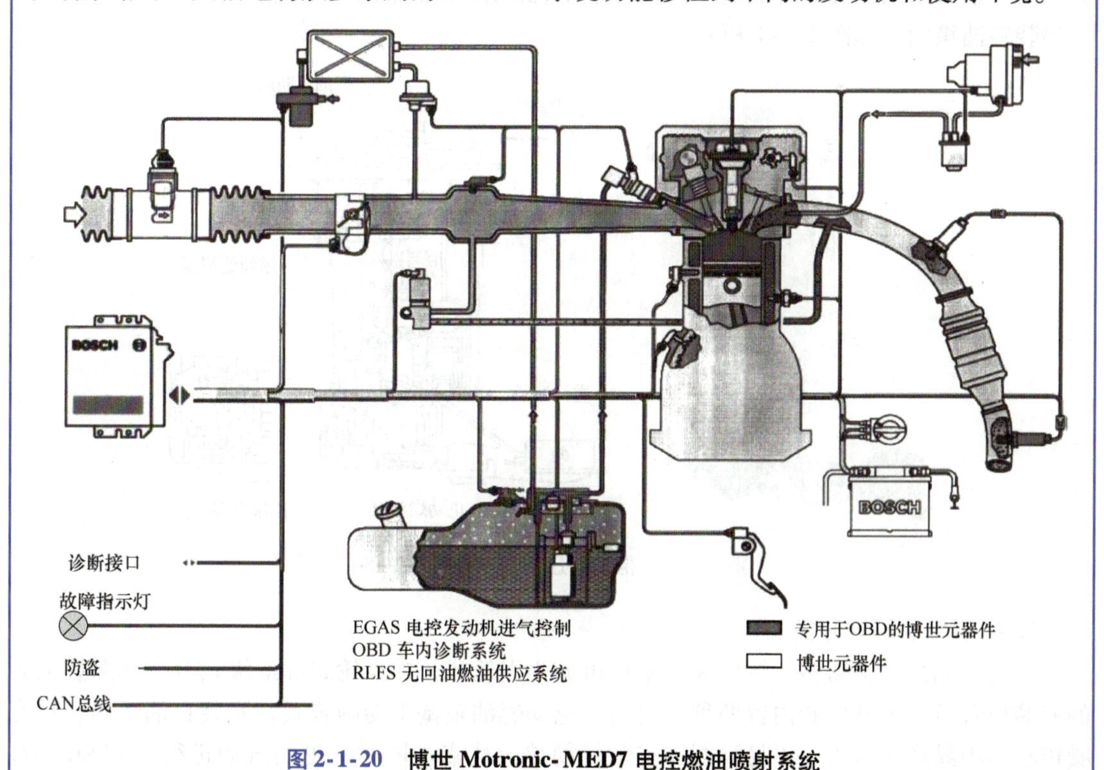


图2-1-20 博世Motronic-MED7电控燃油喷射系统

# 任务 2.2 电动燃油泵及控制电路的检修

## 【任务导入】

一辆装备 LDE 发动机的科鲁兹轿车无法起动，入厂进行维修。技术经理首先使用汽车诊断仪读取发动机电控系统故障码为 DTC P0628（燃油泵继电器控制电路电压过低），经过初步判断，要求对该车燃油泵及控制电路进行检修。

## 【任务目标】

1. 能描述电控汽油机燃油泵的组成、分类及工作原理。
2. 能描述常见的燃油泵控制电路的控制原理。
3. 能完成电动燃油泵的检测。
4. 能完成电动燃油泵电路的检测与分析。

## 【知识准备】

电动燃油泵是燃油供给系统的动力源，其作用是向燃油系统提供具有一定压力和流量的汽油。电动燃油泵通常由直流电动机、泵体和外壳三部分组成。在无回油燃油供给系统中，如丰田、本田乘用车等的燃油供给系统，电动燃油泵与燃油压力调节器和燃油滤清器组合在一起装在油箱内，如图 2-2-1 所示。

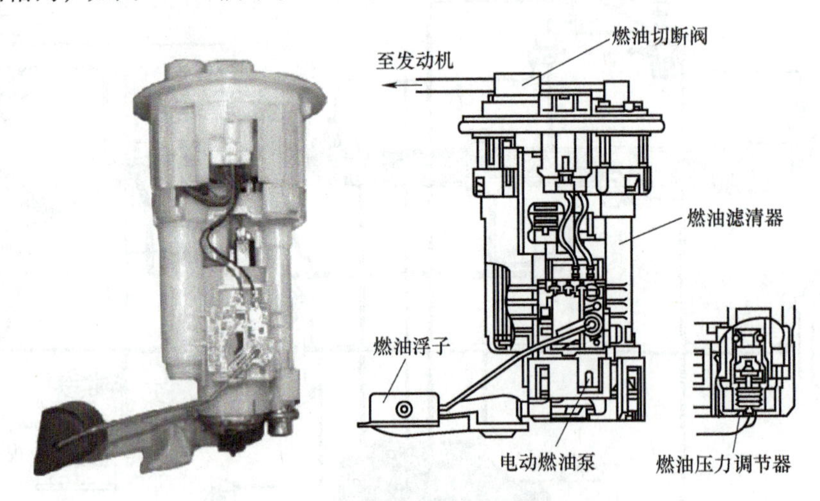


图 2-2-1 带燃油压力调节器的燃油泵

### 1. 电动燃油泵的分类

电动燃油泵种类繁多，按照泵体结构可分为涡轮式、内齿轮式和双级式等，按照燃油泵的安装位置可分为外置和内置两种。目前，电动燃油泵基本为内置式，安装在油箱内，具有噪声小、不易产生气阻、不易泄漏和安装较简单等优点。同时，可用汽油进行冷却和润滑，延长其使用寿命。

（1）涡轮式电动燃油泵 涡轮式电动燃油泵主要由直流电动机、涡轮泵、单向阀和安全阀等组成，其结构如图2-2-2所示。采用涡轮式电动燃油泵的车型有本田雅阁、捷达和东风雪铁龙等乘用车。

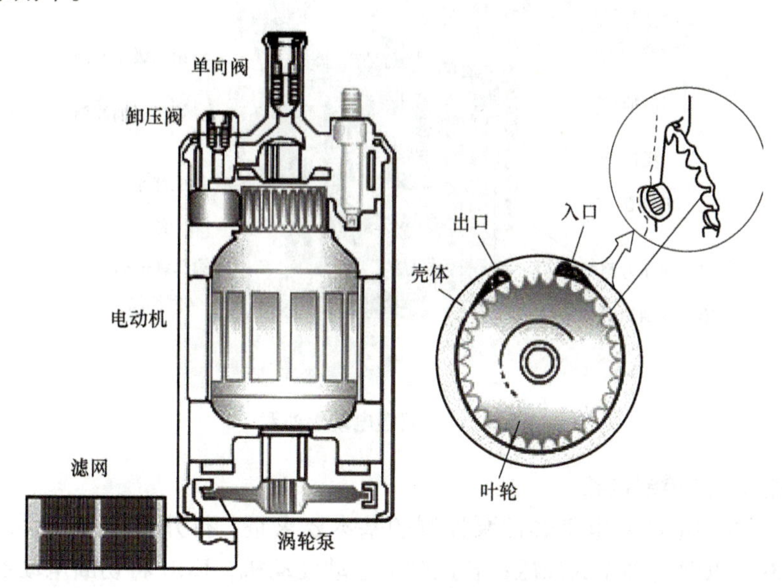


图2-2-2 涡轮式电动燃油泵

涡轮式电动燃油泵，当涡轮在电动机带动下旋转时，涡轮圆周槽内的燃油与涡轮一起高速旋转，燃油压力由于离心力的作用而升高，升压后燃油通过电动机内部经单向阀从油泵出口排出，同时起到冷却电动机的作用。涡轮式电动燃油泵的特点是供油压力脉动小，易于实现小型化，适合装在油箱内，供油系统管路简化，减小了噪声，被广泛使用。

（2）内齿轮式电动燃油泵 内齿轮式电动燃油泵的泵体部分主要由主动齿轮、从动齿轮和壳体组成，如图2-2-3所示。采用内齿轮式电动燃油泵的车型有富康、风神蓝鸟和桑塔纳2000等乘用车。

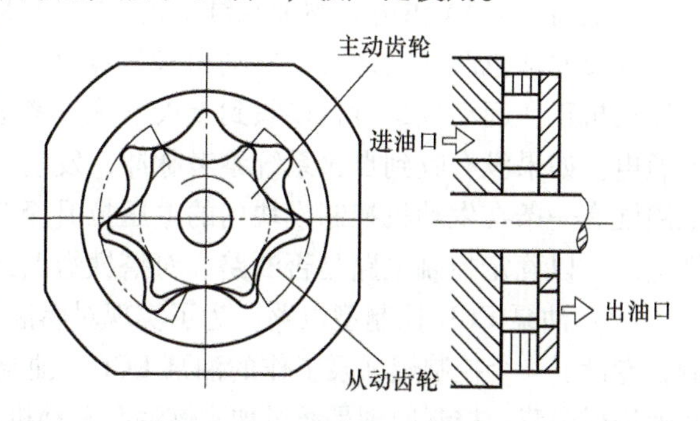


图2-2-3 内齿轮式电动燃油泵

当内齿轮电动燃油泵工作时，直流电动机带动主动齿轮旋转，进而带动从动齿轮旋转。由于主、从动齿轮的齿数不同且旋转中心不重合（存在偏心距），两齿轮转动时就会产生速度差、容积差，将燃油以一定的压力泵出，内齿轮式电动燃油泵的特点是供油压力大且脉动较小。

（3）双级式电动燃油泵 由于汽油极易汽化而形成气泡，引起泵油量明显减少，并导致输送压力的波动，为此在现代汽车上广泛采用双级电动燃油泵，即由两个电动燃油泵串联，使供油能力得以提高，双级泵是由第一级泵和第二级泵两者合成一个组件，由一只电动机驱动的结构，奥迪A8轿车就采用了双级电动燃油泵，如图2-2-4所示。

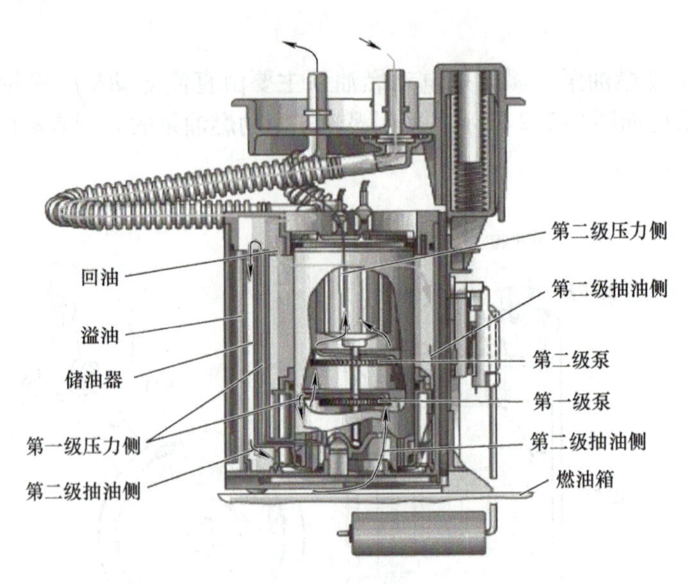


图 2-2-4　双级电动燃油泵

**2. 电动燃油泵的控制电路**

电动燃油泵控制电路对电动燃油泵控制的基本要求是：打开点火开关后，ECU 控制燃油泵工作 2 ~ 3s，以建立必需的油压；若此时不起动发动机，ECU 将切断电动燃油泵控制电路；在发动机起动或正常运转时，ECU 控制燃油泵正常工作。电动燃油泵的控制电路按照结构原理的不同可分为开关控制型电路、继电器控制型电路和油泵 ECU 控制型电路，目前继电器控制型和油泵 ECU 控制型被广泛使用。

（1）继电器控制型电路　继电器控制型燃油泵控制电路由燃油泵继电器、燃油泵熔丝及相关线路构成。如图 2-2-5 所示，科鲁兹 LDE 发动机的燃油泵控制电路，燃油泵 A7 由燃油泵继电器 KR23A 供电，燃油泵继电器 KR23A 又受发动机控制模块 K20 控制。

只要发动机起动或运行，发动机控制模块 K20 就向燃油泵继电器线圈侧提供电压。只要发动机正在起动或运行且接收到点火系统参考脉冲信号，发动机控制模块将使燃油泵继电器通电。如果没有收到点火系统参考脉冲，发动机控制模块关闭燃油泵。燃油泵继电器控制电路配有一条在发动机控制模块内的电压拉升至 2.5V 的反馈电路。发动机控制模块监测反馈电压，以确定控制电路是否断路、对搭铁短路或对电压短路。

（2）油泵 ECU 控制型电路　为了实现对燃油泵更精准地控制，特别是对燃油泵转速的控制，专设了一个控制燃油泵工作的油泵 ECU。油泵 ECU 将根据发动机转速、负荷，对油泵的转速进行调节。控制原理是通过加到燃油泵电动机上的不同电压来实现的，如图 2-2-6 所示。

当发动机起动阶段或高速、大负荷下工作时，发动机 ECU 向油泵 ECU 的“FPC”端输入一个高电平信号，此时油泵 ECU 的“$F_P$”端向燃油泵电动机提供较高的电压（蓄电池电压）使油泵高速运转；发动机起动后，在怠速或者小负荷下工作时，发动机 ECU 向油泵 ECU 的“FPC”端输入一个较低的电平信号，此时 ECU 的“$F_P$”端向燃油泵电动机提供较低的电压（约 9V）使油泵低速运转；当发动机的转速低于最低转速时，油泵 ECU 断开燃油泵电路，使燃油泵停止工作。发动机 ECU 与油泵 ECU 之间的连接线 DI，为燃油泵 ECU 故障诊断的信号线。

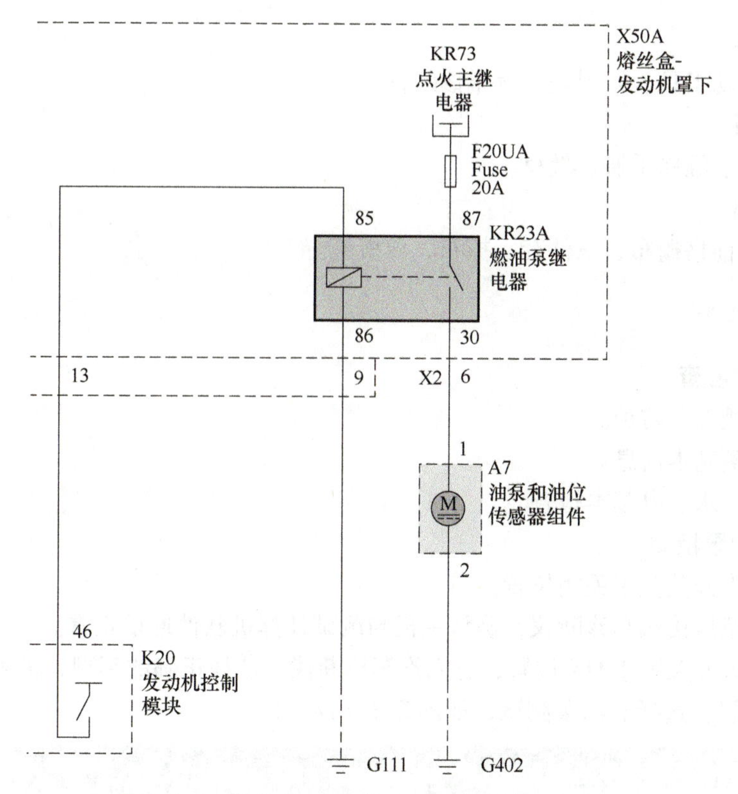


图 2-2-5　科鲁兹 LDE 发动机继电器控制油泵电路

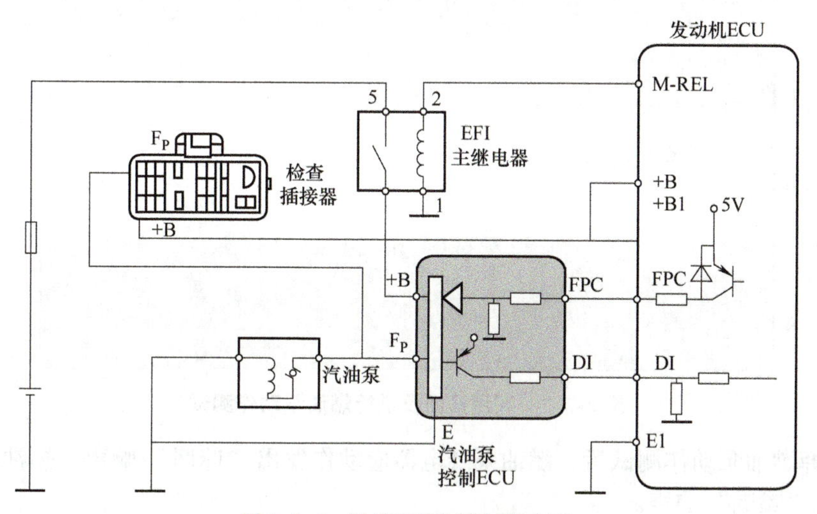


图 2-2-6　油泵 ECU 控制型电路

## 【任务实施】

电动燃油泵及
控制电路检修

### 一、任务准备

**1. 实训设备**

科鲁兹轿车或 LDE 发动台架或相似实训设备。

**2. 实训工具**

汽车拆装手动工具、万用表、汽车诊断仪。

**3. 实训资料**

实训工作页、维修手册、教材。

**4. 辅助材料**

翼子板布和前格栅布、三件套、抹布、白板笔。

## 二、实施步骤

**1. 车辆基本检查**

1）实训车辆安全防护。

2）登记车辆基本信息。

3）车辆油、水、电基本检查。

**2. 电动燃油泵检测**

1）检查点火开关置于关闭位置。

2）按照规范连接汽车诊断仪，确认主机与测试计算机软件通信正常。

3）打开点火开关置于 ON 位置，进入汽车诊断仪，选择正确的车型，进入诊断功能后，选择“动作测试”，选择燃油泵测试，如图 2-2-7 所示。

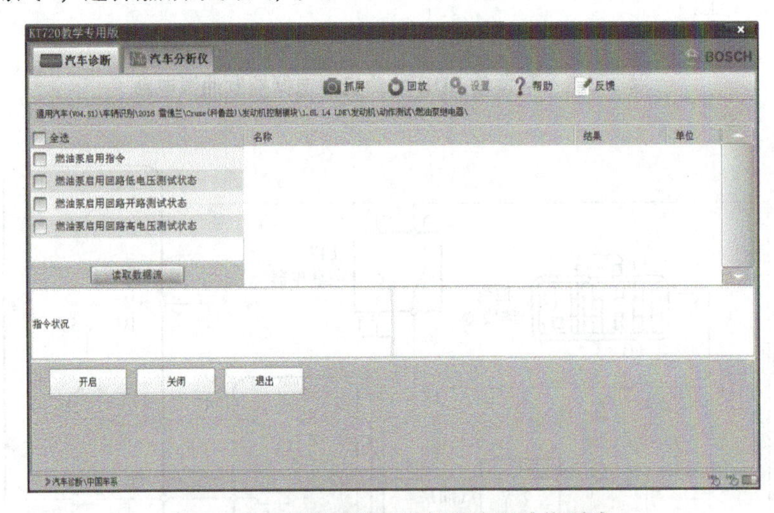


**图 2-2-7　利用诊断仪进行燃油泵动作测试**

4）选择燃油泵动作测试后，燃油泵继电器应动作发出“咔嗒”响声，燃油泵应该开始工作，发出“嗡嗡”响声。

5）若燃油泵继电器动作，发出“咔嗒”响声，燃油泵不工作，应拆下后排座椅，找到燃油泵总成及线束所在，如图 2-2-8 所示。

6）脱开燃油泵总成线束插接器，插接器上有 4 个端子，如图 2-2-9 所示。其中端子 1 为燃油泵供电，端子 2 为燃油泵搭铁，端子 3 为油位传感器低电平参考电压，端子 4 为主油位传感器信号。

7）用万用表测量燃油泵侧端子 1 与端子 2 之间的电阻，即为燃油泵电动机内阻，标准值为 0.2 ~ 3Ω，如图 2-2-10 所示。

**3. 燃油泵控制电路检测**

1）将点火开关置于 OFF 位置，从 X50A 熔丝盒内拆下 KR23A 燃油泵继电器（8 号继电器），位置如图 2-2-11 所示。

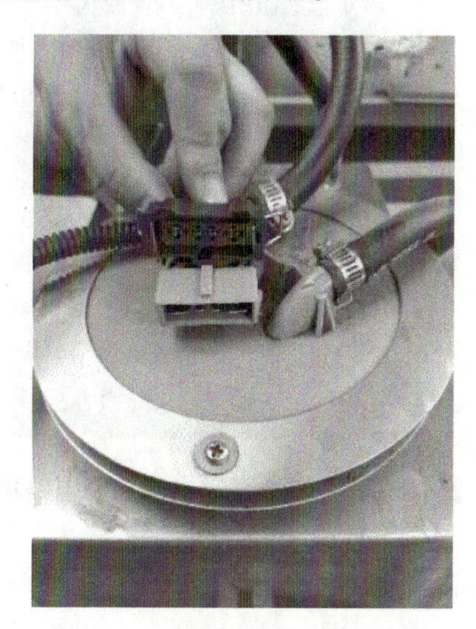

图 2-2-8　科鲁兹燃油泵及线束

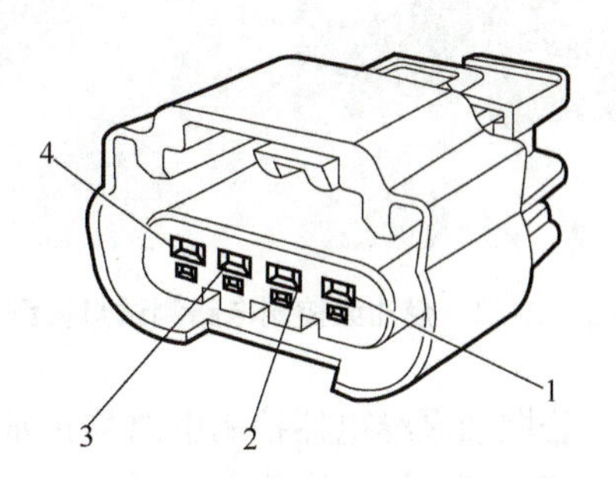


图 2-2-9　燃油泵总成线束插接器

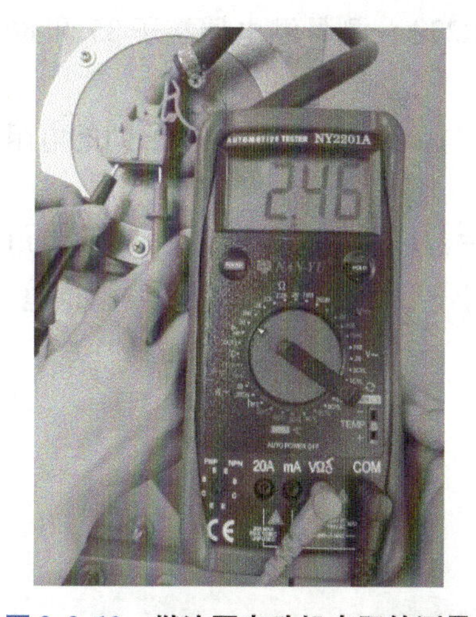


图 2-2-10　燃油泵电动机内阻的测量

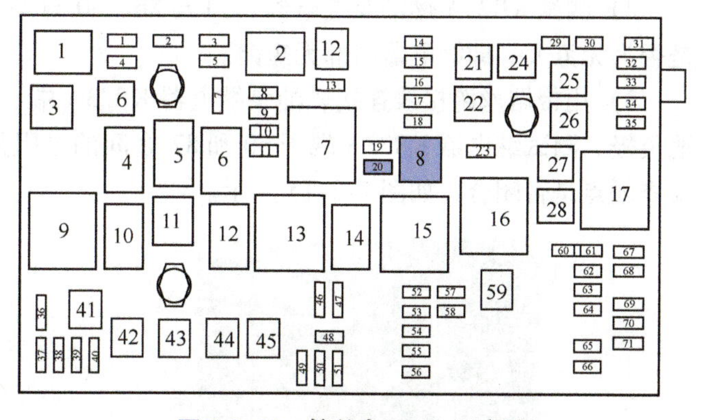

图 2-2-11　熔丝盒 X50A 示意图

2）在 KR23A 燃油泵继电器控制电路端子 85 和搭铁之间连接一个测试灯。

3）将点火开关置于 ON 位置，使用汽车诊断仪选择燃油泵动作测试，连接的测试灯应按指令点亮和熄灭，如图 2-2-12 所示。若测试不正常应检查线路或更换 K20 发动机控制模块。

4）用万用表检测燃油泵继电器座孔控制电路端子 85 与 K20-X1-46 之间的线路电阻，电阻值小于 2Ω，即导线无断路，如图 2-2-13 所示。同时可检测导线无搭铁短路、无对正极短路，在此不再赘述。

5）用万用表检测燃油泵继电器座孔搭铁电路端子 86 与搭铁 G111 之间的线路电阻，电阻值小于 2Ω，即导线无断路，如图 2-2-14 所示。同时可检测导线无搭铁短路、无对正极短路，在此不再赘述。

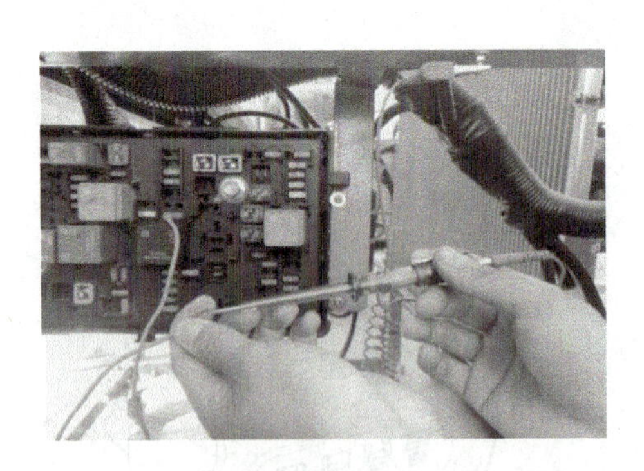

图 2-2-12 燃油泵控制电路测试灯检测图

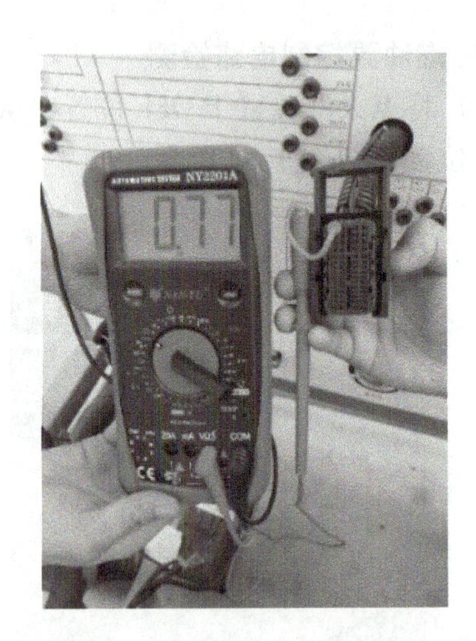


图 2-2-13 燃油泵继电器控制电路检测

6）若燃油泵继电器控制电路均正常，应检查燃油泵供电电路是否有故障，检测方法可选用“电阻法”或“电压法”，在此不再赘述。

**4. 燃油泵继电器与熔丝检测**

1）确认点火开关置于 OFF 位置，拔下燃油泵继电器 KR23A，测量继电器端子 85 和 86 之间的电阻是否为 70～110Ω，即继电器线圈正常。

2）测试 KR23A 燃油泵继电器，30 与 86、30 与 87、30 与 85、85 与 87 端子之间的电阻是否为无穷大，即继电器内部无短路。

3）用带熔丝跨接线连接燃油泵继电器 KR23A 端子 85 与蓄电池正极，端子 86 连接蓄电池负极，测试继电器 KR23A 端子 30 和 87 之间的电阻是否小于 2Ω，即给继电器线圈供电，检查触点是否闭合，如图 2-2-15 所示。

图 2-2-14 燃油泵继电器控制电路搭铁检测

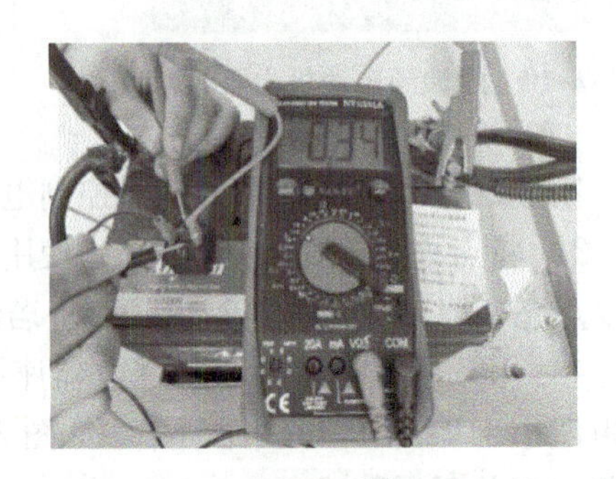


图 2-2-15 继电器触点工作情况的检测

4）确认点火开关置于 OFF 位置，从熔丝盒内拔下燃油泵继电器熔丝 F20UA（20 号熔丝），熔丝位置如图 2-2-11 所示，用万用表检测熔丝电阻小于 2Ω。

**5. 现场恢复**

完成实训任务后，按照要求恢复车辆、仪器和设备，做好现场6S管理。

## 【任务小结】

本任务主要介绍了电控汽油机电动燃油泵及控制电路的基本原理知识，重点阐述了电动燃油泵及控制电路的检测过程。通过本任务的学习与训练，学生应掌握相关理论知识，完成电动燃油泵及控制电路检修工作任务。

## 【知识拓展】——迈腾1.8TSI燃油泵控制电路简介

2017年12月，大众汽车（中国）销售有限公司、一汽大众汽车有限公司和上汽大众汽车有限公司根据“缺陷汽车产品召回管理条例”的要求，向国家质检总局备案了召回计划，决定自2017年12月25日起，召回180多万辆迈腾、CC及帕萨特轿车，原因是这些车型的燃油泵控制单元及电路存在安全隐患。

迈腾车燃油供给回路中，对燃油有两级加压：一级为低压回路，压力通常在4.0～7.0bar（1bar = 100kPa）范围内，作用是为燃油高压喷射提供预加压，同时也是为了从油箱抽取自然压力下的燃油，由安装在后排座椅左侧下面油箱里的预供给燃油泵G6完成；另一级为高压回路，为燃油喷射装置提供大约70～120bar的高压，由安装于发动机舱内的机械式单火塞高压泵完成，压力由燃油压力传感器G247检测，燃油压力调节阀G276完成压力调节，其控制电路如图2-2-16所示。

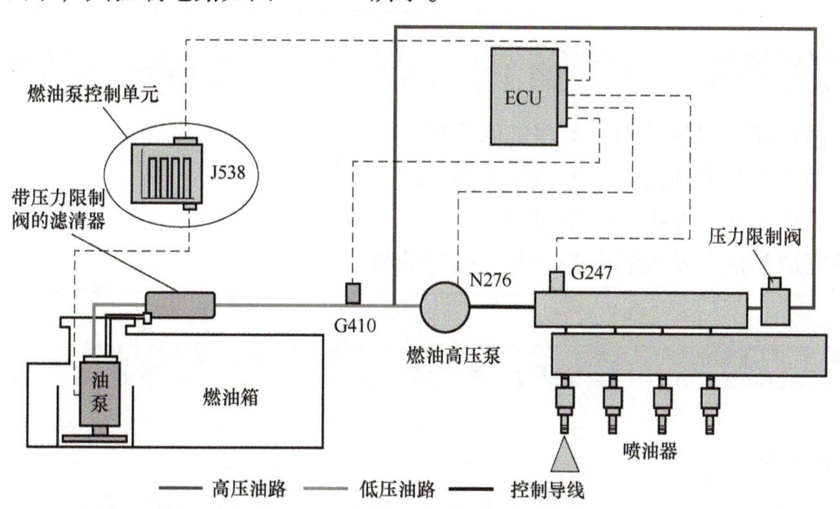


**图2-2-16　迈腾1.8TSI燃油泵控制电路**

J538—燃油泵控制单元　G410—低压燃油压力传感器　N276—燃油压力调节阀　G247—高压燃油压力传感器

燃油泵控制单元（J538）是接收发动机控制单元发来的指令其结构如图2-2-17所示，车辆加电后指示该单元该工作，并触发油泵加电，开始对燃油预加压（车辆驾驶人侧车门开启后据说也发出这一指令）。同时，把燃油存量传感器检测到的油位电压传回到仪表盘燃油表，这两个过程都很简单。为可靠起见，这些信号传递都未涉及车辆CAN总线系统，直接由控制单元直连。

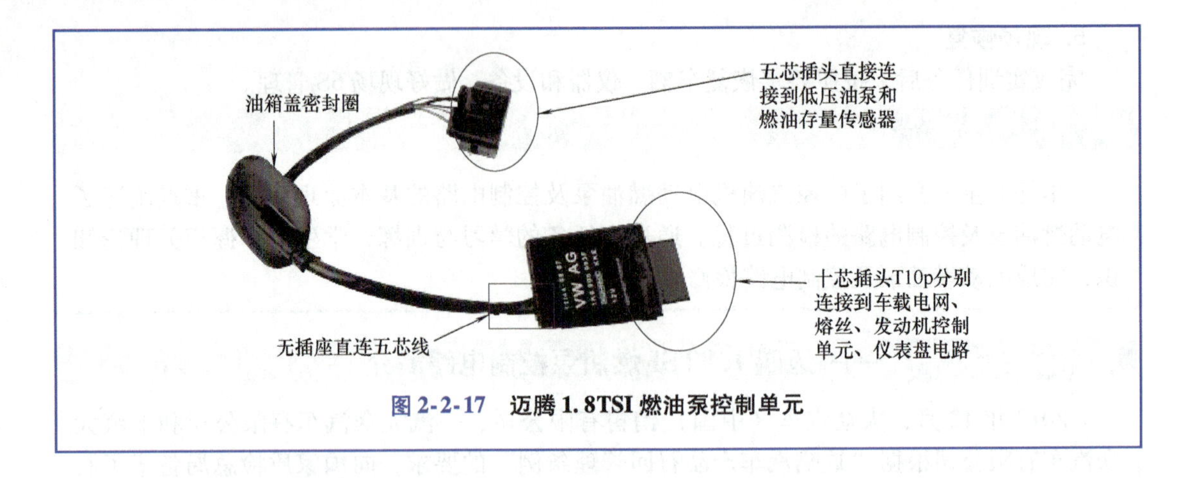


图 2-2-17　迈腾 1.8TSI 燃油泵控制单元

# 任务 2.3　喷油器及控制电路的检修

## 【任务导入】

一辆装备 LDE 发动机的科鲁兹轿车发动机抖动，加速无力，发动机故障灯点亮，入厂进行维修。技术经理首先使用汽车诊断仪读取发动机电控系统故障码为 DTC P0201（喷油器控制电路），经过初步判断，要求对该车喷油器及控制电路进行检修。

## 【任务目标】

1. 能描述喷油器的结构分类与工作原理。
2. 能描述常见喷油器控制电路的控制原理。
3. 能完成喷油器及控制电路的检测。
4. 能完成喷油器及控制电路的典型故障分析。

## 【知识准备】

### 一、喷油器

缸外喷射的电控汽油机，喷油器通常安装在进气歧管或进气道附近的缸盖上。其功能是根据发动机 ECU 发出的喷油脉冲信号，将计量精确的燃油适时、适量地喷入节气门附近的进气歧管内。喷油器实际上是一个电磁阀，其结构如图 2-3-1 所示。

**1. 喷油器的分类**

喷油器是一种加工精度非常高的精密器件，要求其动态流量范围大，抗堵塞与污染能力强、雾化性能好。为了满足这些性能要求，先后开发研制了各种不同结构形式的电磁喷油器，主要有轴针式和孔式两种。所有喷油器按电磁线圈阻值分为高阻型和低阻型。高阻型喷油器的电磁线圈电阻为 13 ~ 17Ω，低阻型喷油器的电磁线圈电阻为 2 ~ 3Ω。

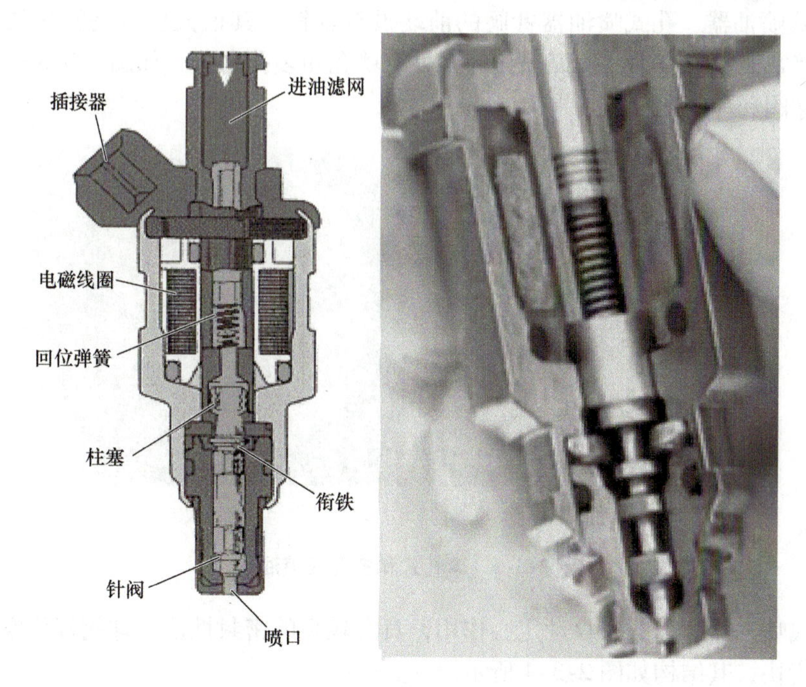


**图 2-3-1 喷油器结构图与实物图**

（1）轴针式喷油器　轴针式喷油器由外壳、喷油器、针阀、套在针阀上的衔铁、回位弹簧、电磁线圈和电插接器等组成，如图 2-3-2 所示。轴针式喷油器针阀的前端有一段轴针，其特点是针阀在喷口中往复运动，不易引起喷口堵塞。轴针可使燃油呈环状喷出，有利于雾化，但喷射雾化效果较差。

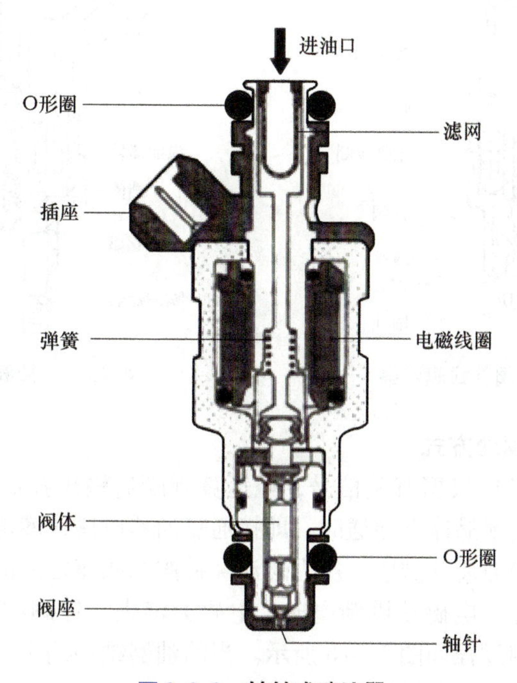


**图 2-3-2 轴针式喷油器**

（2）孔式喷油器　孔式喷油器针阀的前端没有轴针。其最大优点是雾化质量高，应用广泛，但易堵塞。孔式喷油器按照喷孔的多少有单孔和多孔之分，如图 2-3-3 所示；按照针阀的形式有球阀和片阀之分。

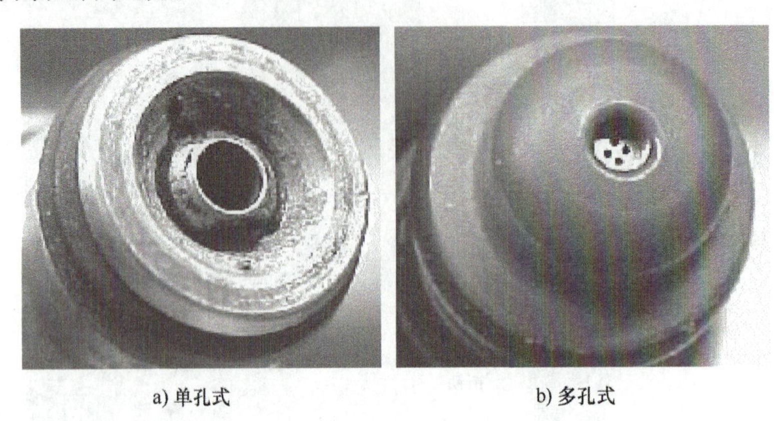

a) 单孔式　　b) 多孔式

图 2-3-3　单孔式和多孔式喷油器

球阀孔式喷油器的球阀有自动定心作用，具有较高的密封性能；球阀杆为空心杆，重量轻，响应速度快，其结构如图 2-3-4 所示。

片阀孔式喷油器的阀片被弹簧力和燃油压力压紧在阀座上，当 ECU 控制装置给电磁线圈通电后，使弹簧压缩、阀片升起，燃油通过计量孔喷出。其结构与工作过程如图 2-3-5 所示。

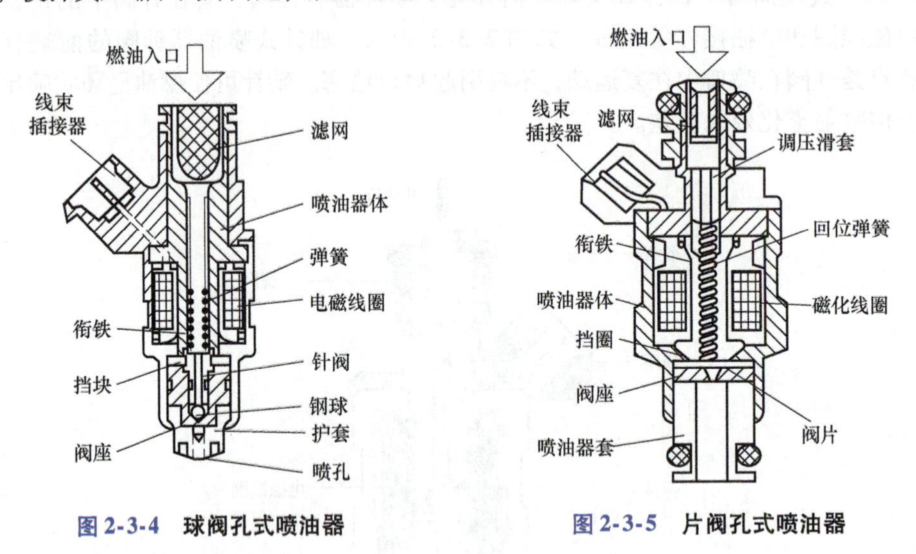


图 2-3-4　球阀孔式喷油器　　图 2-3-5　片阀孔式喷油器

**2. 喷油器的控制和驱动方式**

当发动机工作时，ECU 根据有关信号，经运算判断后输出控制信号，控制大功率晶体管的导通与截止。当大功率晶体管导通时，即接通喷油器电磁线圈电路，产生磁场，针阀在磁场的作用下克服弹簧弹力离开阀座，压力燃油经针阀和阀座之间的空隙进入进气歧管或气缸。当大功率晶体管截止，电磁线圈断电时，电磁力消失，针阀在弹簧的作用下关闭喷油口，燃油停止喷射，控制过程如图 2-3-6 所示。当喷油器结构确定后，喷油量的多少主要取决于喷油脉宽信号，即喷油器电磁线圈的通电时间。

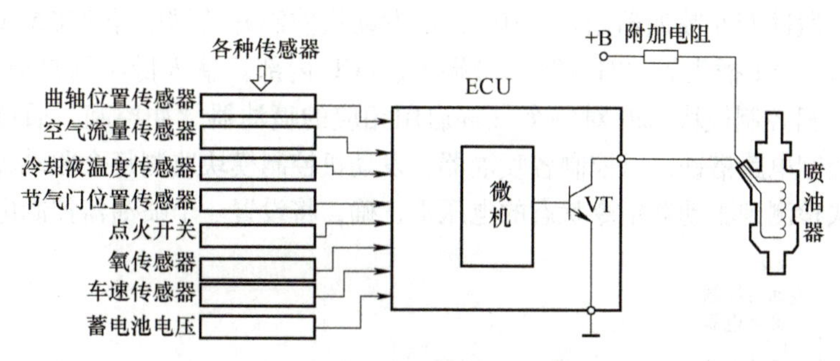


图 2-3-6 喷油器控制原理图

喷油器的驱动方式分为电流驱动与电压驱动两种方式。电流驱动方式只适用于低阻值喷油器，一般应用在单点喷射系统中。电压驱动方式对高阻值和低阻值喷油器均可使用，一般应用在多点喷射系统中。在电压驱动方式的喷油器驱动电路中，由蓄电池（继电器）直接供电，ECU 控制喷油器的搭铁回路，如图 2-3-7 所示。当 ECU 中的喷油器驱动电路 IC 使功率晶体管导通，喷油器搭铁电路导通，喷油器电磁线圈内的电磁场发生突变，这个突变使线圈产生感应电动势，喷油器波形出现尖峰，如图 2-3-8 所示。

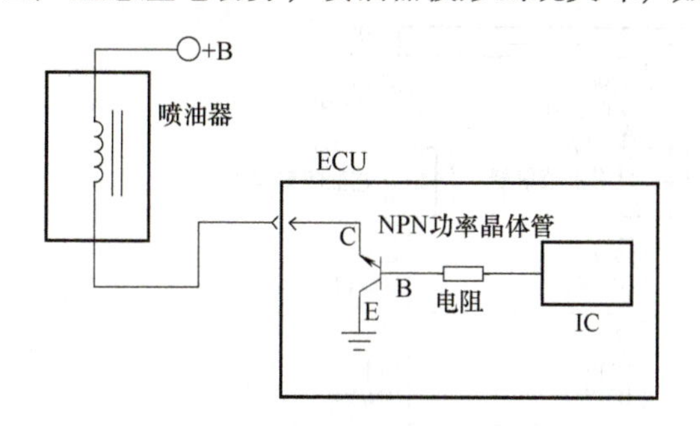


图 2-3-7 电压驱动式喷油器电路

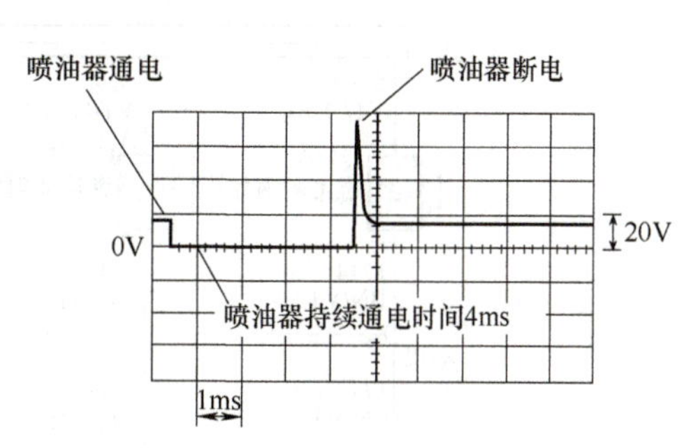


图 2-3-8 电压驱动式喷油器波形

## 二、喷油器控制电路

目前，各车型喷油器的控制电路基本相同，一般都是通过点火开关和主继电器或燃油泵继电器给喷油器供电，ECU 控制喷油器搭铁，如图 2-3-9 所示。通过 ECU 控制喷油器的搭铁时刻与搭铁导通时间，即控制了喷油时刻与喷油量。

当点火开关闭合时，ECU 控制内部的晶体管 VT1 导通，主继电器工作，ECU 根据发动机转速、负荷等信号控制大功率晶体管 VT2 导通与截止。当大功率晶体管 VT2 导通时，喷油器电磁线圈通电，喷油器喷油；当大功率晶体管 VT2 截止时，喷油器电磁线圈断电，喷油器停止喷油。喷油器喷油量的多少取决于喷油器线圈导通的持续时间，喷油时刻取决于 ECU 控制喷油器线圈导通与截止的时刻。

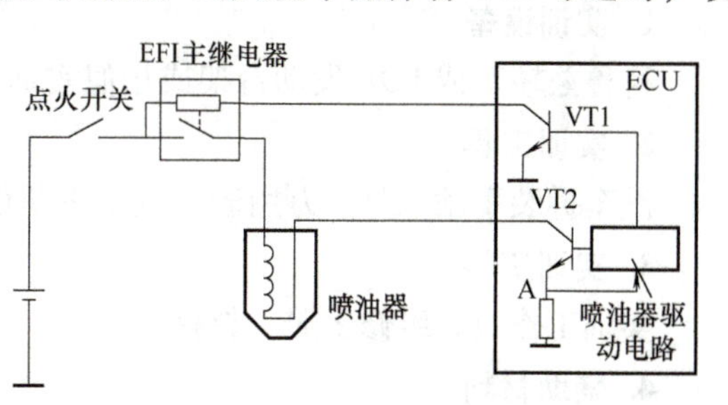


图 2-3-9 喷油器控制电路

科鲁兹 LDE 发动机的喷油器控制电路如图 2-3-10 所示。四个缸的喷油器分别为 Q17A、Q17B、Q17C、Q17D，喷油器的正极由 J108 物理连接在一起，通过15A喷油器熔丝F9UA，由发动机控制开关继电器KR75供电。四个喷油器的搭铁经由K20-X1插头的“31～34”号端子、ECU内部“输入低压侧驱动开关”，最终由ECU控制。发动机控制模块K20对每个气缸启用相应的喷油器脉冲控制，通过被称为驱动器的固态装置使控制电路搭铁，以控制各喷油器。发动机控制模块监测每个驱动器的状态。如果发动机控制模块检测到驱动器指令状态的电压不正确，将设置一个喷油器控制电路故障码。

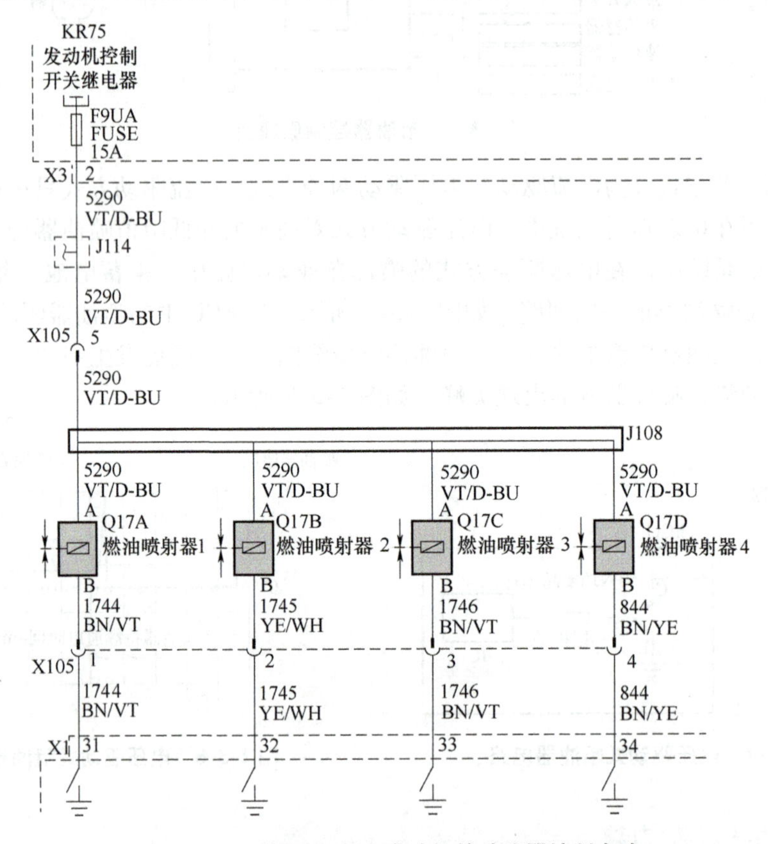


**图 2-3-10 科鲁兹 LDE 发动机的喷油器控制电路**

## 【任务实施】

### 一、任务准备

**1. 实训设备**

科鲁兹轿车或LDE发动台架或相似实训设备。

**2. 实训工具**

汽车拆装手动工具、万用表、汽车诊断仪。

**3. 实训资料**

实训工作页、维修手册、教材。

**4. 辅助材料**

翼子板布和前格栅布、三件套、抹布、白板笔。

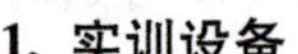

## 二、实施步骤

**1. 车辆基本检查**

1）实训车辆安全防护。

2）登记车辆基本信息。

3）车辆油、水、电基本检查。

**2. 喷油器工作情况的检查**

1）起动发动机，热车后怠速运转。

2）发动机运转时用手接触喷油器，应该有脉冲振动的感觉，如图2-3-11所示。

3）用旋具或听诊器，接触喷油器，测听喷油器工作时“嗒嗒”声，如图2-3-12所示。若声音清脆均匀，则喷油器工作正常；若某缸喷油器工作声音很小，可能是针阀卡滞；若没有工作声音，喷油器不工作。

图2-3-11　用手感觉喷油器的工作情况图

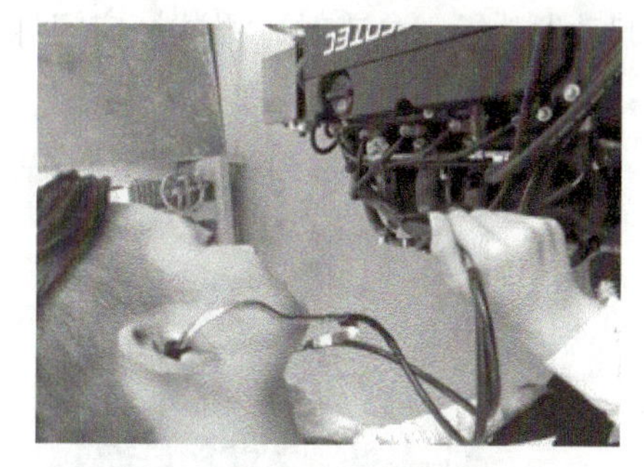

图2-3-12　听诊器测听喷油器的工作情况

4）单缸断油法检查。当发动机运转时，拔下某缸喷油器线束插头，发动机转速立即下降且抖动，表明该喷油器工作正常，发动机运转情况变化越明显，表示该缸工作情况越好，否则表示喷油器工作不正常。因单缸断油法需要带电拔插线束，不建议经常操作，以免损坏元件及电路。

**3. 喷油器内阻检测**

1）将点火开关置于OFF位置，脱开四个喷油器线束插接器，插接器上有两个端子，如图2-3-13所示。其中A端子为供电，B端子为喷油器控制信号。

2）用万用表分别测量四个喷油器端子A与端子B之间的电阻，即为喷油器内阻，标准值为11～14Ω，如图2-3-14所示。

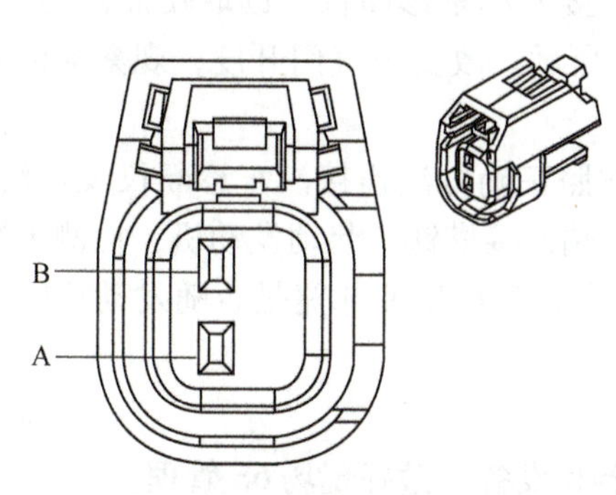


图2-3-13　燃油泵总成线束插接器

图2-3-14　检测喷油器内阻

**4. 喷油器控制电路检测**

1）依次在四个喷油器线束插头端子 A 与搭铁之间连接测试灯，打开点火开关置于 ON 位置，测试灯点亮，即喷油器供电正常，如图 2-3-15 所示。如果测试灯不点亮，应对照电路图检查熔丝、继电器和线路，也可以用万用表测试线束 A 端子的供电电压。

2）用万用表依次测试喷油器线束端子 B 与搭铁之间的静态控制电压为 10 ~ 12V，即喷油器控制电路正常，如图 2-3-16 所示。若异常应检查对应线路或更换发动机控制单元 K20。

3）喷油器控制脉宽信号检测。将点火开关置于 OFF 位置，在喷油器线束端子 B 与端子 A 之间连接一个测试灯。起动发动机，怠速时，测试灯应闪烁，如图 2-3-17 所示。

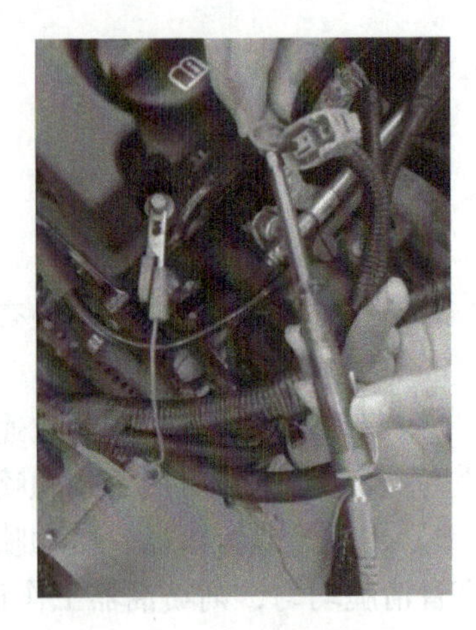

图 2-3-15　检测喷油器线束 A 端子供电

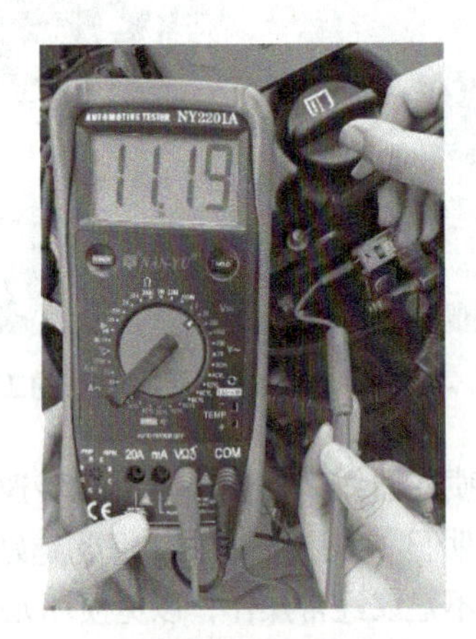


图 2-3-16　检测喷油器线束 B 端子控制电压

图 2-3-17　检测喷油器控制脉宽信号

**5. 喷油器的诊断仪检测**

1）确认点火开关在 OFF 位置，按照正确的方法连接汽车诊断仪，保证通信正常。

2）喷油器为发动机电控系统的重要执行器，可用汽车诊断仪“动作测试”功能进行检查喷油器的动作情况，在此不再赘述。

3）起动发动机，发动机怠速运转正常后，接入汽车诊断仪，读取喷油器动态数据流，怠速时喷油时间应为 1.0 ~2.5ms，如图 2-3-18 所示。改变节气门开度，观察喷油时间是否随发动机转速的变化而变化。

4）关闭点火开关，确认置于 OFF 位置，按照正确方法连接汽车诊断仪及示波测试线。示波器信号输入端连接 1 缸喷油器端子 B，另一端连接搭铁。起动发动机，检测 1 缸喷油脉宽信号波形，如图 2-3-19 所示。改变节气门开度，观察喷油脉宽是否随发动机转速的变化而变化。

**6. 现场恢复**

完成实训任务后，按照要求恢复车辆、仪器和设备，做好现场 6S 管理。

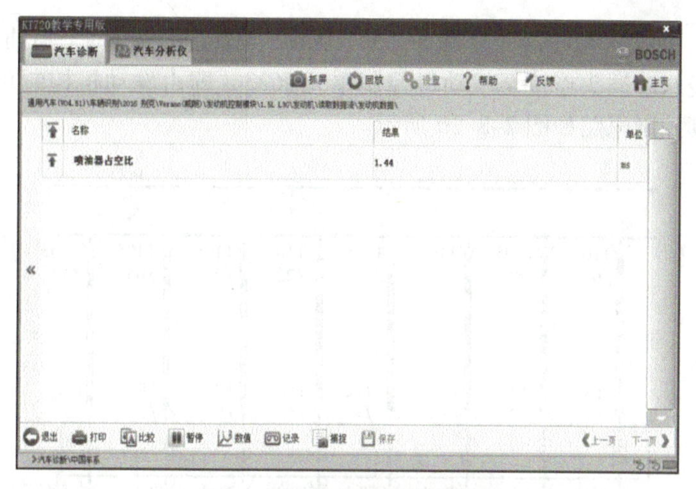


图 2-3-18 读取喷油器数据流

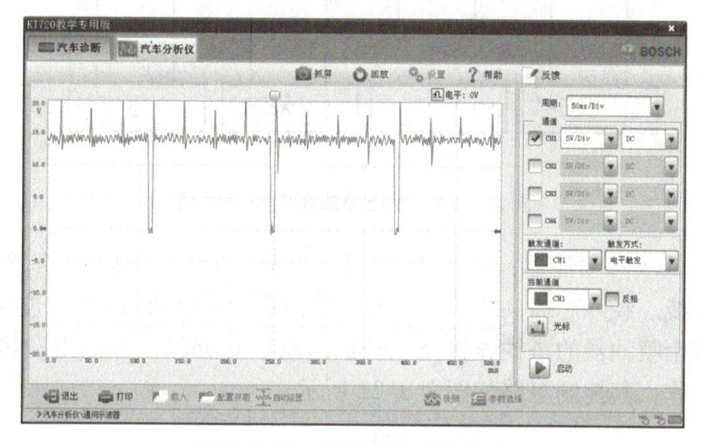


图 2-3-19 检测喷油脉宽波形

## 【任务小结】

本任务主要介绍了电控汽油机缸外喷射喷油器及控制电路的基本原理知识，重点阐述了喷油器及控制电路的检测过程。通过本任务学习与训练，学生掌握相关理论知识，完成喷油器及控制电路检测的工作任务。

## 【知识拓展】——迈腾 B8L2.0T 喷油器控制电路简介

作为未来几年的大众主力发动机，第三代 EA888 受到了颇多的关注。全新 2018 款迈腾 B8L 装配了 2.0T 第三代 EA888 发动机，供油方式为混合喷射（1.8T 仅为缸内直喷），即将燃油喷射系统有缸内直喷和歧管喷射组合而成的混合喷射。

混合喷射（MPI + FSI）每缸各有缸外、缸内两个喷油器，当低负荷工况时，歧管喷油器在进气行程时喷油，再配合压缩行程时气缸内喷油器喷油，从而实现分层燃烧。当高负荷工况时，只在压缩行程进行缸内直喷。不仅提高了发动机的工作效率，还避免了缸内直喷在低负荷工况下因氧气过量导致的排放问题。

四个缸内（高压）喷油器，分别为 N30、N31、N32、N33。每个喷油器有两根导线，共八根导线，经八芯插头连接至发动机控制单元 J623，即由发动机控制单元控制四个喷油器的工作，其控制电路如图 2-3-20 所示。

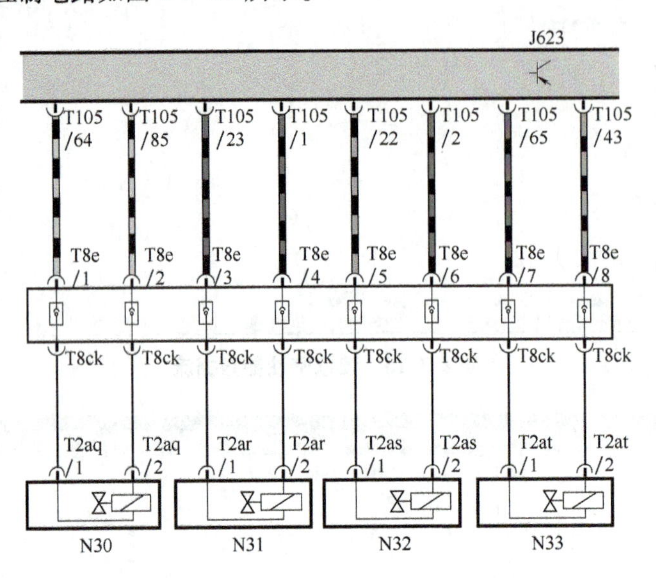


图 2-3-20 高压喷油系统控制电路

四个缸外（低压）喷油器，分别为 N532、N533、N534、N535。每个喷油器有两根导线，共八根导线。经八芯插头连接后，四个喷油器的正极通过 D137 连接在一起，由主继电器供电；四个喷油器的搭铁连接至发动机控制单元 J623，即由发动机控制单元控制四个喷油器的工作，其控制电路如图 2-3-21 所示。

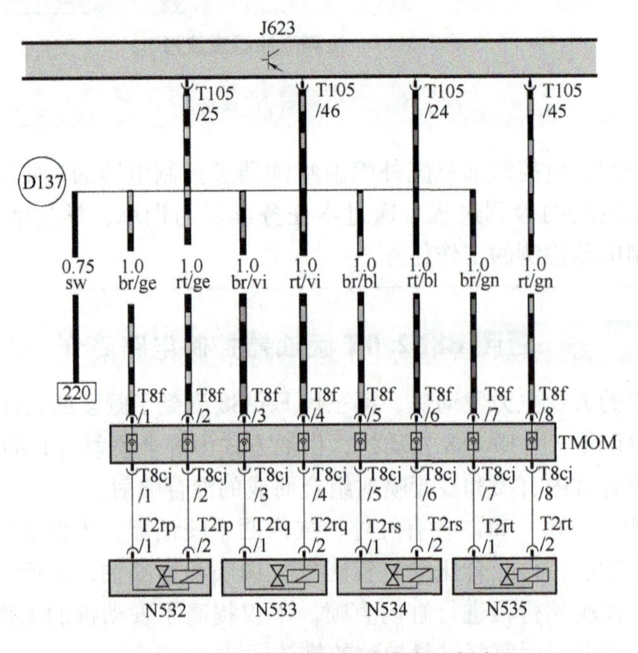


图 2-3-21 低压喷油系统控制电路

# 任务 2.4 缸内直喷高压燃油控制系统的检修

## 【任务导入】

一辆装备 L3G 缸内直喷发动机的 2018 款科鲁兹轿车发动机起动困难，加速无力，最高转速仅达到 3000r/min，发动机故障灯点亮，入厂进行维修。技术经理首先使用汽车诊断仪读取发动机电控系统故障码为 DTC P0191（燃油导轨压力传感器性能），经过初步判断，要求对该车缸内直喷燃油供给电控系统进行检修。

## 【任务目标】

1. 能描述缸内直喷技术的发展概况。
2. 能描述高压燃油供给系统的结构组成及基本原理。
3. 能完成高压燃油电控部件及电路的检测与分析。
4. 能完成高压燃油控制系统典型故障的诊断与排除。

## 【知识准备】

### 一、缸内直喷技术简介

汽油机缸内直喷技术（Gasoline Direct Injection，GDI），是将汽油供给压力升高至 5 ~ 15MPa，通过喷油器直接将燃油喷入气缸内与进气混合的技术，如图 2-4-1 所示。这样喷射压力进一步提高，燃油雾化更加细致，真正实现了精准地按比例控制喷油并与进气混合，并且消除了缸外喷射的缺点。同时，对喷油器位置、进气气流控制，以及活塞顶形状等进行特别设计，使油气能够在整个气缸内充分、均匀地混合，从而使燃油充分燃烧，能量转化效率更高。

随着汽车技术的发展，各大汽车生产厂家均推出了自己的缸内直喷技术及发动机，如大众 FSI、通用 SIDI 和三菱 GDI 等。

**1. 大众 FSI 技术**

大众燃油分层喷射（Fuel Stratified Injection，FSI）是利用一个高压泵，将燃油加压至5 ~ 10MPa，通过一个分流轨道（共轨）直接喷射到气缸内部。它的特点是在进气道中已经产生可变涡流，使进气流形成最佳的涡流形态进入燃烧室内，以分层填充的方式推动，使混合气体集中在位于燃烧室中央的火花塞周围。通过缸内空气的运动在火花塞周围形成易于点火的浓混合气，空燃比达到 12∶1 左右，外层逐渐稀薄的空燃比达到 25∶1。浓混合气点燃后，燃烧迅速波及外层。FSI 分层燃烧共有分层充气模式、均质稀混合气模式、均

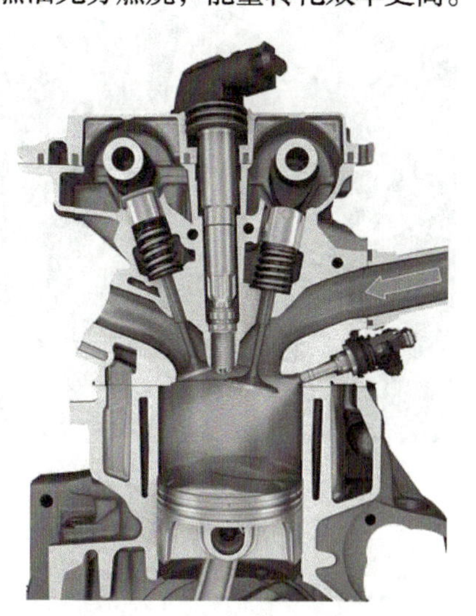

图 2-4-1 缸内直喷示意图

质混合气模式三种，以满足发动机不同工况的要求，其中分层充气模式下的充气与燃烧如图 2-4-2 所示。

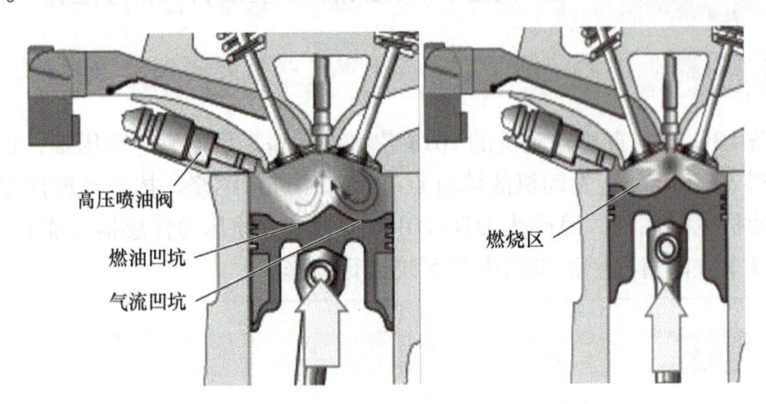


图 2-4-2 分层充气模式下的充气与燃烧

**2. 通用 SIDI 技术**

通用采用火花点燃直接喷射技术（Spark Ignition Direct Injection，SIDI）的发动机是一种采用智能缸内直接喷射技术的汽油发动机，该系列发动机还具有电子可变双气门正时技术和发动机管理模块，可以实现燃油分层燃烧和均质燃烧双模式，其结构如图 2-4-3 所示。

**3. 三菱 GDI 技术**

三菱汽油直接喷射技术（Gasoline Direct Injection，GDI）的研究始于德国，早在 20 世纪 50 年代，德国就有直喷二冲程汽油机装车上市，甚至还装到声名显赫的 SL 级奔驰轿车上，但是很快就销声匿迹了。日本三菱汽车公司于 1996 年研制成功 GDI 发动机，并将其装在 Galant 牌汽车上，于同年 8 月投放日本汽车市场，是最早的缸内直喷发动机。GDI 发动机能用稀燃技术，空燃比可高达 40∶1，甚至最高可达 100∶1，使得功率和转矩均高于传统汽油机，油耗、噪声及二氧化碳的排放量都较低，GDI 发动机工作的均匀性、瞬时反应性、起动性等均比传统汽油发动机有较大的改进。三菱 GDI 发动机高压燃油供给系统如图 2-4-4 所示。

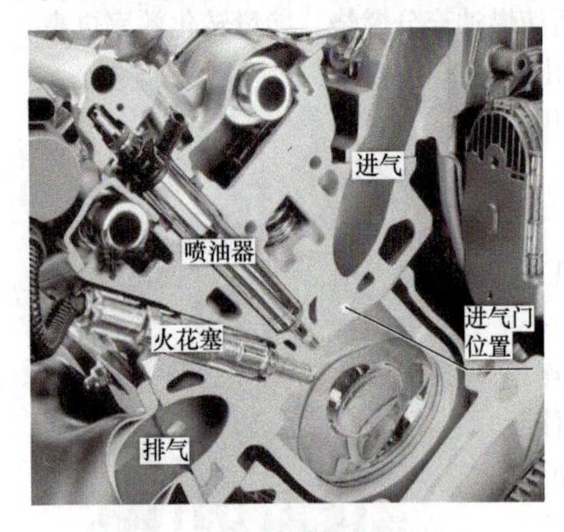


图 2-4-3 通用 SIDI 结构

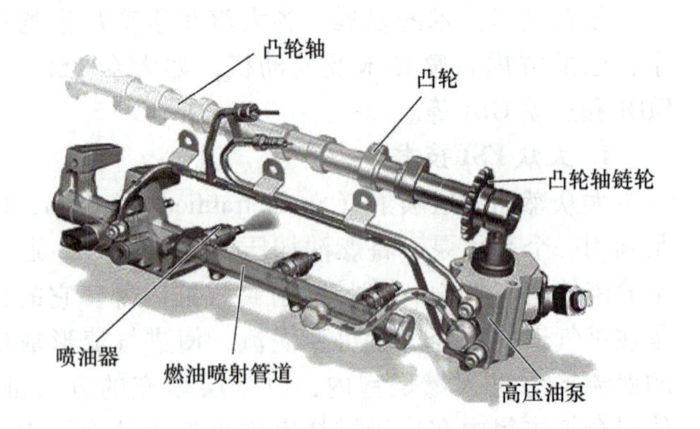


图 2-4-4 三菱 GDI 发动机高压燃油供给系统

## 二、高压燃油供给系统

缸内直喷汽油发动机燃油供给系统由低压燃油系统和高压燃油系统两部分构成。燃油箱内燃油通过电动汽油泵以 0.6MPa 左右的压力泵至高压油泵，高压油泵对燃油再次加压至 5~15MPa（取决于负荷和转速），送入燃油分配管，分配管再将燃油分配给四个高压喷油器。高压燃油供给系统通常由高压油泵、燃油压力传感器、燃油压力调节器、高压喷油器、高压燃油分配管及高压管路组成，君越 3.0L SIDI 发动机高压燃油供给系统如图 2-4-5 所示。

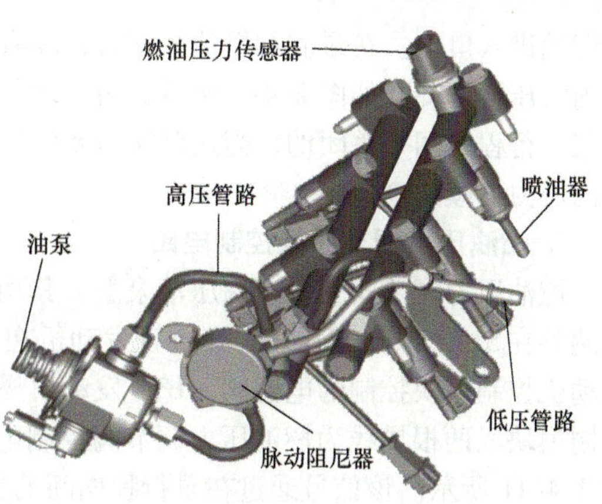

图 2-4-5 君越 3.0L SIDI 发动机高压燃油供给系统

**1. 高压油泵**

缸内直喷汽油机高压油泵的功能是根据发动机的工况，将电动燃油泵提供的燃油压力升高至规定范围内，最高可达 15MPa。高压油泵一般为单活塞高压泵，同时集成有燃油压力调节阀，如图 2-4-6 所示。

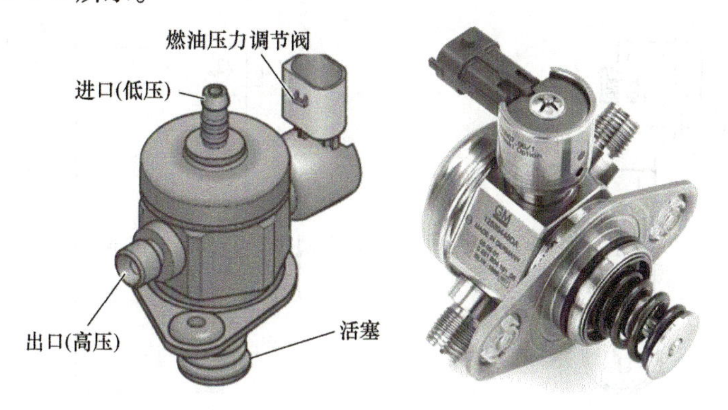


图 2-4-6 高压油泵与燃油压力调节阀

高压油泵一般由凸轮轴通过圆柱挺杆驱动，当活塞向下运动时，压力约为 0.6MPa 的燃油从油箱经进油阀流入泵腔内，如图 2-4-7 所示。当活塞向上运动时，燃油就被压缩了，在压力超过油轨内压力时，燃油就被送入燃油分配管，如图 2-4-8 所示。

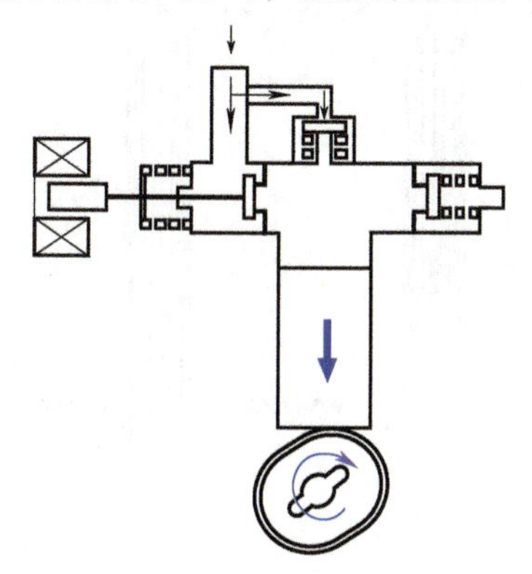

图 2-4-7 高压油泵进油

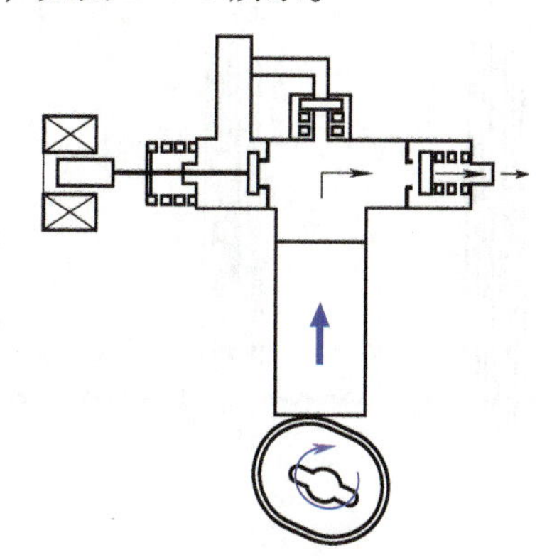

图 2-4-8 高压油泵出油

如果燃油压力调节阀在供油行程结束前打开，那么泵腔内的压力就会卸掉，燃油就会流到燃油进入口内。在泵腔和燃油分配管之间有一个单向阀，它在燃油计量阀打开时可阻止油轨内的压力下降，如图 2-4-9 所示。为了调节供油量，燃油压力调节阀从油泵凸轮的下止点到某一行程之间是关闭的，当达到所需要的轨内压力时，燃油计量阀就打开，这样就可防止轨内压力继续升高。

**2. 燃油压力调节阀及控制电路**

燃油压力调节阀安装在高压油泵上，其功能是根据发动机转速、负荷的不同，将高压油压调整在 5 ~ 15MPa 范围内，以保证发动机在各种工况下均高效运转。燃油压力调节阀是由发动机控制模块控制的电磁阀，L3G 发动机燃油压力调节阀电路如图 2-4-10 所示。发动机控制模块经两根导线为燃油压力调节阀控制电路提供一个 12V 脉宽调制（PWM）信号，如图 2-4-11 所示。该信号通过在泵行程期间的特定时段打开和关闭控制阀，来调节燃油压力。高压燃油泵为常闭泵，在控制电磁阀未通电的情况下不会使燃油压力增大。当出现泵控制故障时，泵内的泄压阀将保护高压系统，防止压力超过 24MPa。

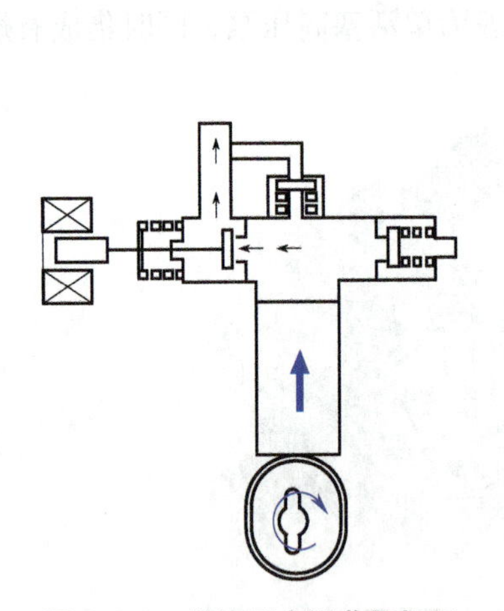

图 2-4-9　燃油压力调节阀打开

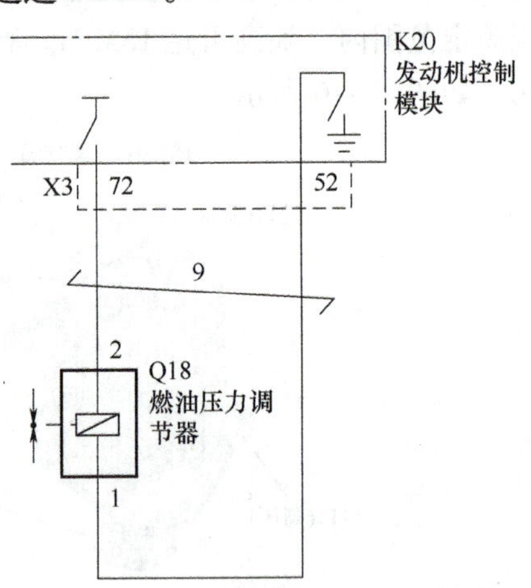


图 2-4-10　L3G 发动机燃油压力调节阀电路

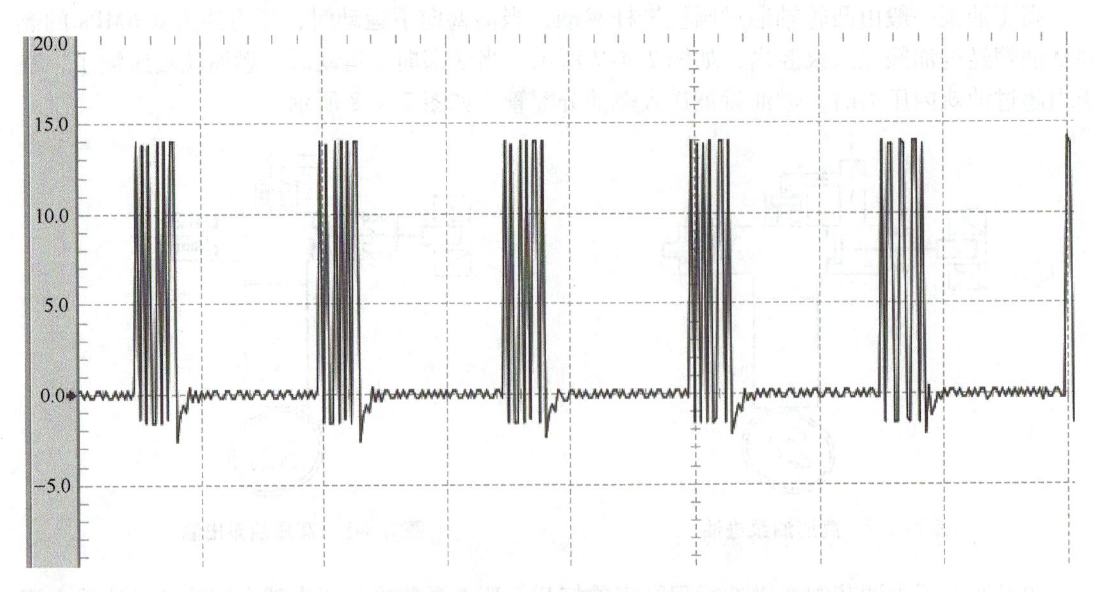


图 2-4-11　燃油压力调节阀脉宽调制控制信号（单位：V）

**3. 高压燃油压力传感器及控制电路**

缸内直喷发动机一般配有两个燃油压力传感器，一个是低压油路燃油压力传感器，位于底盘燃油管上。低压燃油压力传感器检测燃油管中的燃油压力，向发动机控制模块提供一个燃油压力信号，用于提供“闭环”燃油压力控制，属于低压燃油供给系统，在此不赘述。

另一个是高压燃油压力传感器（燃油导轨压力传感器），安装在油轨上，能测量高达20MPa的压力。该传感器的核心是一个钢膜，在钢膜上镀有应变电阻，结构如图2-4-12所示。当压力作用到钢膜的一侧时，由于钢膜弯曲，就引起应变电阻的电阻值发生变化，压力升高时电阻减小，于是信号电压升高。

L3G发动机高压燃油压力传感器的控制电路如图2-4-13所示，共有三根导线与发动机控制单元K20连接。高压燃油压力传感器使用美国汽车工程师协会J2716单缘半字节传输（SENT）协议，将燃油压力和温度信息通过串行数据进行传输。高压燃油压力传感器内部微处理器可以实现从一个3线传感器进行4个独立传感器输出。发动机控制模块为燃油导轨压力传感器提供一个5V参考电压电路、一个低电平参考电压电路和一个异步信号/串行数据电路。异步信号意味着只从高压燃油压力传感器向发动机控制模块进行通信。发动机控制模块将串行数据信号编码成单独的电压，并将这些电压作为来自于燃油温度传感器、高压燃油压力传感器的电压输入值在故障诊断仪上进行显示，若此传感器损坏，系统无高压。

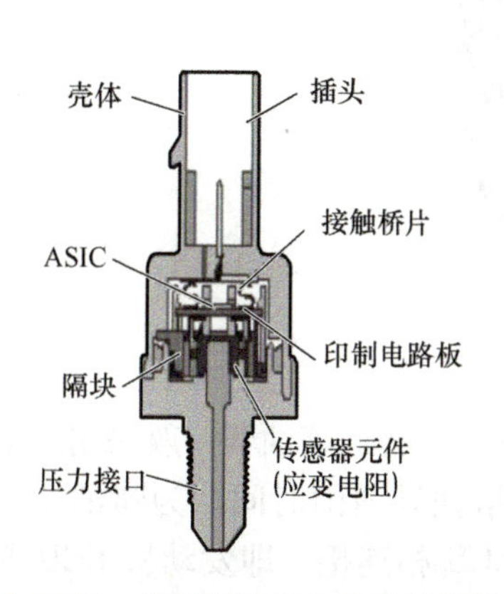


图2-4-12　高压燃油压力传感器的结构

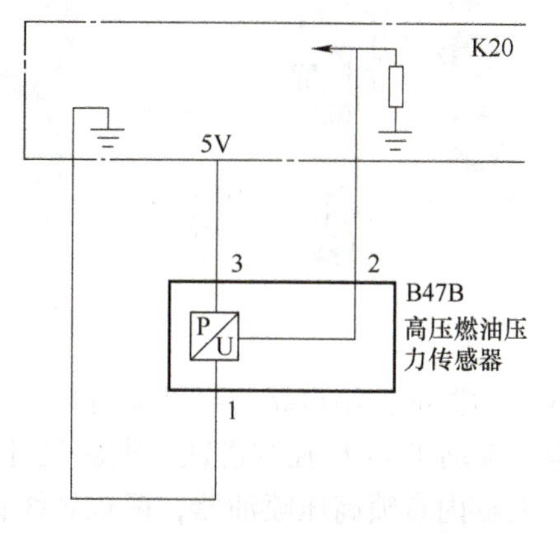


图2-4-13　L3G发动机高压燃油压力传感器的控制电路

**4. 高压燃油分配管**

高压燃油分配管也称为高压油轨，如图2-4-14所示。其功能是将一定的燃油压力分配到高压喷油阀，并且提供足够大的容积来补偿压力波动。燃油分配管是高压储存器，也是喷油阀、燃油压力传感器、压力限制阀的安装架以及高/低压系统之间的连接部分。

**5. 高压喷油器及控制电路**

缸内直喷汽油发动机的喷油器为高压喷油器，如图2-4-15所示。其结构及工作原理与普通汽油机喷油器类似，只不过高压喷油器的工作条件、环境更加苛刻，其结构与制造工艺更加精密。功能是将精确计量燃油直接喷入燃烧室中的一定区域中雾化，以便形成所需要的均匀可燃混合气。喷油器末端有四氟乙烯密封圈，在喷油器拆下后必须更换。

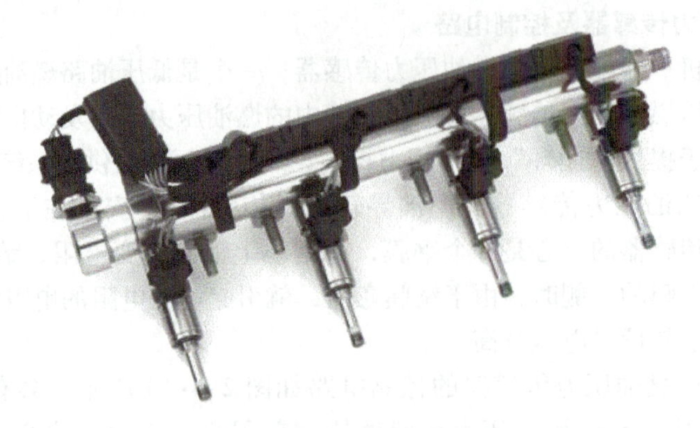

图 2-4-14　高压燃油分配管

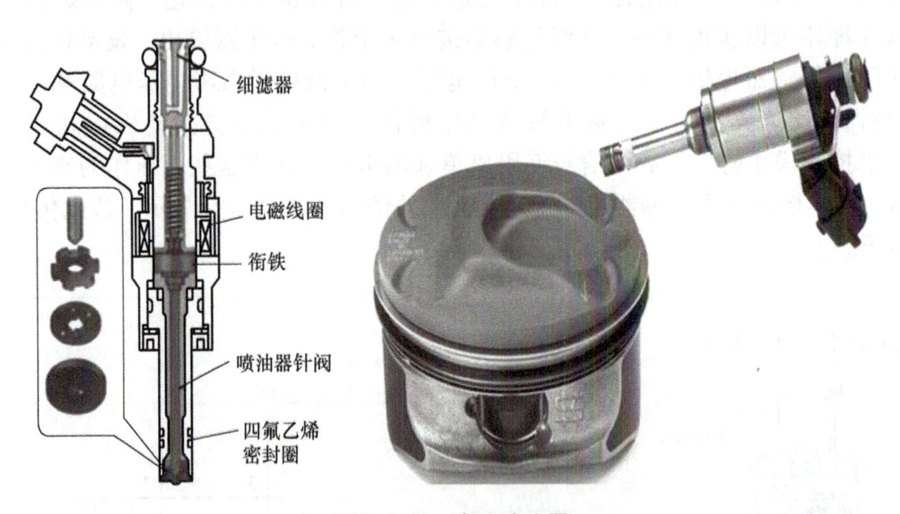


图 2-4-15　高压喷油器

高压喷油器的控制电路与缸外喷射普通喷油器的电路不同。普通喷油器一般采用继电器 12V 供电，发动机 ECU 控制搭铁的电路设计，发动机控制搭铁导通的时间即为喷油器的喷油时间。而缸内直喷高压喷油器，两根导线直接与发动机 ECU 相连接，即发动机 ECU 既给喷油器供电，又完成喷油器控制。科鲁兹 L3G 发动机高压喷油器控制电路如图 2-4-16 所示，四个高压喷油器 Q17A、Q17B、Q17C、Q17D 分别通过两根导线与发动机控制单元 K20 相连接。发动机控制单元为每个喷油器提供电压，又控制搭铁。同时，发动机控制单元监视喷油器电路的状态，当发动机控制模块检测到喷油器电路故障时，相应的喷油器将被停用。

## 三、高压燃油供给系统泄压

高压燃油供给系统的最高油压可达 15MPa，高压流出的燃油会对皮肤和眼睛造成严重伤害。在拆卸处于高燃油压力下的部件之前，务必对燃油系统泄压。泄压操作通常的步骤如下：①将故障诊断仪连接至车辆；②指令燃油泵继电器断开，从而切断低压燃油泵；③起动发动机，让发动机怠速运行直至熄火；④使用故障诊断仪，读取燃油压力数据确认燃油压力很小或没有，如果仍有燃油压力继续泄压操作，此操作为高压燃油系统拆卸、维修的基本操作，在此重点说明，在随后的任务实施中不再赘述。

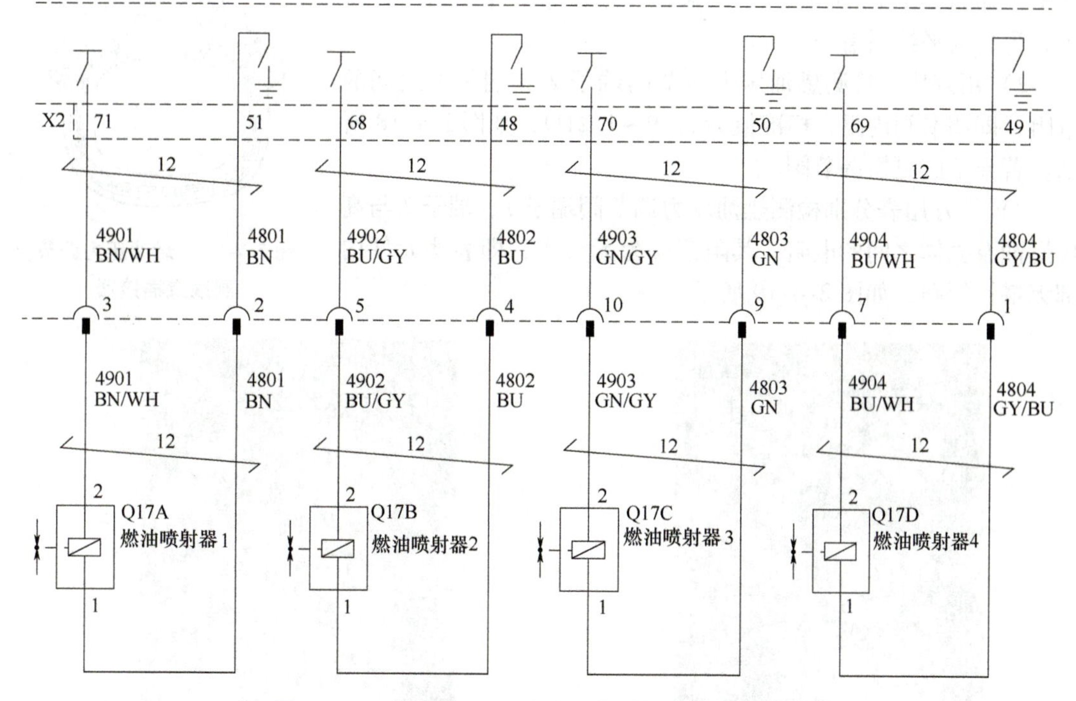


图 2-4-16　科鲁兹 L3G 发动机高压喷油器控制电路

【任务实施】

高压燃油压力调节阀及控制电路检修

高压燃油压力传感器及控制电路检修

高压喷油器及控制电路检修

## 一、任务准备

**1. 实训设备**

2018 款科鲁兹轿车或 L3G 发动台架或相似实训设备。

**2. 实训工具**

汽车拆装手动工具、万用表、示波器、汽车诊断仪。

**3. 实训资料**

实训工作页、维修手册、教材。

**4. 辅助材料**

翼子板布和前格栅布、三件套、抹布、白板笔。

## 二、实施步骤

**1. 车辆基本检查**

1）实训车辆安全防护。

2）登记车辆基本信息。

3）车辆油、水、电基本检查。

**2. 燃油压力调节阀及电路检测**

1）将点火开关置于 OFF 位置，断开高压燃油泵 G18 处的线束插接器，插接器上有两个端子，如图2-4-17所示。其中端子1为低电平控制信号，端子2为高电平控制信号。

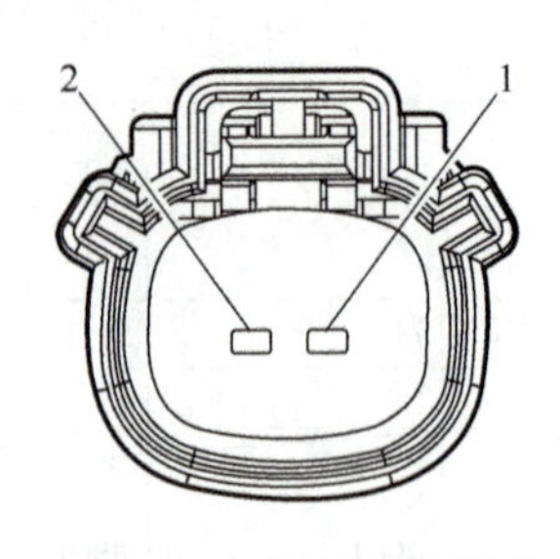


图2-4-17 燃油压力调节阀线束插接器

2）用万用表检测燃油压力调节阀端子2和端子1之间的电阻，即调节阀内阻，标准值为1.09～1.21Ω，如图2-4-18所示。若异常应更换调节阀。

3）用万用表分别检测燃油压力调节阀端子1、端子2与高压燃油泵壳体之间的电阻，其阻值应为无穷大，即表明元件内部无搭铁短路，如图2-4-19所示。

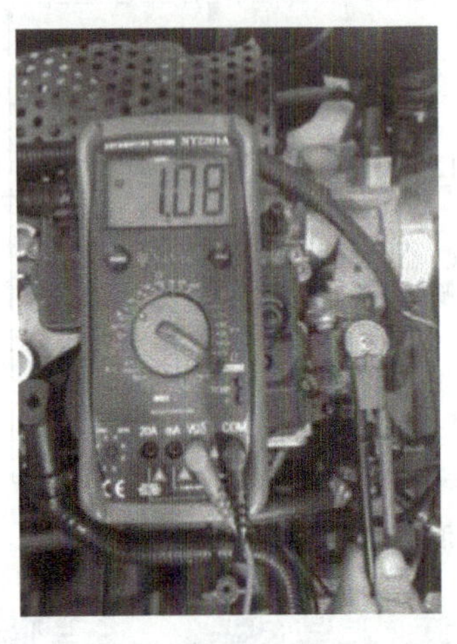


图2-4-18 检测燃油压力调节阀电阻

图2-4-19 燃油压力调节阀内无搭铁短路检测

4）将点火开关置于ON位置，用万用表检测燃油压力调节阀线束端子2和搭铁之间的电压为10～12V，即静态高电平控制电路正常，如图2-4-20所示。若异常，应检查对应线路或更换发动机控制模块K20。

5）确认点火开关置于ON位置，用万用表检测燃油压力调节阀线束端子1和搭铁之间的电压为2～5V，即静态低电平控制电路正常，如图2-4-21所示。若异常，应检查对应线路或更换发动机控制模块K20。

图2-4-20 燃油压力调节阀静态高电平电压检测

图2-4-21 燃油压力调节阀静态低电平电压检测

6）将点火开关置于 OFF 位置，脱开 K20 发动机控制模块处的线束插接器，用万用表检测燃油压力调节阀线束，两根导线端对端电阻应小于 2Ω，即导线无断路。

7）连接汽车诊断仪或者示波器及所需测试线，示波器信号输入接端子 2，另一端接端子 1，测量燃油压力调节阀控制信号波形，如图 2-4-22 所示，并观察波形随发动机转速的变化情况。

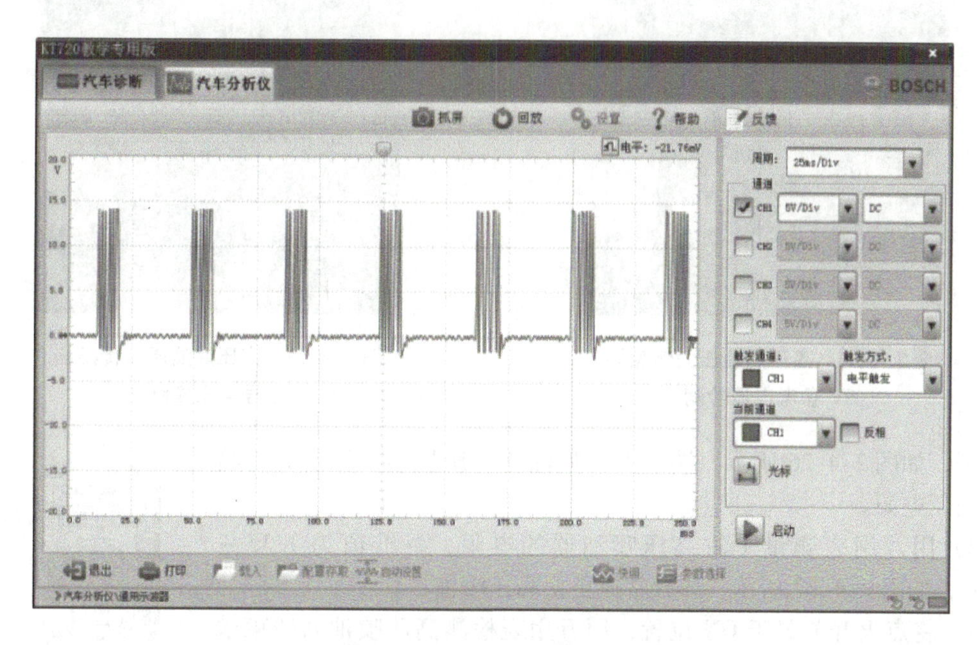


**图 2-4-22　燃油压力调节阀控制信号波形**

**3. 高压燃油压力传感器电路检测**

1）将点火开关置于 OFF 位置，脱开高压燃油压力传感器 B47B 线束插接器，插接器上有三个端子，如图 2-4-23 所示。其中端子 1 为低电平参考电压，端子 2 为传感器信号，端子 3 为参考电压 5V。

2）用万用表检测端子 1 与搭铁之间的电阻值，应小于 2Ω，即导线无断路，若异常，应检查对应线路或更换发动机控制单元 K20。

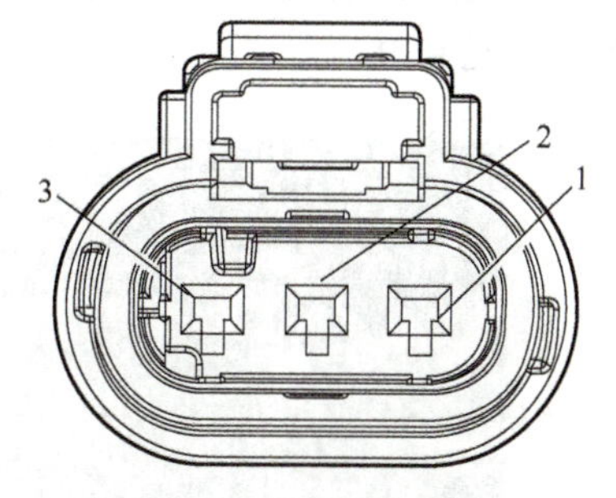


**图 2-4-23　高压燃油压力传感器线束插接器**

3）将点火开关置于 ON 位置，用万用表检测高压燃油压力传感器线束端子 3 和搭铁之间的电压为 4.8～5.2V，如图 2-4-24 所示。若异常，应检查该线路或更换发动机控制单元 K20。

4）将点火开关置于 OFF 位置，连接传感器插头，起动发动机，用万用表检测端子 2 和搭铁之间的电压为 1～5V，如图 2-4-25 所示，并观察信号电压值随转速变化的情况，若异常应更换高压燃油压力传感器。

5）若以上检测均正常，仍存在燃油压力传感器故障，应更换燃油压力传感器。

**4. 高压喷油器及电路检测**

1）将点火开关置于 OFF 位置，脱开 1 缸高压喷油器 Q17A 线束插接器，插接器上有两

图 2-4-24　高压燃油压力传感器 5V 参考电压检测

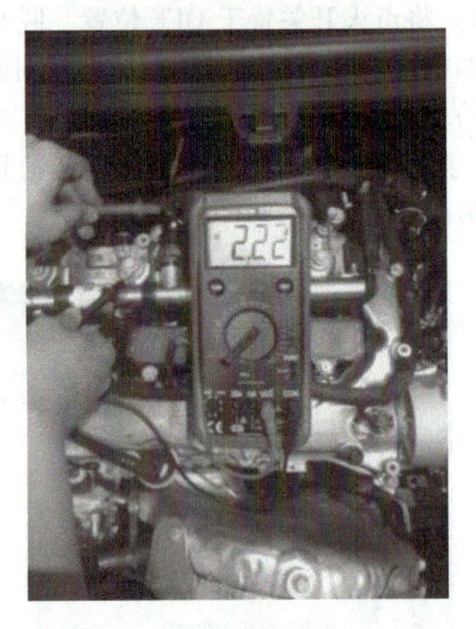


图 2-4-25　高压燃油压力传感器信号电压检测

个端子，如图 2-4-26 所示。端子 1 为喷油器高压控制，端子 2 为喷油器高压电源。

2）用万用表测量 1 缸高压喷油器的电阻，标准值为 1.35 ~ 1.65Ω，如图 2-4-27 所示，如异常应更换高压喷油器。

3）将点火开关置于 ON 位置，用万用表检测高压喷油器线束端子 1 和搭铁之间的电压是否为 1/2 蓄电池电压 ±0.5V，即高压喷油器静态控制电压，如图 2-4-28 所示。若异常，应检查线路或更换发动机控制单元 K20。

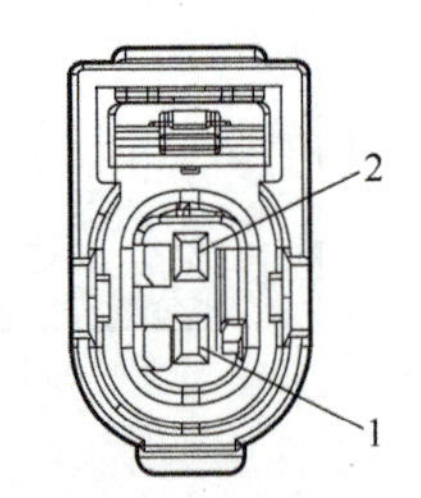


图 2-4-26　高压喷油器线束插接器

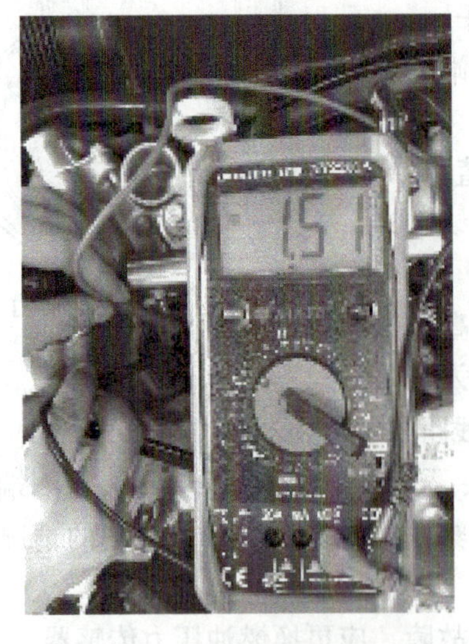


图 2-4-27　高压喷油器电阻检测

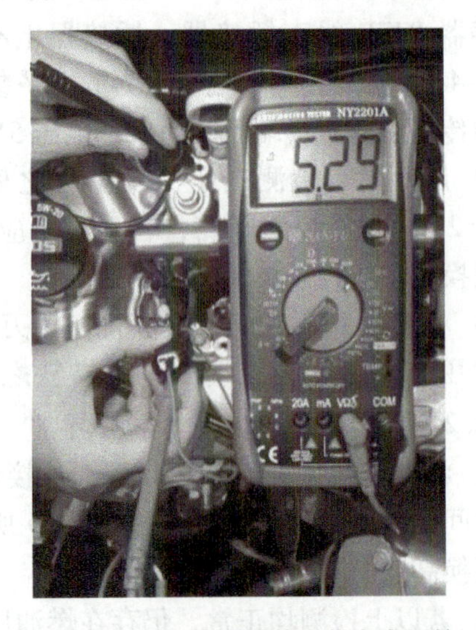


图 2-4-28　高压喷油器静态供电电压检测

4）将点火开关置于 OFF 位置，在端子 2 和端子 1 之间连接一个测试灯，发动机在起动或运行时确认测试灯点亮并熄灭。

5）高压喷油器数据流与波形可参照普通喷油器操作步骤进行检测，在此不再赘述。

**5. 现场恢复**

完成实训任务后，按照要求恢复车辆、仪器和设备，做好现场6S管理。

## 【任务小结】

本任务主要介绍了缸内直喷技术及高压燃油控制系统的基本原理知识，重点阐述了高压燃油控制系统部件及电路的检测过程。通过本任务的学习与训练，学生应在掌握相关理论知识的基础上，完成高压燃油控制系统核心部件及电路检测的工作任务。

## 【知识拓展】——迈腾 B8L 高压燃油系统简介

迈腾 B8L 轿车燃油供给系统由低压和高压两部分组成，高压燃油系统如图 2-4-29 所示，由高压油泵、燃油压力调节阀和燃油压力传感器等组成。

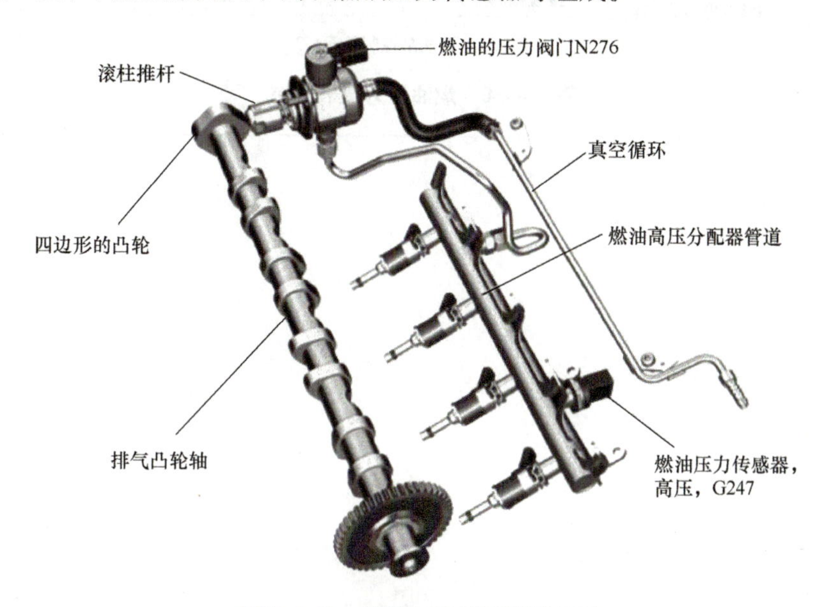


**图 2-4-29 迈腾 B8L 高压燃油系统**

高压燃油泵通过排气凸轮轴末端四边形的凸轮进行驱动，凸轮轴转一圈该循环发生四次，利用滚柱推杆来驱动泵的活塞，这样的构造使得发动机的运转平静度高，产生噪声小，油耗降低。

高压燃油压力通过安装在燃油泵上的压力调节阀 N276 调节，如图 2-4-30 所示，根据发动机的工况调节范围为 5～15MPa。高压系统燃油由无回流装置供给，压力不大于 0.6MPa，压力与燃油数量相关，控制单元将燃油压力传感器 G247 的信号作为参量。起动时，燃油压力调节阀 N276 被短暂激活，进口阀关闭，压力上升，燃油传递立即开始。入口关闭后，电磁阀电源切断，泵内的压力保持入口阀关闭，直到喷油结束。

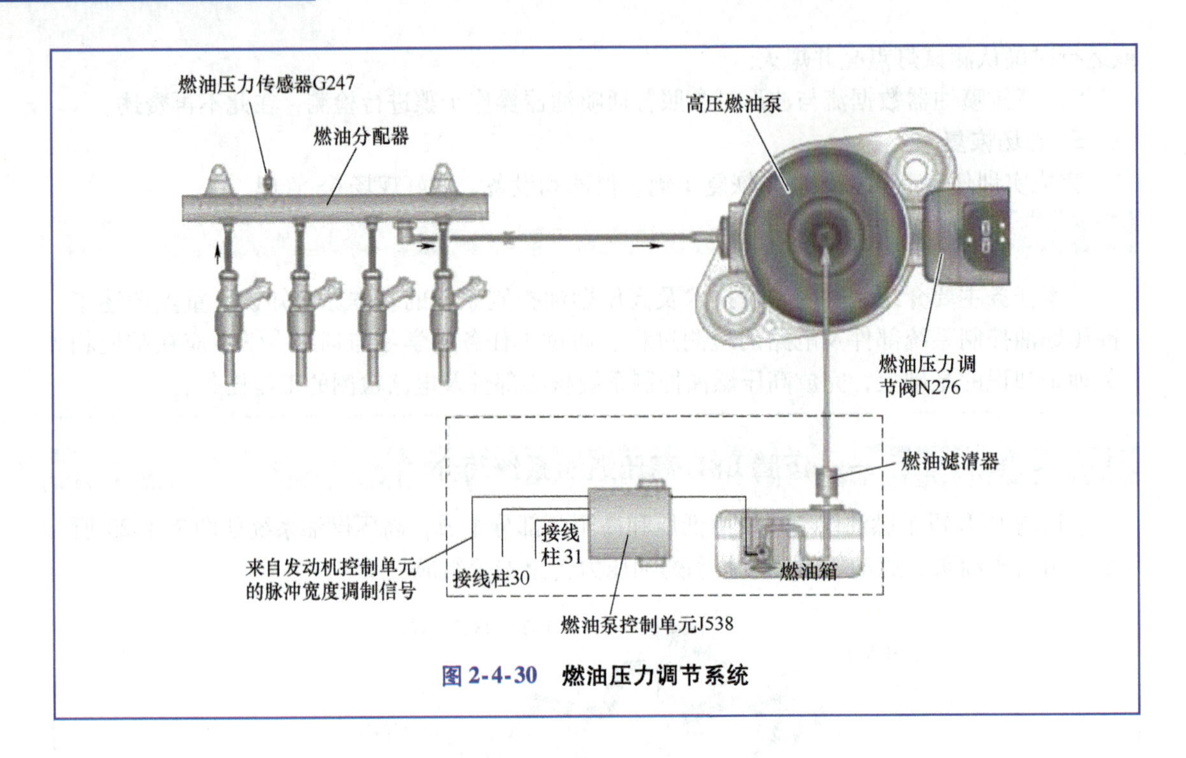


**图 2-4-30 燃油压力调节系统**

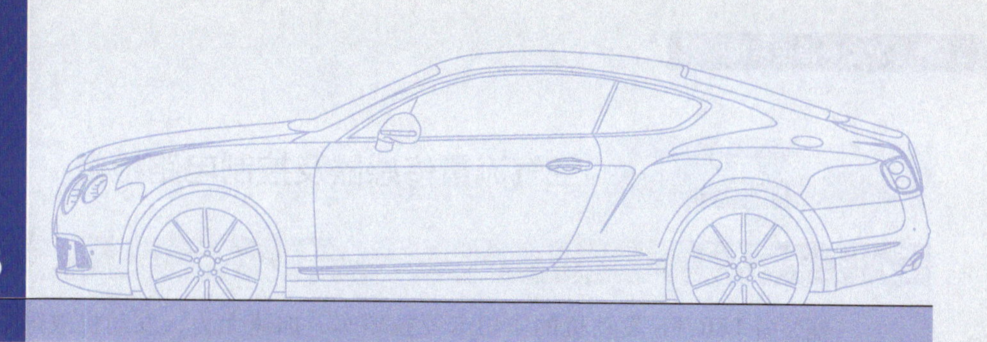

# 项目3

# 空气供给系统检修

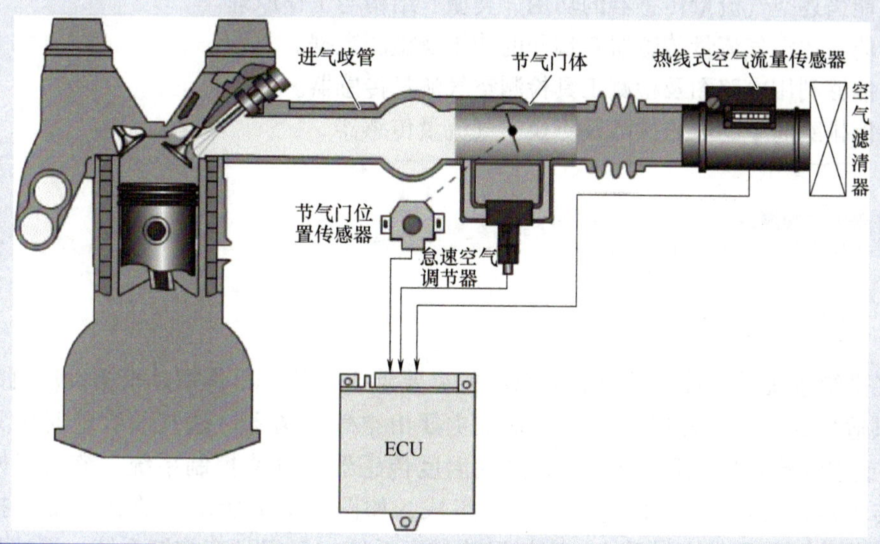


## 【项目导读】

| | |
|---|---|
| 描述 | 空气供给电控系统是电控燃油喷射系统的另一个重要组成部分。通过本项目5个任务的学习与训练，学生应掌握空气流量传感器、进气歧管绝对压力传感器、进气温度传感器、怠速及电子节气门控制系统、进气控制系统的基本结构与工作原理，并掌握其部件与控制电路的检测方法 |
| 任务 | 任务3.1　空气流量传感器及控制电路检修<br>任务3.2　进气歧管绝对压力传感器及控制电路检修<br>任务3.3　进气温度传感器和冷却液温度传感器及控制电路检修<br>任务3.4　怠速控制系统与电子节气门控制系统检修<br>任务3.5　进气控制系统检修 |

# 任务 3.1 空气流量传感器及控制电路检修

## 【任务导入】

一辆装备 1ZR-FE 发动机的丰田卡罗拉轿车，加速无力，发动机故障灯异常点亮，入厂进行维修。技术经理首先使用汽车诊断仪读取发动机电控系统的故障码为 P0103（空气流量电路输入高），经过初步判断，要求对该车空气流量传感器及控制电路进行检修。

## 【任务目标】

1. 能描述空气流量传感器的功用、类型、结构与工作原理。
2. 能描述空气流量传感器各端子的功用及检测数据。
3. 能够利用电路图及检测工具检测空气流量传感器。
4. 能排除简单的电路故障及更换空气流量传感器。

## 【知识准备】

### 一、空气供给系统的组成

空气供给系统是汽油发动机管理系统的重要组成部分，其作用是根据发动机的不同工况，提供适量的空气。普通空气供给系统主要由空气滤清器、进气歧管绝对压力传感器（D 型）或空气流量传感器（L 型）、进气温度传感器、怠速控制系统、节气门体（节气门位置传感器）、进气总管和进气歧管等组成，如图 3-1-1 所示。随着发动机技术的发展，产生了进气道可变控制系统、废气涡轮增压系统、气门可变控制系统，可统称为进气控制系统。

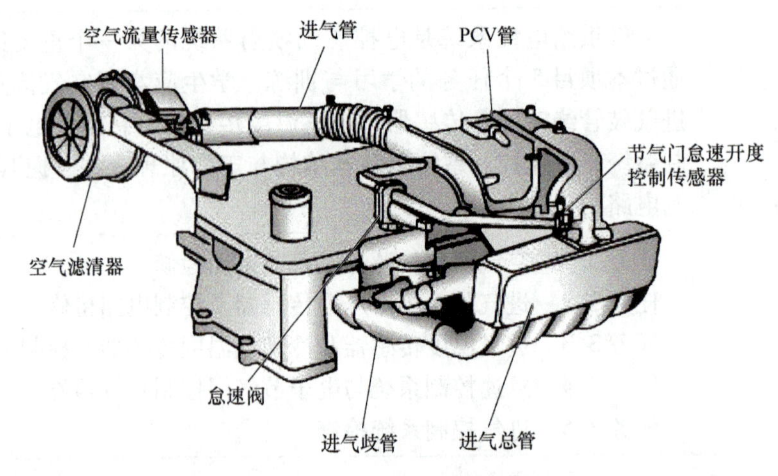


图 3-1-1　空气供给系统的组成

## 二、空气流量传感器

空气流量传感器（Mass Air Flow，MAF）通常安装在空气滤清器之后、节气门之前的进气软管上，如图3-1-2所示，其功用是检测发动机进气量大小，并将进气量信息转换成电信号输入ECU，以供ECU计算确定喷油时间（即喷油量），进气量信号是控制单元计算喷油时间的主要依据。

图3-1-2 空气流量传感器

### 1. 空气流量传感器的分类

空气流量传感器按检测空气流量的参数不同，可以分为体积流量型和质量流量型；按结构的不同，可以分为翼板式（又称为叶片式）、卡门涡流式（又分为超声波式和光学式）和热线式（或热膜式）。翼板式和卡门涡流式属于体积流量型传感器，必须同时检测进气温度才能计算出空气质量流量；而热线式空气流量传感器或热膜式空气流量传感器属于质量流量型传感器，可直接测出空气质量流量。由于翼板式和卡门涡流式空气流量传感器已经淘汰，在此只介绍热线式空气流量传感器和热膜式空气流量传感器。

### 2. 热线式空气流量传感器和热膜式空气流量传感器的原理

热线式空气流量传感器由白金（铂金）热线、白金冷线（温度补偿电阻）、精密电阻、集成电路控制板、防护网、取样管和线束插接器等组成，如图3-1-3所示。

热线式空气流量传感器内部桥式电路如图3-1-4所示，由$R_H$热丝电阻（热线）、$R_K$温度补偿电阻（冷线）、$R_A$精密电阻（信号电压）、$R_B$电桥电阻共同构成惠斯顿电桥的四个臂。当电桥处于平衡状态时，热线与冷线的温度相差保持100℃。当空气流过空气流量传感器时，热线降温、电阻变小，冷线降温而电阻变大，于是电桥失去平衡，控制电路会增加通过热线的电流使电桥恢复平衡，而电流增大会使精密电阻的电压降增大。只要测得精密电阻两段的电压降，即可计算得知空气的质量流量。

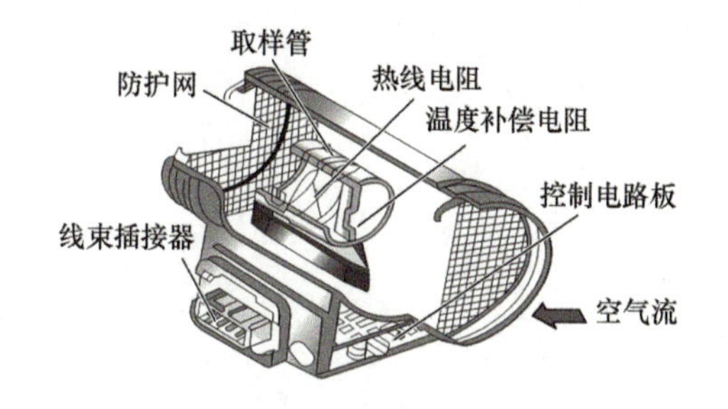


图3-1-3 热线式空气流量传感器

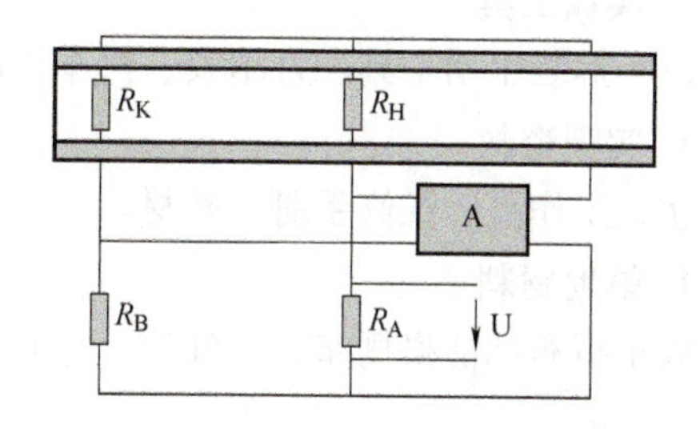


图3-1-4 热线式空气流量传感器内部桥式电路

热膜式空气流量传感器的工作原理与热线式空气流量传感器基本相同，区别在于热膜式空气流量传感器采用低成本的后膜工艺将热线电阻、补偿电阻及精密电阻镀在一块陶瓷片上，用以取代热线式空气流量传感器中的冷热线，热线式空气流量传感器和热膜式空气流量传感器由于其成本低、工作可靠，目前被广泛使用。

空气流量传感器输出信号电压范围在 0.2 ~5V 之间，且随进气量的增大而增大。该传感器的数据流在发动机怠速时为 0.54 ~4.33g/s，在发动机转速为 2500r/min（无负荷）时可达到 3.33 ~9.17g/s。

**3. 热线式空气流量传感器控制电路**

丰田卡罗拉 1ZR-FE 发动机空气流量传感器为典型的热线式空气流量传感器，其与进气温度传感器集成在一起，通过 5 线插接器与线束相连。其中端子 B2-3 ~ B2-5 为空气流量传感器电路，其控制电路如图 3-1-5 所示。

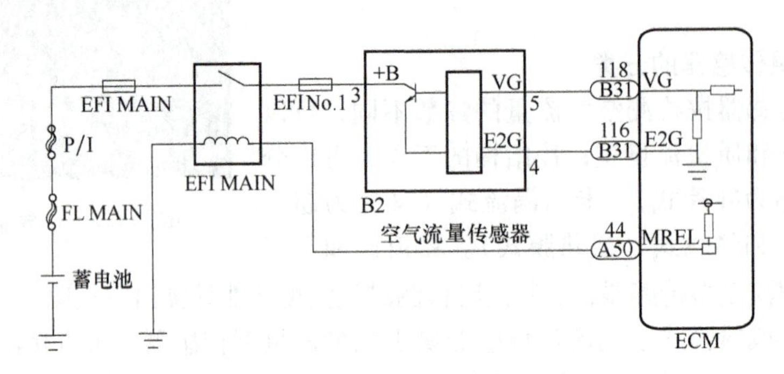


图 3-1-5　空气流量传感器控制电路

1ZR-FE 发动机空气流量传感器由主继电器（EFI MAIN）经熔丝 EFI No.1、端子 B2-3 供电，端子 B2-4（E2G）线路经 ECM 搭铁，端子 B2-5 为输出信号电压至 ECM，信号电压为 0.2 ~5V。

## 【任务实施】

空气流量传感器及控制电路检修

### 一、任务准备

**1. 实训设备**

丰田卡罗拉轿车或 1ZR-FE 发动机实训台或相似实训设备。

**2. 实训工具**

汽车拆装手动工具、万用表、汽车诊断仪。

**3. 实训资料**

实训工作页、维修手册、教材。

**4. 辅助材料**

翼子板布和前格栅布、三件套、抹布、白板笔。

### 二、实施步骤

**1. 车辆基本检查**

1）实训车辆安全防护。

2）登记车辆基本信息。

3）车辆油、水、电基本检查。

**2. 空气流量传感器检测**

1）将点火开关置于 OFF 位置，脱开空气流量传感器插接器 B2，插接器上有 5 个端子，如图 3-1-6 所示。端子 1 为进气温度传感器信号 THA，端子 2 为进气温度传感器搭铁 E2，端子 3 为空气流量传感器供电 +B，端子 4 为空气流量传感器到 ECM 的搭铁 E2G，端子 5 为空气流量传感器信号 VG。

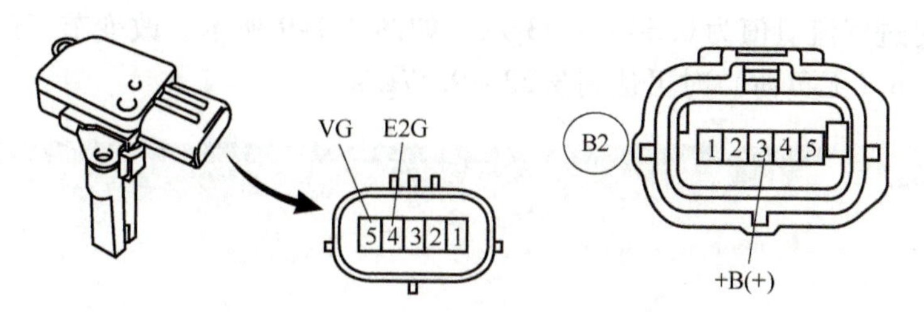


图 3-1-6 空气流量传感器线束插接器

2）用万用表检测空气流量传感器 B2-3、B2-4、B2-5 之间及三个端子与搭铁之间的电阻大于 10kΩ 或更大，即传感器内部无线间断路、搭铁断路。

3）空气流量传感器性能检测。向端子 B2-3 与 B2-4 施加蓄电池电压，检测 B2-5 与 B2-4 之间的信号电压范围为 0.2～4.9V，且随进气量的增大而增大。性能测试比较麻烦，实际维修中一般很少采用。

**3. 空气流量传感器控制电路检测**

1）将点火开关置于 ON 位置，用万用表检测空气流量传感器线束端子 B2-3 和车身搭铁之间的电压为 9～14V（蓄电池电压），如图 3-1-7 所示。如异常，根据电路图检查继电器、熔断丝及线路。

2）用万用表检测空气流量传感器线束侧端子 B2-4 和搭铁之间的电阻，电阻值小于 1Ω，如异常应根据电路图检查线路或更换 ECM。

3）连接线束插接器，起动发动机，用万用表检测传感器信号电压端子 B2-5 与端子 B2-4 之间的信号电压范围为 0.2～4.9V，且随进气量的增大而增大，如图 3-1-8 所示。

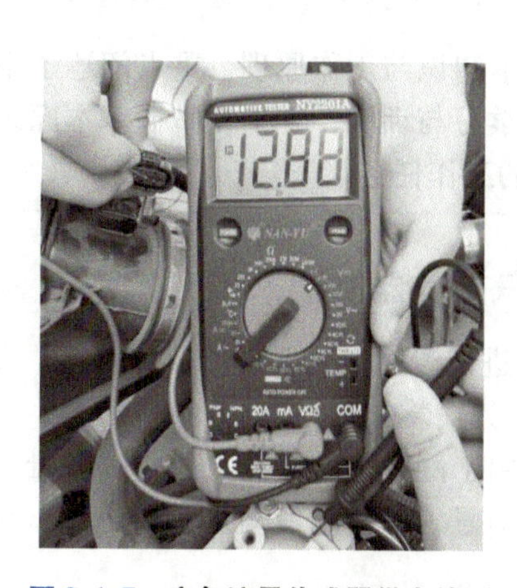


图 3-1-7 空气流量传感器供电检测

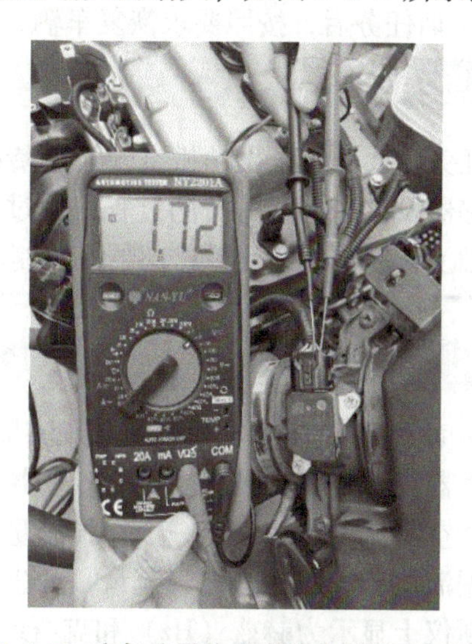


图 3-1-8 空气流量传感器输出信号电压检测

4）空气流量传感器线路检测可采用线束传感器侧插头 B2 至 ECM 侧插头 B31 导线端对端电阻检测的方法，在此不再赘述。

**4. 空气流量传感器诊断仪检测**

1）确认点火开关置于 OFF 位置，按照正确的方法连接汽车诊断仪，保证通信正常。

2）起动发动机，发动机怠速运转正常后，进入汽车诊断仪，读取空气流量传感器动态数据流，怠速时进气流量值为 0.54～4.33g/s，如图 3-1-9 所示。改变节气门开度，发动机转速在 2500r/min（无负荷）时可达到 3.33～9.17g/s。

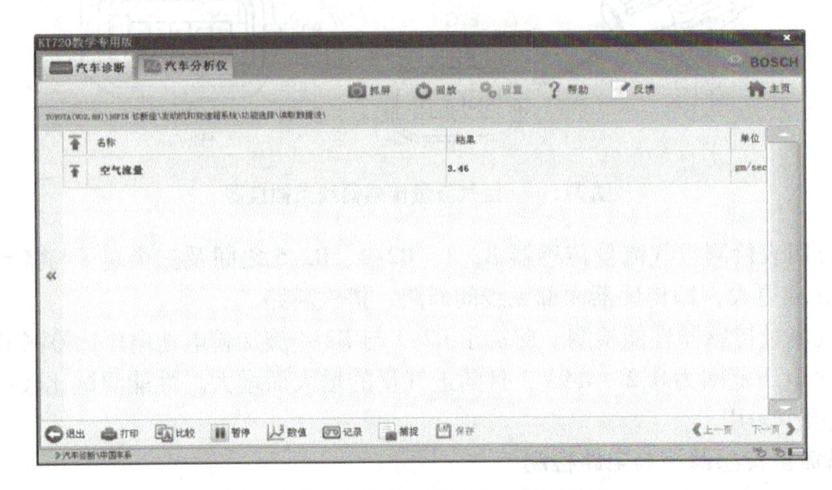


图 3-1-9　读取空气流量传感器数据流

3）关闭点火开关，确认置于 OFF 位置，按照正确方法连接示波测试线。VMI 示波探针的信号输入端连接空气流量传感器 B2-5 端子，另一端接 B2-4 或搭铁。起动发动机，进入汽车诊断仪“汽车分析仪”选项，选择“传感器测量”进入“空气流量传感器”，调节相关参数，即可测得空气流量传感器信号波形。

**5. 现场恢复**

完成实训任务后，按照要求恢复车辆、仪器和设备，做好现场 6S 管理。

## 【任务小结】

本任务主要介绍了发动机空气流量传感器的基本知识与工作原理，重点阐述了空气流量传感器及控制电路的检测过程，通过本任务的学习与训练，学生在掌握基本原理知识的基础上，完成空气流量传感器及控制电路检修的工作任务。

## 【知识拓展】——科鲁兹 L3G 多功能进气传感器简介

2018 款科鲁兹 L3G 发动机的空气流量传感器、进气温度传感器、湿度传感器、大气压力传感器统一集成在多功能进气传感器 B75C 中，其安装位置如图 3-1-10 所示。

质量空气流量传感器是一个空气流量传感器，用于测量传感器孔内的空气流量。传感器根据流过传感器孔的进气流量，产生可变频率信号。信号随发动机负荷变化，并在故障诊断仪上显示为赫兹（Hz）和克/秒（g/s）。

进气温度（IAT）传感器1是一个可变电阻器，能够改变发动机控制模块提供的5V信号电路上的电压。该信号随传感器孔内的进气温度而改变，并在故障诊断仪上显示为℃(℉)。进气温度传感器2和湿度传感器共用相同的电路。进气温度传感器2信号在故障诊断仪上显示为赫兹（Hz）和℃(℉)。

大气压力传感器（BARO）用于检测不同海拔的大气压力，调整发动机工况，以适应不同的海拔环境。

L3G发动机多功能进气传感器B75C线束插接器共有8个端子，控制电路如图3-1-11所示，端子1湿度传感器信号，端子2节气门进气歧管绝对压力传感器5V参考电压，端子3质量空气流量传感器信号，端子4高速质量空气流量传感器启用，端子5动力总成主继电器熔丝电源，端子6节气门进气歧管绝对压力传感器信号，端子7信号搭铁，端子8进气温度传感器信号。

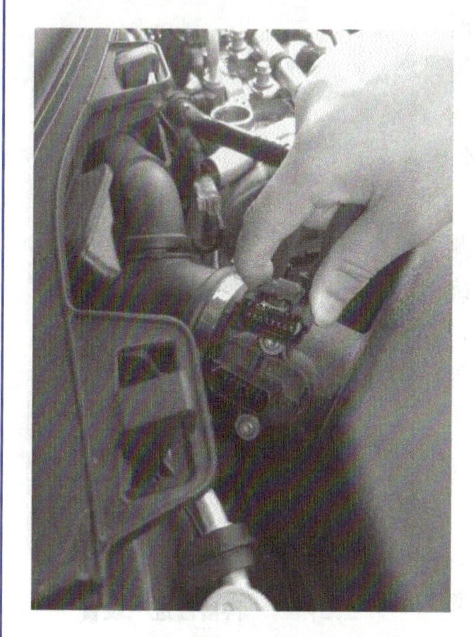

图3-1-10 **L3G发动机多功能进气传感器安装位置**

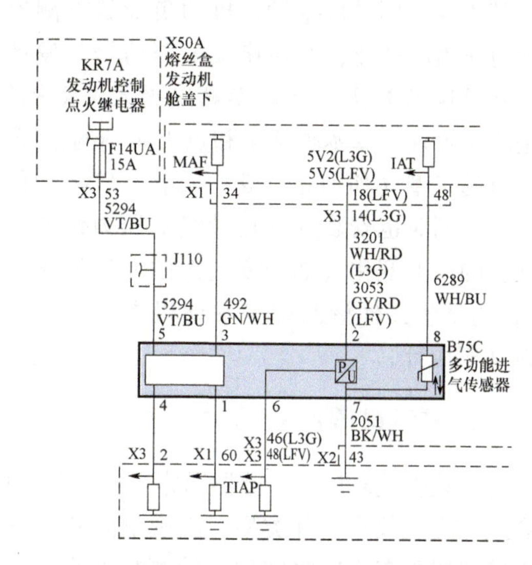


图3-1-11 **L3G发动机多功能进气传感器电路图**

# 任务3.2 进气歧管绝对压力传感器及控制电路检修

## 【任务导入】

一辆装备LDE发动机的科鲁兹轿车发动机抖动，发动机故障灯异常点亮，入厂进行维修。技术经理首先使用汽车诊断仪读取发动机电控系统的故障码为P0108（进气歧管绝对压力传感器电路电压高），经过初步判断，要求对该车进气歧管绝对压力传感器及控制电路进行检修。

## 【任务目标】

1. 能描述进气歧管绝对压力传感器的功用、类型、结构与工作原理。
2. 能描述进气歧管绝对压力传感器各端子的功用及检测数据。
3. 能够利用电路图及检测工具检测进气歧管绝对压力传感器。
4. 能排除简单的电路故障及更换进气歧管绝对压力传感器。

## 【知识准备】

### 一、进气歧管绝对压力传感器

进气歧管绝对压力（Manifold Absolute Pressure，MAP）传感器通常用于D型燃油喷射系统中，安装在节气门后面的进气总管上，如图3-2-1所示。其主要功用是依据发动机的负荷状态测出进气歧管内绝对压力的变化，并转换成电压信号与发动机转速信号一起输送到ECU，ECU换算出吸入发动机的空气量，它是决定喷油器基本喷油量和点火时刻的依据。

有的车型（如别克君威）安装空气流量传感器检测进气量，同时也安装进气歧管绝对压力传感器，用于确定歧管的压力变化（如当废气再循环流量测试诊断运行时），为某些其他诊断确定发动机真空度，并确定大气压力（气压计）。

图3-2-1　科鲁兹进气歧管绝对压力传感器

### 二、进气歧管绝对压力传感器工作原理

进气歧管绝对压力传感器通常可以分为压敏电阻式、膜盒式和应变仪式三种类型。压敏电阻式进气歧管绝对压力传感器具有响应时间快、检测精度高、尺寸小且安装灵活等优点被广泛使用。

压敏电阻式进气歧管绝对压力传感器利用压阻效应，即单晶硅材料在受到应力作用后，其电阻率发生明显变化的现象。如图3-2-2所示，硅膜片的一侧是真空室，另一侧是导入进气管真空度。进气管内的绝对压力越高，硅膜片变形越大，附着在硅膜片上的四个压敏电阻的阻值随之变化。利用惠斯顿电桥或差动电桥将硅膜片的变形转化成电信号，再由电路进行放大后向外输出电压信号。信号电压具有随进气歧管绝对压力的增大呈线性增大的特性，即从怠速工况下节气门全闭时的1～1.5V变化至节气门全开时的4.5～5V。

### 三、进气歧管绝对压力传感器控制电路

进气歧管绝对压力传感器的控制电路比较简单，一般有三根导线与ECM相连接，其中一根供电，一根搭铁，第三根连接信号。图3-2-3所示为丰田皇冠的进气歧管绝对压力传感器控制电路。其中VCC为5V电压，E2为搭铁，PIM为输出信号电压。

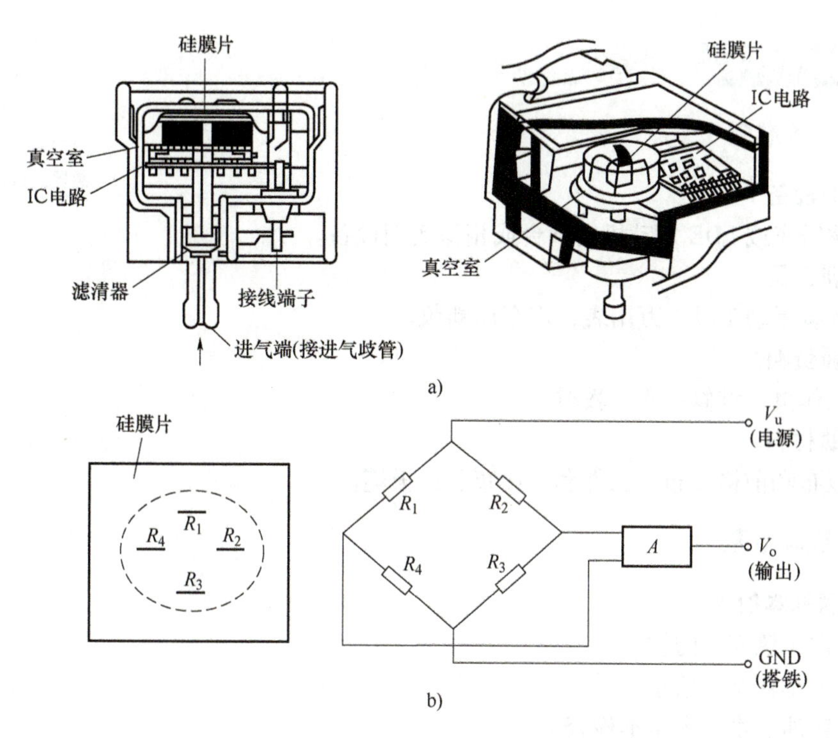


**图 3-2-2　进气歧管绝对压力传感器的结构原理**

科鲁兹 LDE 发动机进气歧管绝对压力传感器也为三线压敏电阻式传感器，控制电路如图 3-2-4 所示。ECM 提供高电平参考电压（5V）和低电平参考电压（搭铁），进气歧管绝对压力传感器向 ECM 提供电压信号，且随进气压力的增大而增大。发动机未运转，进气歧管绝对压力等于大气压力 100kPa，输出电压为 3. 92V；发动机怠速运转，进气歧管绝对压力约为 30kPa，输出信号电压为 1. 20V。

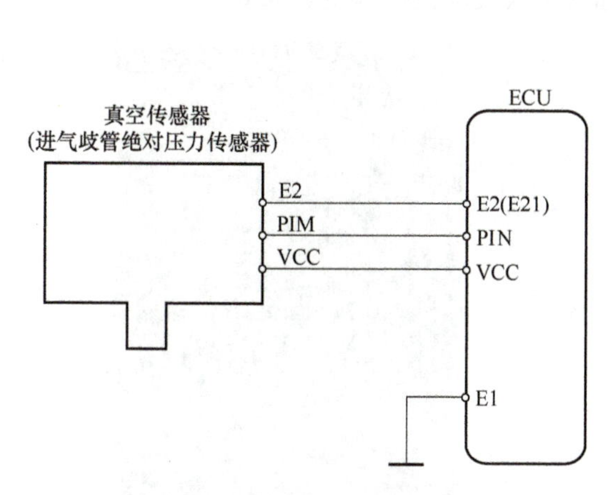


**图 3-2-3　丰田皇冠的进气歧管绝对压力传感器控制电路**

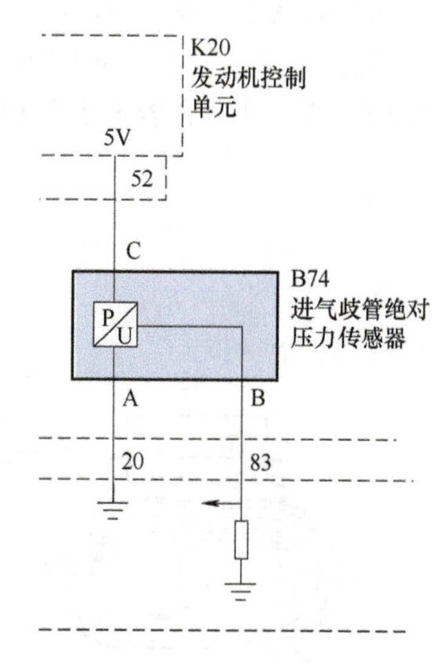


**图 3-2-4　科鲁兹 LDE 发动机进气歧管绝对压力传感器电路**

## 【任务实施】

进气歧管绝对压力传感器及控制电路检修

### 一、任务准备

**1. 实训设备**

科鲁兹轿车或LDE发动机实训台或相似实训设备。

**2. 实训工具**

汽车拆装手动工具、万用表、汽车诊断仪。

**3. 实训资料**

实训工作页、维修手册、教材。

**4. 辅助材料**

翼子板布和前格栅布、三件套、抹布、白板笔。

### 二、实施步骤

**1. 车辆基本检查**

1）实训车辆安全防护。

2）登记车辆基本信息。

3）车辆油、水、电基本检查。

**2. 进气歧管绝对压力传感器检测**

1）将点火开关置于OFF位置，脱开进气歧管绝对压力传感器B74线束插接器，插接器上有三个端子，如图3-2-5所示。端子A低电平参考电压（搭铁），端子B传感器输出信号电压，端子C为5V参考电压。

2）用万用表检测进气歧管绝对压力传感器端子A、B、C之间的电阻应为5～6kΩ，且三个端子对搭铁电阻应大于10kΩ。

**3. 进气歧管绝对压力传感器控制电路检测**

1）将点火开关置于OFF位置，用万用表检测线束端子A和搭铁之间的电阻是否小于5Ω，如图3-2-6所示，若大于5Ω应检查线路或更换发动机控制模块K20。

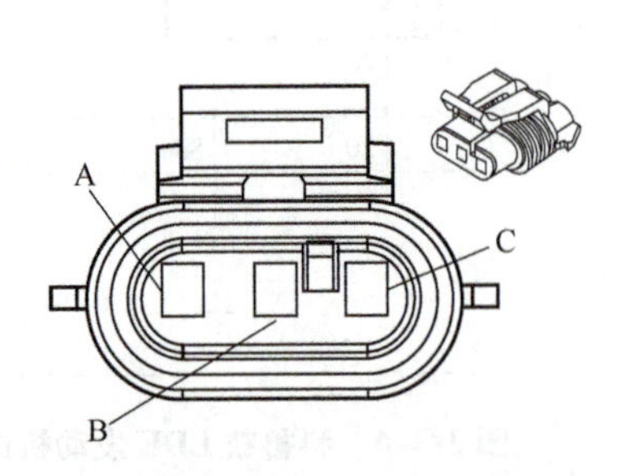


图3-2-5　进气歧管绝对压力传感器线束插接器

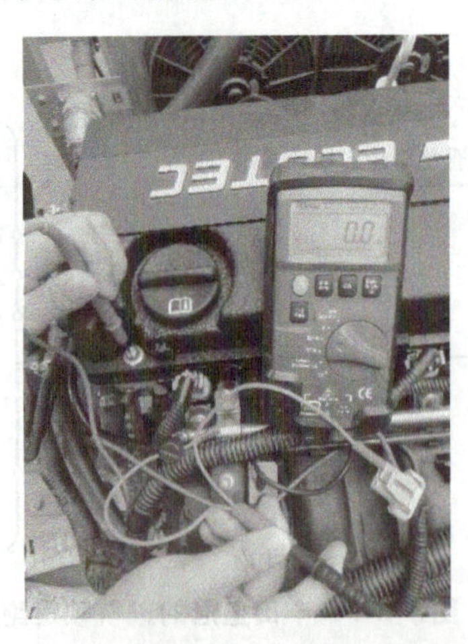


图3-2-6　进气歧管绝对压力传感器搭铁检测

2）将点火开关置于 ON 位置，用万用表检测进气歧管绝对压力传感器线束端子 C 和搭铁之间的电压是否为 4.8～5.2V，如图 3-2-7 所示。如异常，根据电路图检查线路或更换发动机控制模块 K20。

3）连接线束插接器，将点火开关置于 ON 位置，不起动发动机，用万用表检测传感器信号电压端子 B 与搭铁端子 A 之间的信号电压为 3.9V 左右，如图 3-2-8 所示。

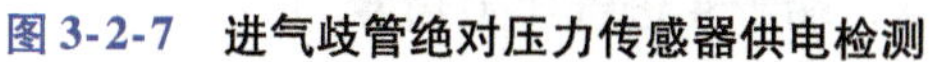

图 3-2-7　进气歧管绝对压力传感器供电检测

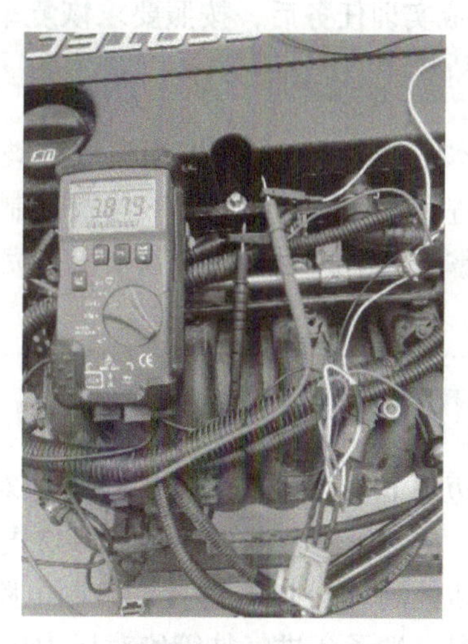


图 3-2-8　空气流量传感器输出信号电压检测

4）连接进气歧管绝对压力传感器线束，起动发动机，用万用表检测传感器信号电压端子 B 与搭铁端子 A 之间的信号电压，怠速时 1.25V，节气门全开时略低于 5V，且随节气门开度的增大，信号电压增大。

**4. 进气歧管绝对压力传感器诊断仪检测**

1）确认点火开关置于 OFF 位置，按照正确的方法连接汽车诊断仪，保证通信正常。

2）将点火开关置于 ON 位置，进入汽车诊断仪，读取进气压力动态数据流为大气压力 100kPa，起动发动机怠速时进气压力值为 39kPa，如图 3-2-9 所示，改变节气门开度，观察数据流变化。

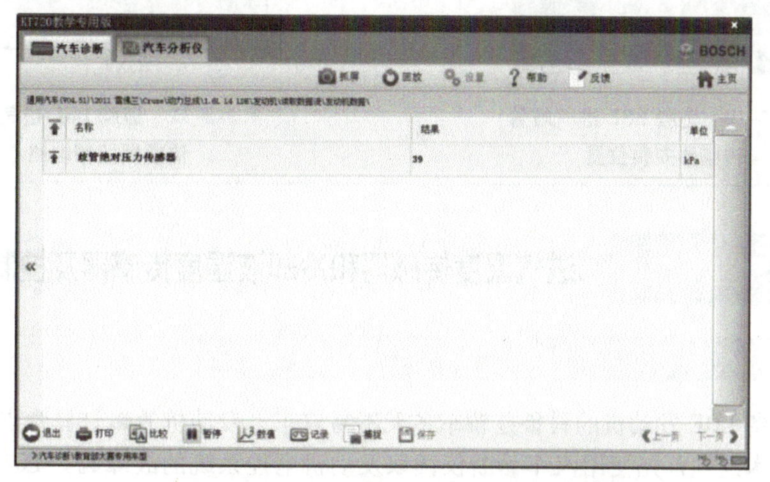


图 3-2-9　读取进气歧管绝对压力传感器怠速数据流

3）关闭点火开关，确认置于 OFF 位置，按照正确方法连接示波测试线。VMI 示波探针的信号输入端连接 B 端子，另一端接搭铁，起动发动机，进入汽车诊断仪“汽车分析仪”选项，选择“传感器测量”进入“进气歧管绝对压力传感器”，调节相关参数，即可测得进气歧管绝对压力传感器信号波形，改变节气门开度，观察波形变化是否符合要求。

**5. 现场恢复**

完成实训任务后，按照要求恢复车辆、仪器和设备，做好现场 6S 管理。

### 【任务小结】

本任务主要介绍了发动机进气歧管绝对压力传感器的基本知识与工作原理，重点阐述了进气歧管绝对压力传感器及控制电路的检测过程，通过本任务的学习与训练，学生应在掌握基本原理知识的基础上，完成进气歧管绝对压力传感器及控制电路检测的工作任务。

### 【知识拓展】——迈腾 B8L 进气歧管绝对压力传感器简介

迈腾 B8L 发动机的进气歧管绝对压力传感器 GX9 安装在进气歧管上，如图 3-2-10 所示，集成了进气温度传感器 G42 与进气歧管压力传感器 G71。传感器通过四根导线与发动机控制单元 J623 连接，控制电路如图 3-2-11 所示，其中端子 1 搭铁，端子 2 进气温度信号，端子 3 进气歧管绝对压力传感器 5V 供电，端子 4 进气压力信号。

图 3-2-10　迈腾 B8L 进气歧管传感器安装位置

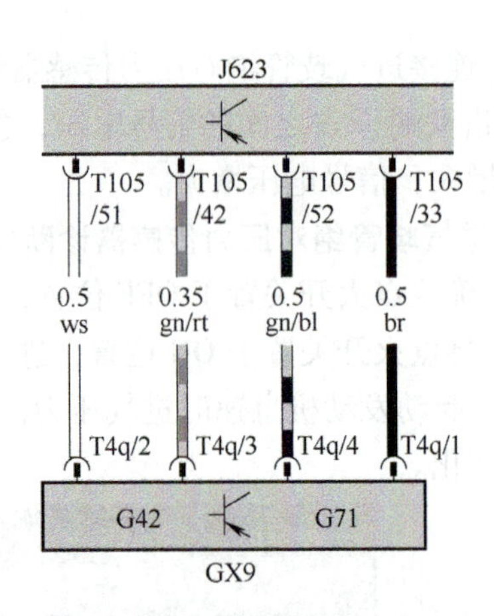


图 3-2-11　迈腾 B8L 进气歧管传感器控制电路

## 任务 3.3　进气温度传感器和冷却液温度传感器及控制电路检修

### 【任务导入】

一辆装备 LDE 发动机的科鲁兹轿车冬天不易着车，发动机故障灯异常点亮，入厂进行维修。技术经理首先使用汽车诊断仪读取发动机电控系统的故障码为 P0112［进气温度（IAT）传感器电路电压过低]、P0117［发动机冷却液温度（ECT）传感器电路电压过低]，经过初步判断，要求对该车进气温度传感器和冷却液温度传感器及电路进行检查，排除该故障。

## 【任务目标】

1. 能描述进气温度传感器和冷却液温度传感器的功用、类型、结构与工作原理。
2. 能描述进气温度传感器和冷却液温度传感器各端子的功用及检测数据。
3. 能够利用电路图及检测工具检测进气温度传感器和冷却液温度传感器。
4. 能够排除进气温度传感器和冷却液温度传感器电路故障及更换温度传感器。

## 【知识准备】

### 一、进气温度传感器

进气温度传感器独立安装在进气管上或集成在空气流量传感器、进气歧管绝对压力传感器中，科鲁兹 LDE 发动机进气温度传感器如图 3-3-1 所示。

进气温度传感器的功用是检测进气温度，并将温度信号变换为电信号传送给 ECU，ECU 根据进气温度信号对喷油量、点火提前角进行修正，改善发动机的工作性能。

**1. 进气温度传感器工作原理**

进气温度传感器是双线传感器，内部是一个负温度系数 NTC 的热敏电阻。其电阻值与温度高低成反比，即温度越低电阻值越大，温度越高电阻值越小，如图 3-3-2 所示。

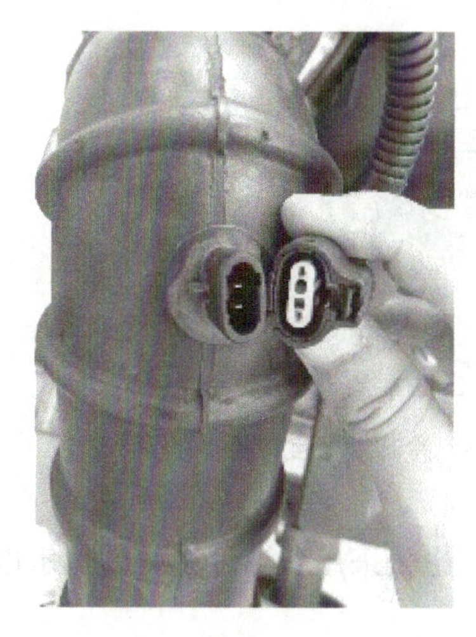

图 3-3-1 科鲁兹 LDE 发动机进气温度传感器

图 3-3-2 进气温度传感器的结构与阻值特性

**2. 进气温度传感器控制电路**

进气温度传感器两根导线均与发动机电控单元 ECM 相连接，如图 3-3-3 所示。两根导线中 THA 端子即为供电也为信号，E2 端子为搭铁。负温度系数的热敏电阻与 ECM 内部的标准电阻 $R$ 串联，信号电压 THA 端子即为热敏电阻上分得的电压。温度升高，热敏电阻减小，信号电压减小；温度降低，热敏电阻增大，信号电压增大。通过信号电压的大小即可测得发动机的进气温度。

科鲁兹 LDE 发动机进气温度传感器的电路简图如图 3-3-4 所示。传感器两根导线与 ECM 端子 X2-53、X2-20 相连接。由电路简图可知，传感器端子 1 为低电平参考电压（ECM 搭铁），传感器端子 2 为传感器信号。

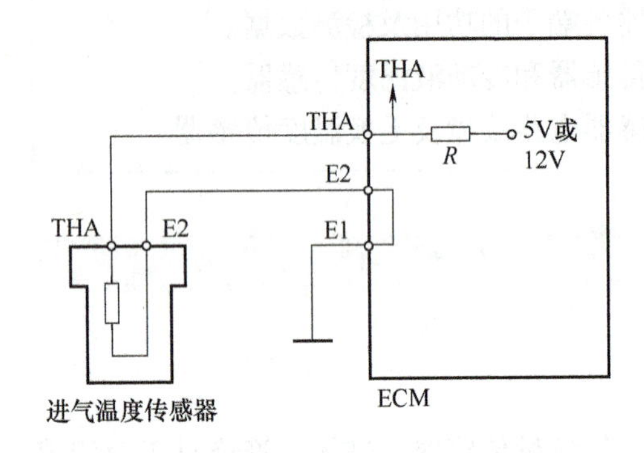


图 3-3-3 进气温度传感器电路图

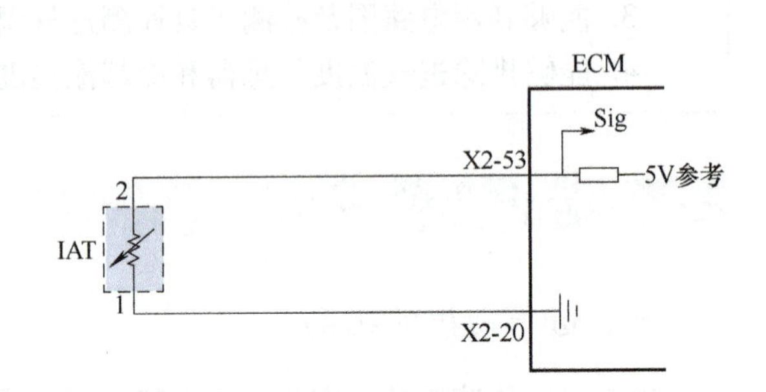


图 3-3-4 科鲁兹 LDE 发动机进气温度传感器的电路简图

通过汽车诊断仪可读出进气温度传感器的数据流，正常情况进气温度基本与环境温度相同，当断开温度传感器插接器（电阻无穷大）或信号线对 5V 电压短路，数据流会显示 -40℃；当温度传感器线束短路（电阻最小）或信号线对搭铁短路，数据流会显示 150℃，否则传感器、线路或者 ECM 就存在故障。

## 二、冷却液温度传感器

冷却液温度传感器（Engine Coolant Temperature Sensor，ECTS）一般安装在冷却液出水管上，如图 3-3-5 所示。其功用是检测发动机冷却液的温度，并将温度信号变换为电信号传送给 ECU。ECU 根据发动机的温度信号修正喷油时间和点火时间，从而使发动机工况处于最佳运行状态。

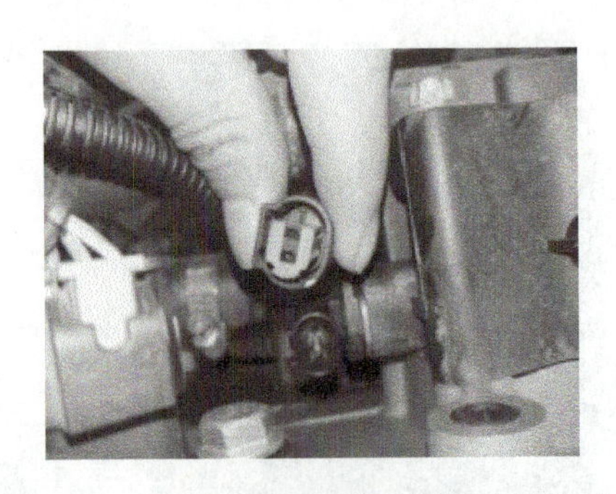

图 3-3-5 冷却液温度传感器的安装位置

**1. 冷却液温度传感器工作原理**

冷却液温度传感器的工作原理与进气温度传感器相同，也是采用负温度系数的热敏电阻，其电阻特性如图 3-3-6 所示。

**2. 冷却液温度传感器控制电路**

冷却液温度传感器两根导线与发动机电控单元 ECM 相连接。如图 3-3-7 所示为丰田卡罗拉 1ZR-FE 发动机冷却液温度传感器电路简图。其中端子 THW 为信号（供电），端子 E2 为搭铁。

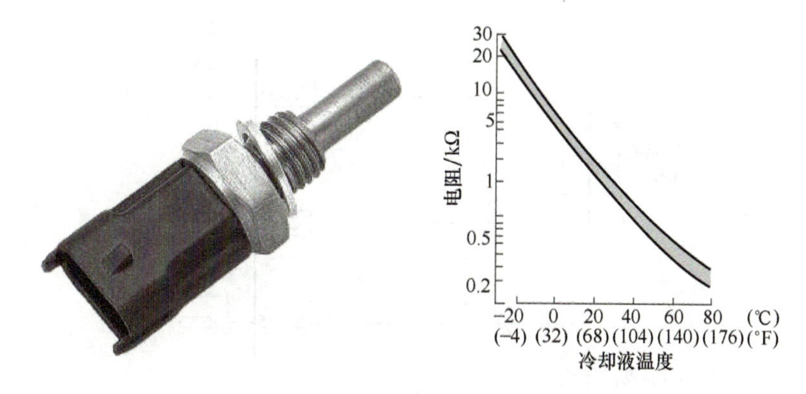


**图3-3-6　冷却液温度传感器的电阻特性**

在大众AJR发动机中冷却液温度传感器导线为四根，是因为内部有两个温度传感器，一个传感器G62信号给发动机控制单元J220，另一个信号给仪表，其电路如图3-3-8所示。

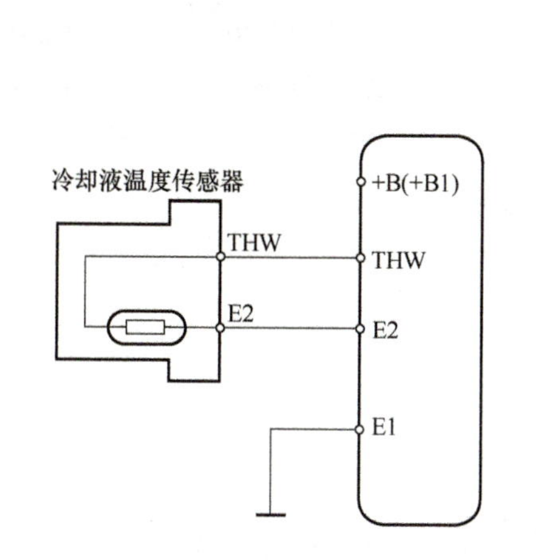


**图3-3-7　丰田卡罗拉1ZR-FE发动机冷却液温度传感器电路简图**

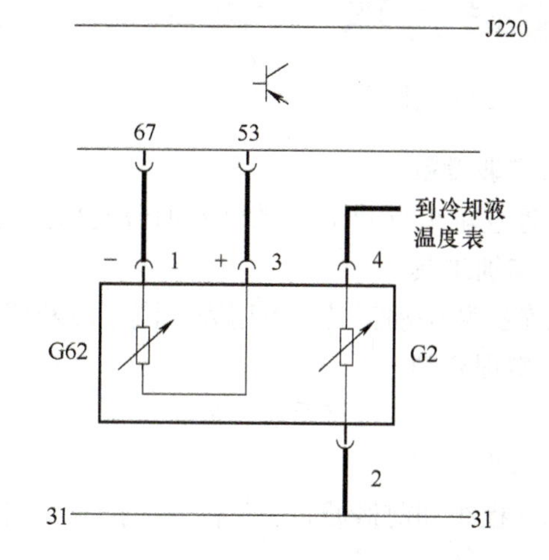


**图3-3-8　大众AJR发动机冷却液温度传感器电路**

科鲁兹LDE发动机有两个冷却液温度传感器，发动机冷却液温度传感器1主要用于喷油和点火等控制；散热器冷却液温度传感器2主要用于电子节温器的闭环控制，安装在发动机散热器下方。

科鲁兹LDE发动机冷却液温度传感器的电路简图如图3-3-9所示，传感器1通过X2-10、X2-35与ECM相连，传感器2通过X2-11、X2-55与ECM相连接。传感器的信号（供电）、搭铁也可从电路图中看出。

通过汽车诊断仪可读出冷却液温度传感器的数据流，正常情况在80℃左右。当断开插接器（电阻无穷大）或信号线对5V电压短路，数据流会显示－40℃；当线束短路（电阻最小）或信号线对搭铁短路，数据流会显示150℃，否则传感器、线路或者ECM就存在故障。

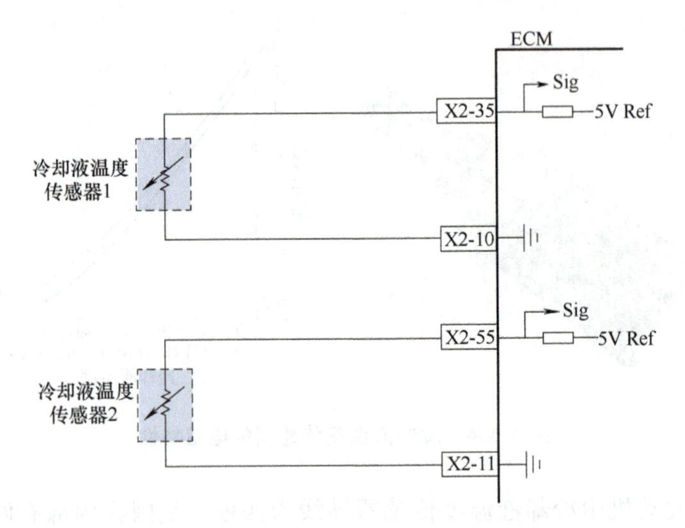


图 3-3-9 科鲁兹 LDE 发动机冷却液温度传感器的电路简图

## 【任务实施】

进气温度传感器及控制电路检修

冷却液温度传感器及控制电路检修

### 一、任务准备

**1. 实训设备**

科鲁兹轿车或 LDE 发动机实训台或相似实训设备。

**2. 实训工具**

汽车拆装手动工具、万用表、汽车诊断仪。

**3. 实训资料**

实训工作页、维修手册、教材。

**4. 辅助材料**

翼子板布和前格栅布、三件套、抹布、白板笔。

### 二、实施步骤

**1. 车辆基本检查**

1）实训车辆安全防护。

2）登记车辆基本检查。

3）车辆油、水、电基本检查。

**2. 进气温度传感器及控制电路检测**

1）将点火开关置于 OFF 位置，脱开进气温度传感器 B66 插接器，插接器上有两个端子，如图 3-3-10 所示，端子 A 信号（供电），端子 B 低电平参考电压（搭铁）。

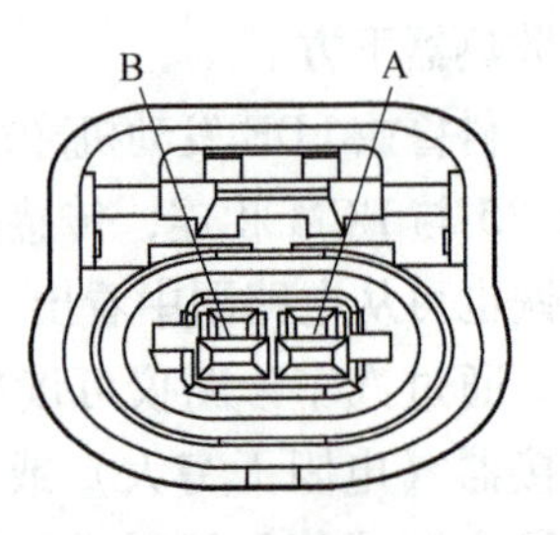


图 3-3-10 进气温度传感器线束插接器

2）用万用表检测进气温度传感器端子 A 与 B 之间的电阻，如图 3-3-11 所示。当环境温度在 20℃左右时，传感器电阻值在 1700～3000Ω 范围内，具体可查阅维修手册中进气温度与电阻对照表。

3）确认点火开关置于 OFF 位置，用万用表检测进气温度传感器线束端子 B 和搭铁之间的电阻是否小于 5Ω，若大于 5Ω 应检查线路或更换 ECM。

4）将点火开关置于 ON 位置，用万用表检测进气温度传感器线束端子 B 和 A 之间的电压是否为 4.8～5.2V，如图 3-3-12 所示。如异常，根据电路图检查线路或更换 ECM。

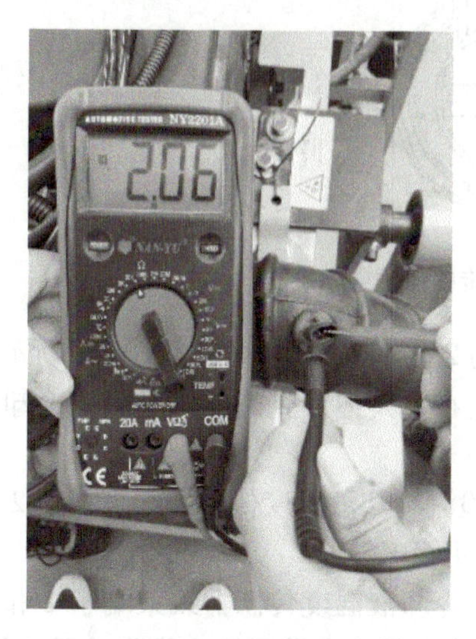


图 3-3-11　进气温度传感器电阻测量

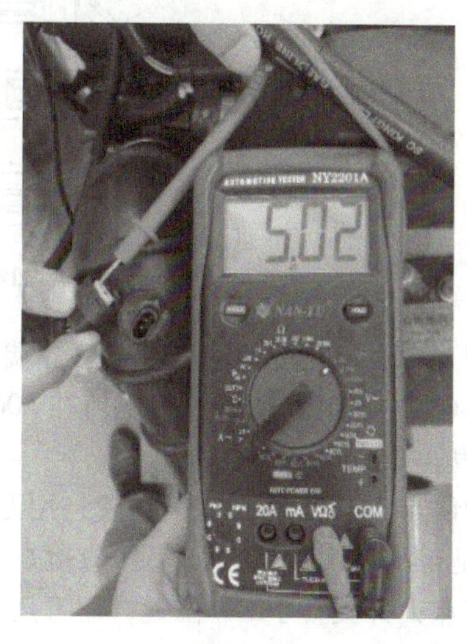


图 3-3-12　进气温度传感器供电检测

5）将点火开关置于 OFF 位置，连接进气温度传感器线束，按照正确的方法连接汽车诊断仪，保证通信正常。打开点火开关置于 ON 位置，读取进气温度传感器数据流，如图 3-3-13 所示。传感器插头断开时为 -40℃，传感器插头线束短接时为 150℃。

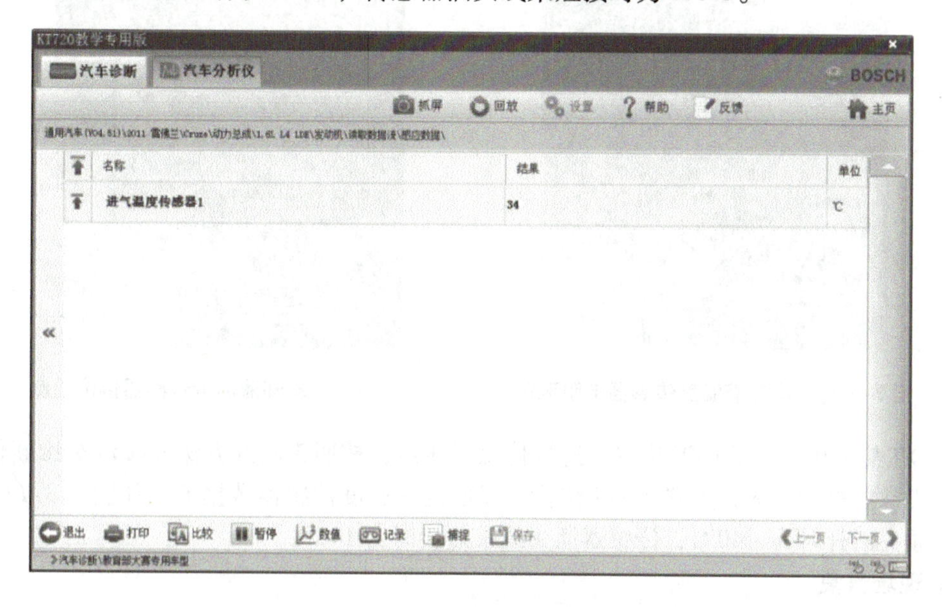


图 3-3-13　进气温度传感器数据流检测

**3. 冷却液温度传感器及控制电路检测**

1）将点火开关置于 OFF 位置，脱开冷却液温度传感器 B34A（ECT1）插接器，插接器上有两个端子，如图 3-3-14 所示，端子 1 信号（供电），端子 2 低电平参考电压（搭铁）。

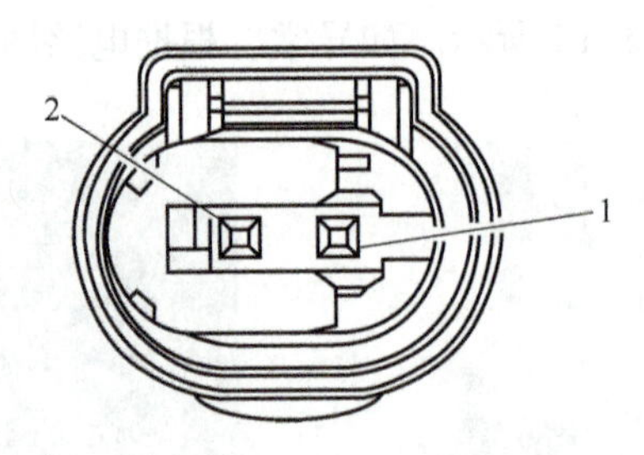


图 3-3-14　冷却液温度传感器线束插接器

2）用万用表检测冷却液温度传感器端子 1 与 2 之间的电阻，如图 3-3-15 所示。当发动机温度在 80℃左右时，传感器电阻值在 2000Ω 左右，具体可查阅维修手册中冷却液温度与电阻对照表。

3）确认点火开关置于 OFF 位置，用万用表检测冷却液温度传感器线束端子 2 和搭铁之间的电阻是否小于 5Ω，若大于 5Ω 应检查线路或更换 ECM。

4）将点火开关置于 ON 位置，用万用表检测冷却液温度传感器线束端子 1 和 2 之间的电压是否为 4.8 ~5.2V，如图 3-3-16 所示，如异常，根据电路图检查线路或更换 ECM。

图 3-3-15　冷却液温度传感器电阻测量

图 3-3-16　冷却液温度传感器供电检测

5）将点火开关置于 OFF 位置，连接传感器线束，按照正确的方法连接汽车诊断仪，保证通信正常。打开点火开关置于 ON 位置，读取进气温度传感器数据流，如图 3-3-17 所示。传感器插头断开时为 -40℃，传感器插头线束短接时为 140℃。

**4. 现场恢复**

完成实训任务后，按照要求恢复车辆、仪器和设备，做好现场 6S 管理。

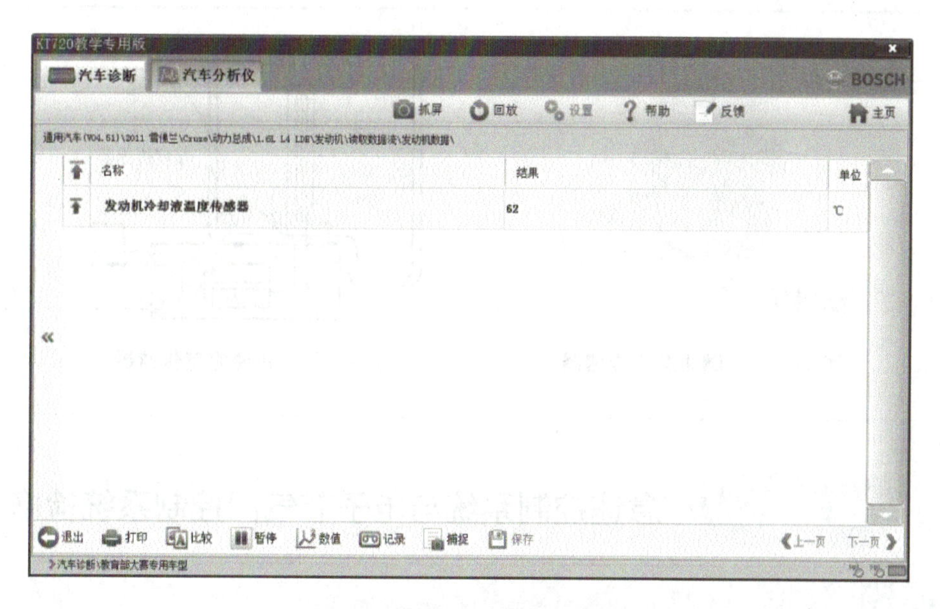


图 3-3-17　冷却液温度传感器数据流检测

## 【任务小结】

本任务主要介绍了发动机进气温度传感器与冷却液温度传感器的基本知识及工作原理，重点阐述了进气温度传感器、冷却液温度传感器及控制电路的检测过程，通过本任务的学习与训练，学生应在掌握相关理论知识的基础上，完成进气温度传感器、冷却液温度传感器及控制电路检测的工作任务。

## 【知识拓展】——汽车其他温度传感器简介

在汽车上，除了进气温度传感器和冷却液温度传感器外，还有环境温度传感器（空调系统），以及燃油温度传感器、排气温度传感器、机油温度传感器等。车用温度类传感器的工作原理、电路与进气温度传感器基本相同。

燃油温度传感器安装在燃油管路或燃油箱中，如图 3-3-18 所示。其功用是检测燃油温度（影响蒸发和雾化），ECU 根据此信号对喷油量进行修正。

排气温度传感器有两种类型，一种是丰田、日产、三菱汽车采用的废气再循环排气温度传感器，用于检测废气再循环阀是否打开；另一种是安装在排气管中，用于检测排气温度，检测三元催化转化器是否堵塞。

环境温度传感器又叫作室外温度传感器，是汽车空调较为主要的部件之一，主要作用是给 ECU 提供车室之外的温度信号，ECU 根据此信号与车内温度信号对比，确定车室内的温度，以满足车室内人员的需要。

机油温度传感器又叫作机油液位温度传感器，如图 3-3-19 所示。一般安装在油底壳上，主要用于检测机油温度和高度。

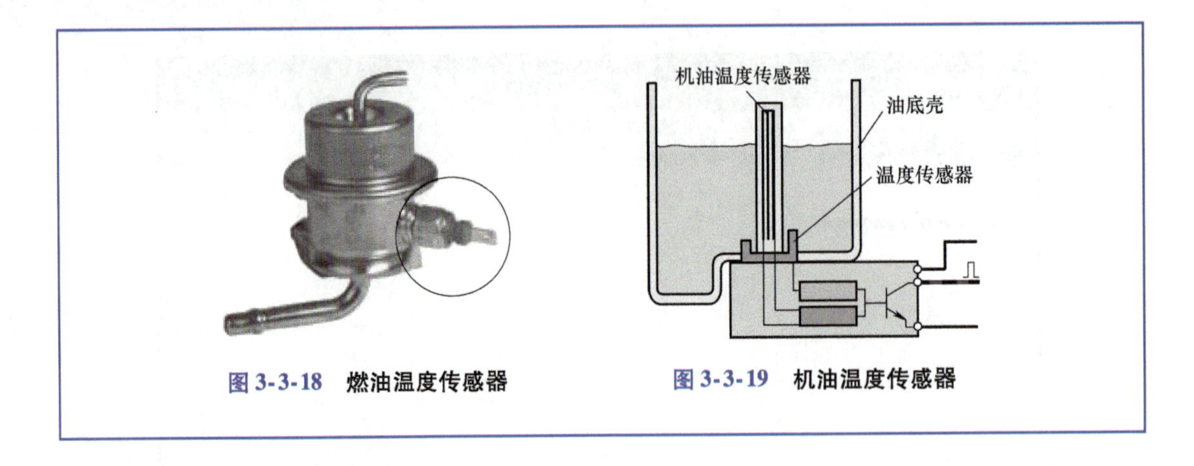


图 3-3-18　燃油温度传感器　　图 3-3-19　机油温度传感器

# 任务 3.4　怠速控制系统与电子节气门控制系统检修

## 【任务导入】

一辆装备 LDE 发动机的科鲁兹轿车怠速抖动，加速反应迟钝，发动机故障灯异常点亮，入厂进行维修。技术经理首先使用汽车诊断仪读取发动机电控系统故障码为 DTC P0121（节气门位置传感器 1 性能），经过初步判断，要求对该车怠速控制系统及电子节气门系统进行检修。

## 【任务目标】

1. 能描述怠速控制系统的结构组成与工作原理。
2. 能描述电子节气门控制系统的结构组成与工作原理。
3. 能够利用检测工具检测怠速控制系统的部件与电路。
4. 能够利用检测工具检测电子节气门控制系统的部件与电路。

## 【知识准备】

### 一、怠速控制系统

怠速通常是指发动机在无负荷（对外无功率输出）的情况下的稳定运转状态。当电控发动机怠速运转时，加速踏板完全松开，节气门接近关闭，进入气缸的空气量及喷油量很少，发动机输出功率仅能在无负荷下以最低转速空运行。此时，若发动机内摩擦增大、发动机负载发生变化（如空调等投入工作）则引起发动机怠速转速变化，导致发动机怠速不稳，甚至熄火。因此，在电控发动机上一般都装有怠速控制系统（Idle Speed Control，ISC）。

**1. 怠速控制系统的功能**

怠速控制系统的功能是根据发动机工作温度和负载，由 ECU 自动控制怠速工况下的空气供给量，维持发动机以稳定怠速运转。怠速控制系统使发动机起动后能迅速暖机，在空调等负载投入工作时，自动调节发动机的怠速转速，还可根据自动变速器档位状况变化和动力转向开关接通情况引起发动机怠速时的负荷变化，自动调节发动机怠速转速，保证发动机在各种怠速条件下的稳定运转。

**2. 怠速控制系统的组成与原理**

怠速控制系统主要由传感器、ECM和执行元件三部分组成，如图3-4-1所示，怠速控制系统是发动机集中控制的基本控制内容之一。

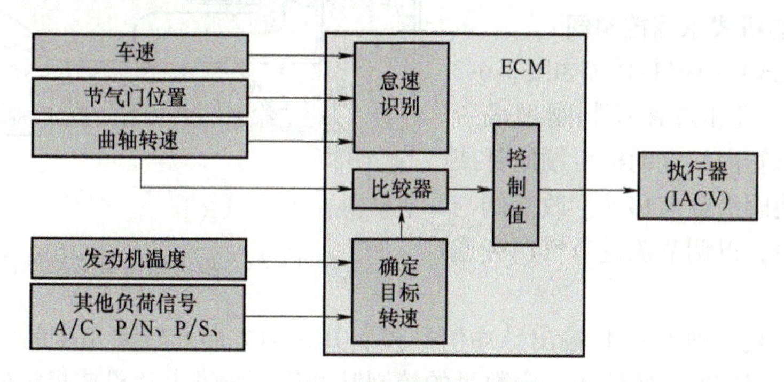


图3-4-1　怠速控制系统的组成

在怠速控制系统中，ECM首先根据节气门位置信号、发动机转速信号及车速信号识别确认发动机在怠速工况，才进行怠速控制。怠速工况下，ECM的ROM中存储有各种怠速工况下的最佳怠速转速——目标转速，ECM将发动机的实际转速与由各传感器信号所决定的目标转速进行比较，根据比较所得差值，确定控制量，驱动控制进气量的执行器（怠速控制阀或节气门电动机），调节进气量，使怠速转速保持在目标转速附近。怠速控制的目的是使发动机达到目标转速，实质是怠速时的进气量控制。

**3. 怠速控制系统的分类**

电控汽油发动机怠速控制系统按控制怠速进气量方式的不同，可分为节气门直动式和进气道旁通式，如图3-4-2所示。

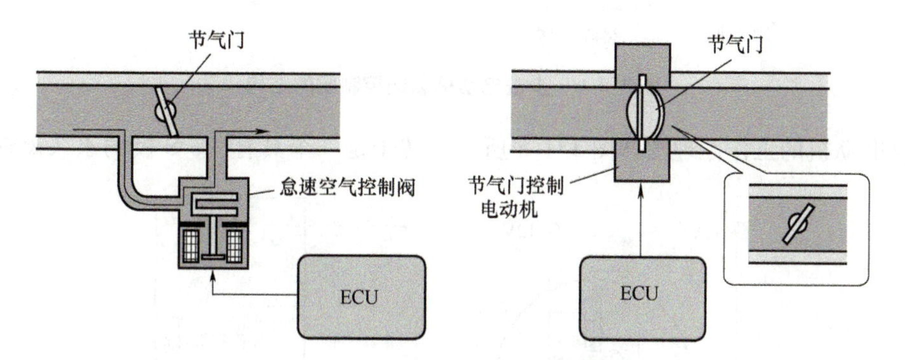


图3-4-2　怠速控制系统的两种类型

旁通空气式怠速控制系统，怠速时节气门全关，怠速所需空气量通过节气门体上另设的旁通空气道进入气缸。旁通空气道上安装有怠速控制阀，以调节旁通空气道的大小，进而调节了怠速时的进气量。按怠速控制阀种类的不同分为步进电动机型、旋转电磁阀型、占空比控制电磁阀型，步进电动机型怠速控制阀因调节准确、工作可靠，应用广泛。

节气门直动式怠速控制系统，怠速时节气门不完全关闭，直接通过执行元件改变节气门最小开度，来控制怠速进气量进而控制转速，即控制怠速时节气门的最小开度，节气门直动式怠速控制系统主要应用在大众、奥迪等欧洲车系中。

**4. 步进电动机式怠速控制阀**

步进电动机式怠速控制系统如图 3-4-3 所示。步进电动机和怠速控制阀做成一体，装在进气总管内，电动机可顺时针或逆时针旋转，使阀沿轴向移动，改变阀与阀座之间的间隙，以调节流过节气门旁通通道的空气量。

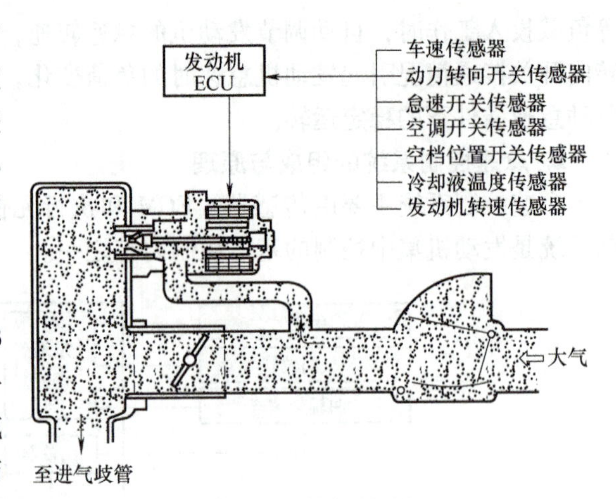


图 3-4-3　步进电动机式怠速控制系统

步进电动机是一种由 ECU 输出脉冲信号控制其转动方向和转动角度的电动机，是一种角度执行机构，当控制系统输入一定数量的控制脉冲后，步进电动机按指定的方向旋转一定的角度。由于其转动是非连续的，控制一步转动一个角度，因而称为步进电动机。典型的步进电动机型怠速控制阀结构由永久磁铁构成的转子、励磁线圈构成的定子和把旋转运动变成直线运动的进给丝杠及阀门等组成，如图 3-4-4 所示。

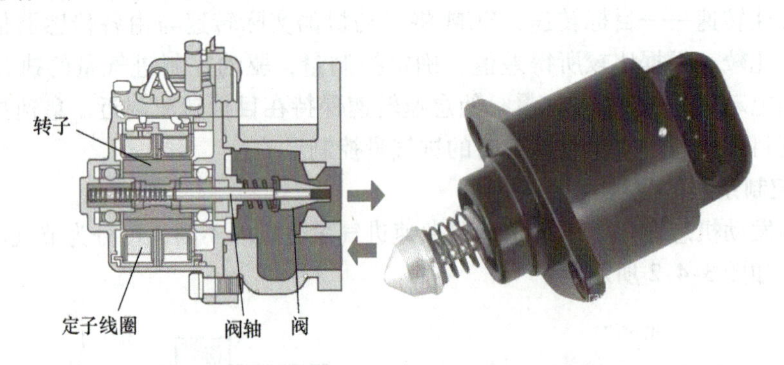


图 3-4-4　步进电动机怠速控制阀的结构

步进电动机的工作原理图如图 3-4-5 所示，转子是一个具有 N、S 极的永久磁铁，定子

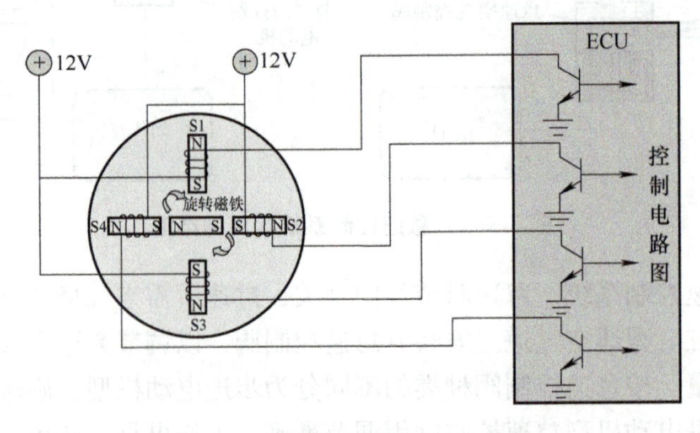


图 3-4-5　步进电动机的工作原理图

有四组线圈（实际更多）。ECU 控制 S1 通电，转子顺时针转动 90°；ECU 继续给 S2 通电，转子再顺时针转动 90°，依此类推。当 ECU 按照 S4、S3、S2、S1 的顺序通电时，转子逆时针转动。线圈通电一次，转子转动一次的角度称为步进角。因此，ECU 通过对定子 线圈通电顺序和输入脉冲数量的控制，即可改变步进电动机怠速控制阀的位置，从而控制怠速进气量。

步进电动机怠速控制阀的控制电路如图 3-4-6 所示。步进电动机四组线圈 S1～S4 的供电均来自于主继电器，其中 S1、S3 由端子 B1 供电，S2、S4 由端子 B2 供电，四个线圈的搭铁均由 ECM 控制。

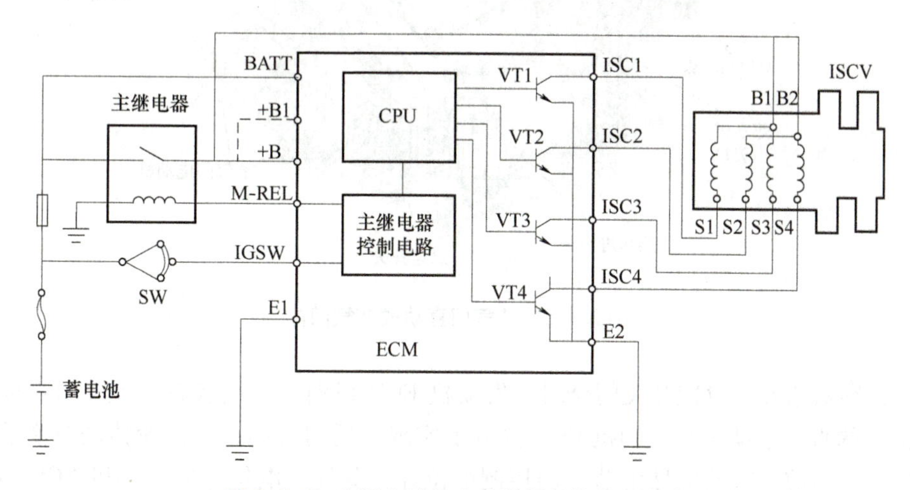


图 3-4-6 步进电动机怠速控制阀的控制电路

步进电动机怠速控制阀电路检测可根据电路图，检查电路的供电及导线端对端的电阻，及 ECM 控制搭铁是否工作良好。在对步进电动机测量时，可检测 B1 与 S1 和 S3、B2 与 S2 和 S4 之间的电阻，均应为 10～30Ω。还可以拆下怠速电磁阀后，将蓄电池正极接至 B1 和 B2 端子，负极按顺序依次接通 S1—S2—S3—S4 端子时，随步进电动机的旋转，控制阀应向外伸出；若负极按反方向接通 S4—S3—S2—S1 端子，则控制阀应向内缩回，如图 3-4-7 所示。

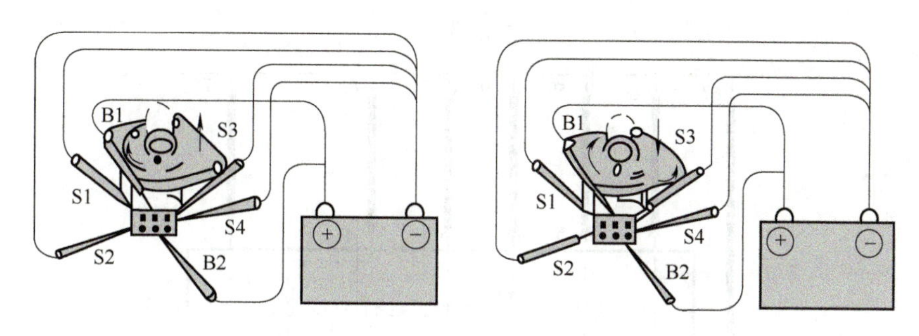


图 3-4-7 步进电动机怠速控制阀通电检测

### 5. 节气门直动式节气门体

节气门直动式怠速控制系统广泛应用于大众车系中，如 AJR 发动机节气门控制组件 J338 将节气门电位计 G69、节气门控制器电位计 G88、节气门控制器 V60 及怠速开关 F60 合为一体，如图 3-4-8 所示。节气门电位计 G69 和节气门控制器电位计 G88，这两个部件起着节气门位置传感器的作用。

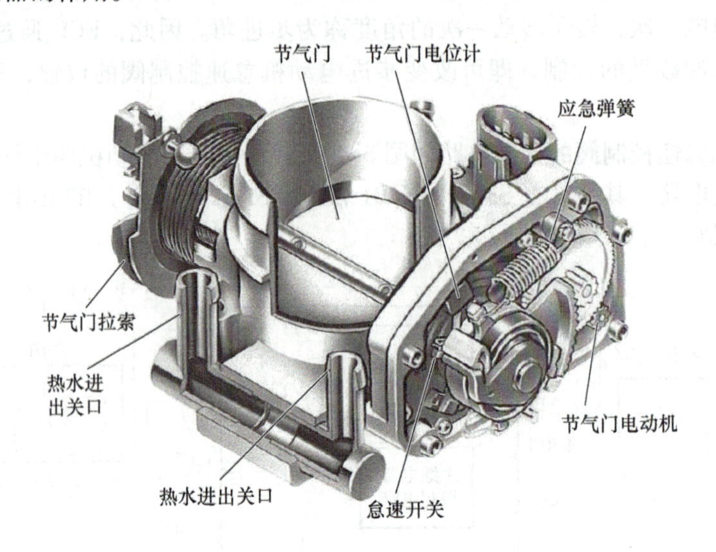


图 3-4-8　节气门直动式节气门体

当加速踏板松开，怠速开关闭合时，发动机 ECU 识别为怠速状态。节气门定位器（怠速电动机）的直流电动机在发动机 ECU 控制下实现正反向转动，经齿轮传动改变节气门的开度，节气门当前位置的信号由节气门控制电位计、节气门电位计向发动机 ECU 传达。发动机 ECU 将节气门当前位置与理想怠速下设定的位置比较后，即可确定准确的怠速节气门位置。非怠速工况，节气门的控制靠节气门拉索、加速踏板等完成。

大众 AJR 发动机节气门体的控制电路如图 3-4-9 所示。端子 1 和 2 为怠速电动机供电，端子 3 为怠速开关信号供电，端子 4 为两个节气门电位计供电，端子 7 为搭铁，端子 5 和 8 为两个节气门电位计的信号。在理解控制电路的基础上，可参照维修手册完成节气门体及电路的检测。

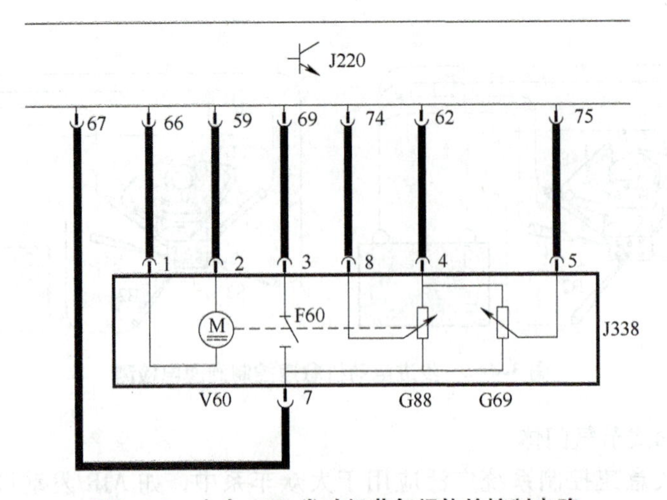


图 3-4-9　大众 AJR 发动机节气门体的控制电路

**6. 节气门位置传感器**

节气门位置传感器（Throttle Position Sensor，TPS）安装在节气门体上节气门轴的一端，其功用是将节气门开度（发动机负荷大小）转变为电信号输入ECM，ECM根据节气门位置信号判别发动机的工况，如怠速工况、部分负荷工况和大负荷工况等。现在轿车节气门位置传感器主要有线性可变电阻式（电位计式）和霍尔式两种，早期的开关式、电位计开关组合式已经被淘汰。

出于可靠性的考虑，大众车系现在广泛采用双电位计节气门位置传感器（冗余设计），结构与电路如图3-4-10所示。使用G187和G188两个传感器来反馈节气门位置，而且这两个滑动电位计使用共同的电源线和搭铁线（和节气门位置传感器不同），其输出电压信号互为反向，便于自检故障。

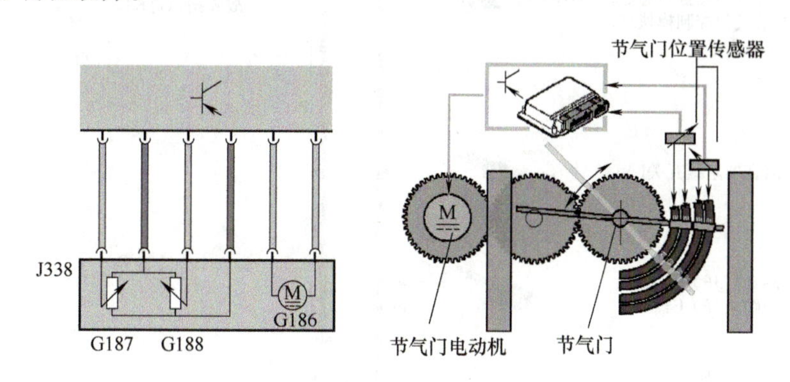


**图3-4-10 双线性电位计型节气门位置传感器**

## 二、电子节气门控制系统

电子节气门（Electronic Throttle Control，ETC）在大众车系中也称为EPC（Electronic Power Control），是一种柔性控制系统，通过节气门体上的电动机驱动节气门，取消了传统节气门与加速踏板之间的直接机械连接，在ECU的控制下，可实现节气门开度的快速精确控制。

相对于传统的机械式节气门，电子节气门系统能根据驾驶人的需求愿望以及整车各种行驶状况确定节气门的最佳开度，保证车辆最佳的动力性和燃油经济性，并能够为防抱死制动系统（ABS）、滑移率控制（ASR）、牵引力控制（TRC）、巡航控制（CCS）等控制功能的实现奠定基础，从而提高安全性和乘坐舒适性，被广泛使用。

**1. 电子节气门控制系统的组成与原理**

大众电子节气门控制系统的组成如图3-4-11所示，其主要由电子节气门、加速踏板位置传感器和电控单元（ECM）、EPC警告灯等组成。

早期电子节气门控制系统功能单一，发动机控制单元根据加速踏板位置传感器及其他相关传感器的信号进行最佳节气门开度判断，并输出控制信号，控制节气门驱动装置，将节气门调整到适当开度。

现在大众车系广泛采用基于发动机转矩需求的节气门控制，电子节气门系统的节气门开度并不完全由加速踏板位置决定，而是控制单元根据当前行驶状况下整车对发动机的全部转

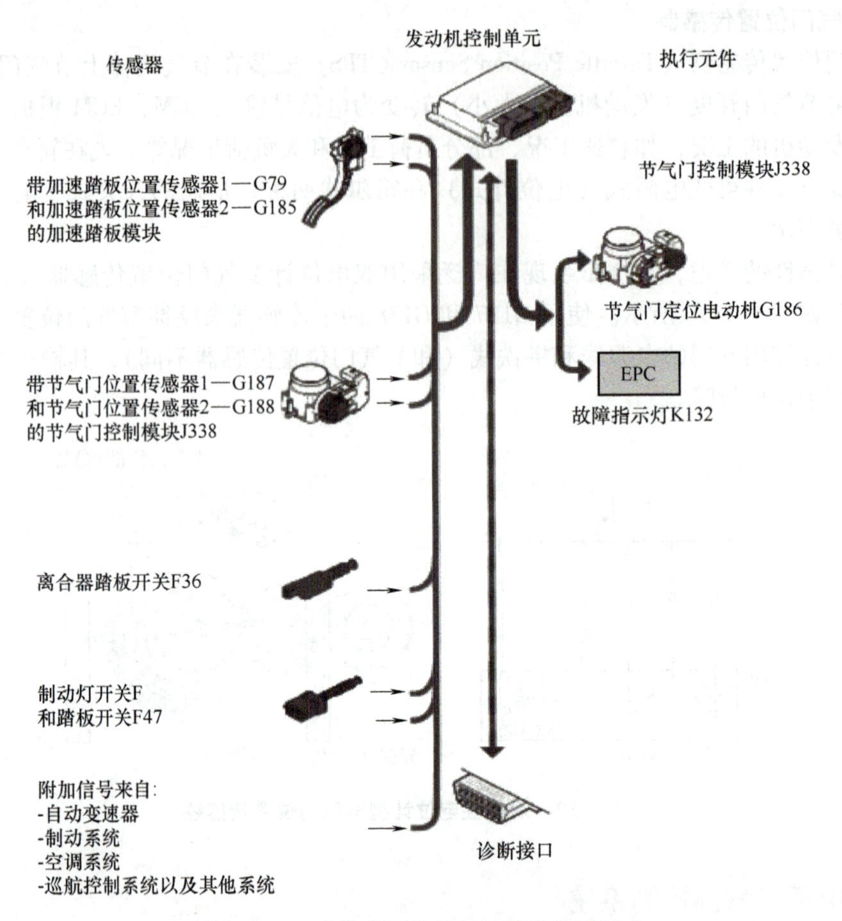


图 3-4-11　大众电子节气门控制系统的组成

矩需求，计算出节气门的最佳开度，从而控制电动机驱动节气门到达相应的开度，控制原理如图 3-4-12 所示。

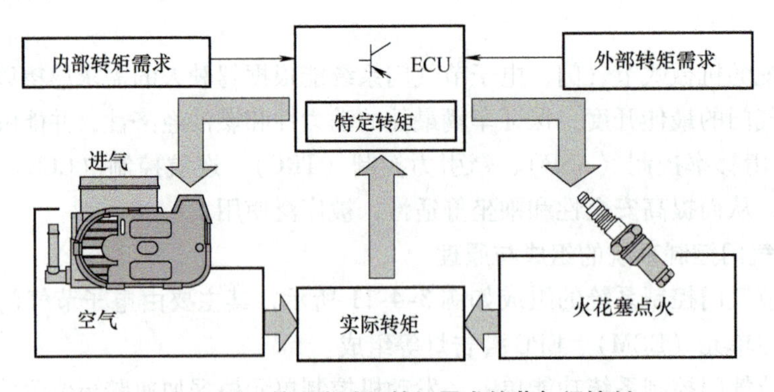


图 3-4-12　基于发动机转矩需求的节气门控制

内部转矩需求包括起动、怠速控制、负荷控制（功率限制）、超速控制、氧传感器控制。外部转矩需求包括自动变速器、制动系统（牵引力控制系统、发动机制动系统）、空调系统、巡航控制系统。发动机管理系统根据内部和外部的转矩需求产生一个特定的转矩。实际转矩是根据发动机转速、负荷信号和点火提前角计算而来的。最终发动机控制单元会比较实际转矩和特定转矩这两个值，如果这两个值不同于目标值，系统会采取措施使这些值相互匹配，一旦调节匹配值超过一定范围，系统就会报警提示，EPC警告灯亮起。因此，节气门的实际开度并不完全与驾驶人的操作意图一致。

**2. 电子节气门及控制电路**

电子节气门体总成一般由节气门、节气门位置传感器和驱动电动机组成，如图3-4-13所示。

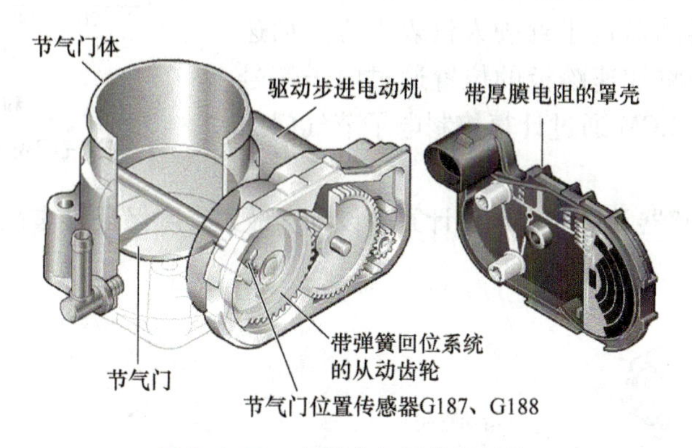


图3-4-13 电子节气门体的结构

节气门开度由步进电动机或直流电动机驱动，它使节气门在怠速位置和全开位置之间准确定位。发动机控制单元通过罩壳内两个节气门位置传感器来反馈节气门的位置信号，来判断ECM对节气门电动机的控制是否正确。

科鲁兹LDE发动机电子节气门Q38控制电路如图3-4-14所示。节气门控制电动机，两个节气门位置传感器TPS1、TPS2均与发动机控制单元K20相连接。

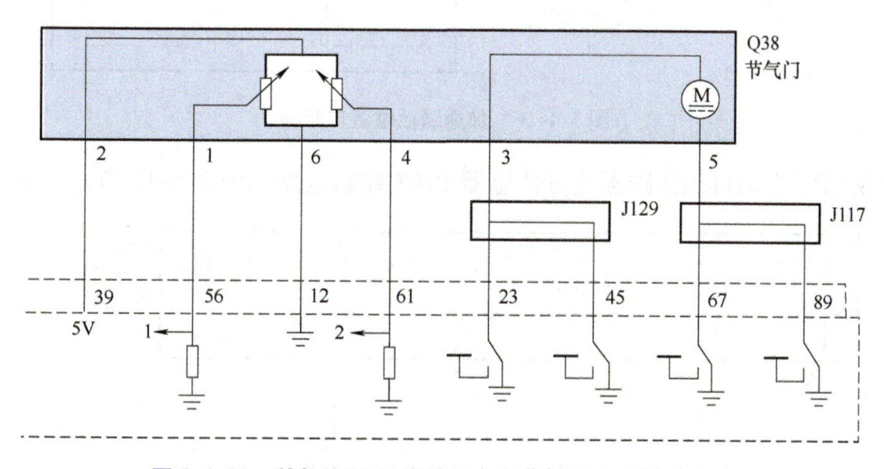


图3-4-14 科鲁兹LDE发动机电子节气门Q38控制电路

两个节气门位置传感器TPS1、TPS2共用ECM提供的高电平参考5V电源、低电平参考电压（搭铁）。两个节气门位置传感器的输出信号电压相反，随着节气门开度的增大，TPS1信号电压升高（0.7～4.3V），TPS2信号电压降低（4.3～0.7V），两个传感器信号电压之和约为5V，如图3-4-15所示。

节气门电动机由发动机控制单元 K20 及 H 桥电路控制。发动机控制单元通过控制 H 桥电路电流方向控制节气门电动机的正反转，通过脉冲电压宽度调制，即占空比控制节气门电动机的开度和转矩。节气门在两个方向都受弹簧负载，默认位置为微开，实现了节气门的准确定位。

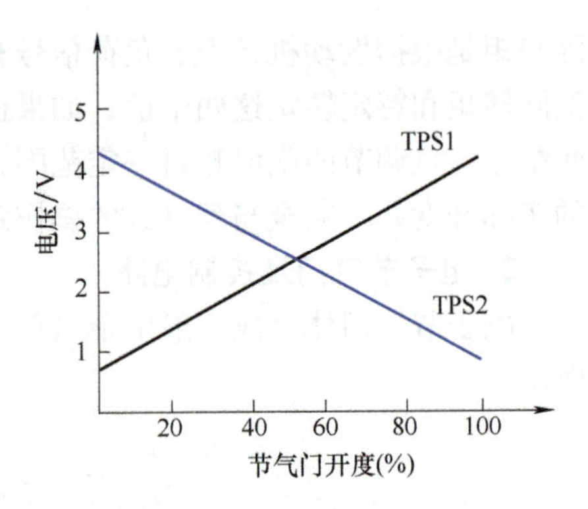


图 3-4-15　科鲁兹 LDE 发动机节气门位置传感器信号

**3. 加速踏板位置传感器及控制电路**

加速踏板位置传感器位于驾驶人仪表下方、加速踏板上方，其功能是将加速踏板的位置通过电子信号的方式反馈给 ECM，ECM 通过计算控制电子节气门的动作。

加速踏板位置传感器常采用双电位计冗余设计，最大程度保证可靠性，其结构如图 3-4-16 所示。

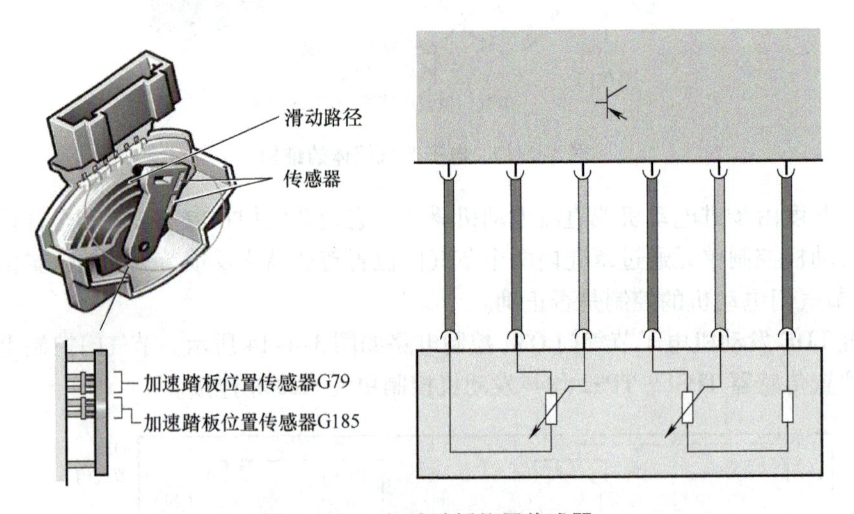


图 3-4-16　加速踏板位置传感器

科鲁兹 LDE 发动机加速踏板位置传感器 B107 控制电路如图 3-4-17 所示。两个线性电

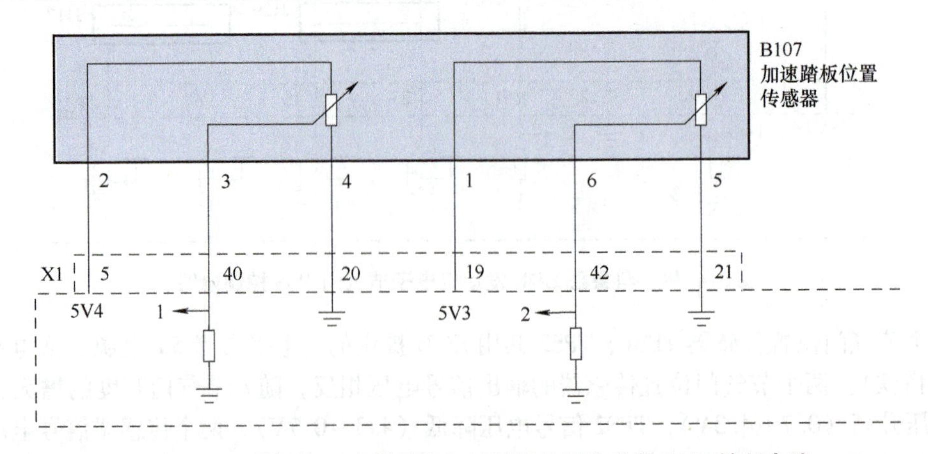


图 3-4-17　科鲁兹 LDE 发动机加速踏板位置传感器 B107 控制电路

位计传感器APP1和APP2通过六根导线与发动机控制单元K20相连接。电位计上的起始电压均为5V，出于安全考虑，每个传感器都有独立的电源、搭铁和信号线。随着加速踏板从静止位置移动到全行程位置，APP1信号电压变化的范围是0.7～4.5V，APP2信号电压变化的范围是0.3～2.2V，APP1信号电压约为APP2信号电压的2倍，如图3-4-18所示。

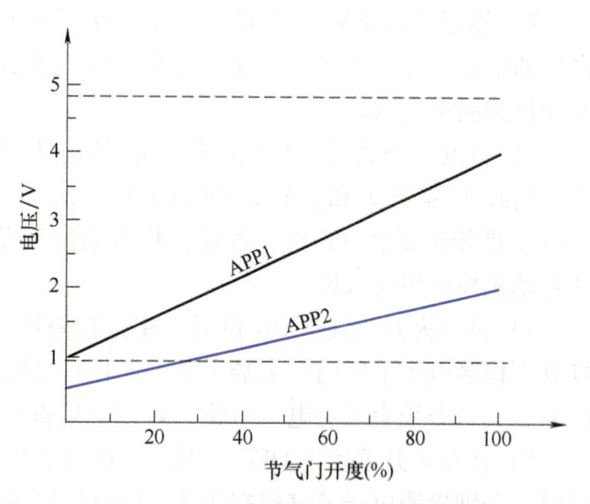


图3-4-18　加速踏板位置传感器信号

**4. EPC指示灯**

电子节气门控制系统的故障灯位于仪表板上，表面为黄色，上有“EPC”标志，接通点火开关，指示灯会亮3s。当系统存在故障或发动机控制单元无法对电子节气门系统进行控制时，则该故障灯激活，显示电子节气门系统进入紧急运行状态，发动机的功率和转矩无法在最佳状态，巡航和ESP（车身电子稳定系统）等功能关闭，提醒驾驶人进站维修。

## 【任务实施】

节气门位置传感器及控制电路检修

节气门电机及控制电路检修

加速踏板位置传感器及控制电路检测

### 一、任务准备

**1. 实训设备**

科鲁兹轿车或LDE发动机实训台或相似实训设备。

**2. 实训工具**

汽车拆装手动工具、万用表、汽车诊断仪。

**3. 实训资料**

实训工作页、维修手册、教材。

**4. 辅助材料**

翼子板布和前格栅布、三件套、抹布、白板笔。

### 二、实施步骤

**1. 车辆基本检查**

1）实训车辆安全防护。

2）登记车辆基本信息。

3）车辆油、水、电基本检查。

**2. 电子节气门控制电路检测**

1）将点火开关置于OFF位置，脱开电子节气门Q38插接器，插接器上有6个端子，如图3-4-19所示，端子1节气门位置传感器信号TPS1，端子2传感器5V参考电压（供电），端子3、5节气门电动机控制，端子4节气门位置传感器信号TPS2，端子6传感器低电平参考电压（搭铁）。

2）用万用表检测电子节气门线束端子 6 与搭铁之间的电阻，小于5Ω，否则应检查对应线路或更换发动机控制单元 K20。

3）将点火开关置于 ON 位置，用万用表检测电子节气门线束端子 2 和搭铁之间的电压，应为 4.8～5.2V，即传感器供电正常。否则应检查对应线路或更换发动机控制单元 K20。

4）将点火开关置于 ON 位置，用接到搭铁的测试灯分别检测电子节气门线束端子3、端子5，确认测试灯未点亮，即线束无对电压短路，否则应检查对应线路或更换发动机控制单元 K20。

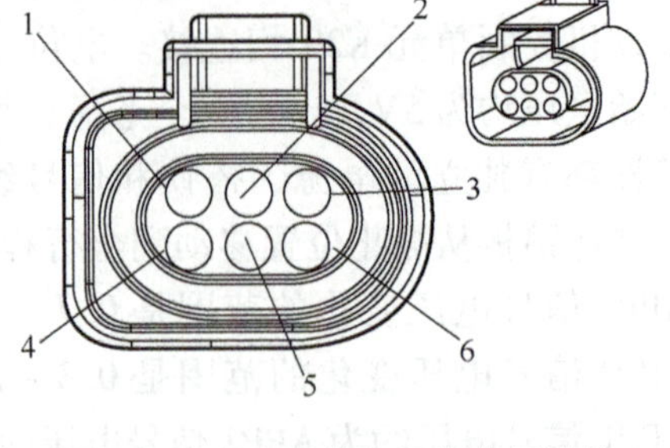

图 3-4-19 电子节气门线束插接器

5）将点火开关置于 OFF 位置，连接电子节气门线束，起动发动机，改变节气门开度的同时，分别检测电子节气门端子3、端子5 与搭铁之间的电压，分别为 0～12V、2.5～12V，即节气门控制电动机供电正常，如图 3-4-20 所示。若异常应检查对应线路或更换发动机控制单元 K20。

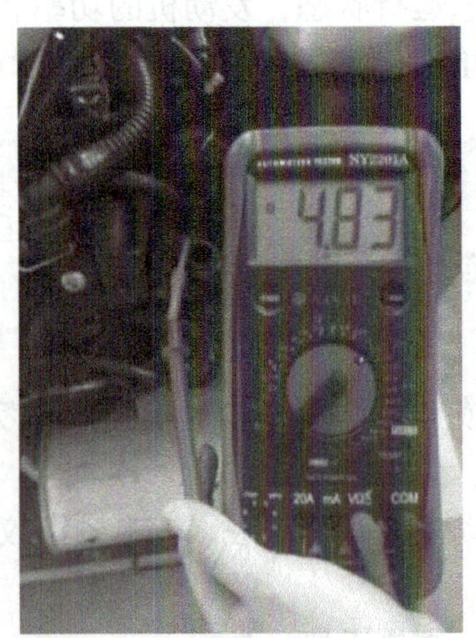

图 3-4-20 节气门电动机控制电压检测

6）将点火开关置于 OFF 位置，连接电子节气门 Q38 插接器，将点火开关置于 ON 位置，用万用表检测端子 1 和搭铁之间的电压小于 1V，端子 4 和搭铁之间的电压为 4.8～5.2V，如图 3-4-21 所示。

7）将点火开关置于 OFF 位置，按照正确方法连接汽车诊断仪及示波测试线，VMI1 示波探针的信号输入端连接端子 1，另一端搭铁，VMI2 示波探针的信号输入端连接端子 4，另一端搭铁。将点火开关置于 ON 位置，进入汽车诊断仪“汽车分析仪”选项，选择“传感器测量”进入“节气门位置传感器”，调节节气门开度及相关参数，检测两个节气门位置传感器信号波形，如图 3-4-22 所示。

8）将点火开关置于 OFF 位置，VMI 示波探针的信号输入端连接端子 3，另一端接端子 5。将点火开关置于 ON 位置，进入汽车诊断仪“汽车分析仪”选项，选择“通用示波器”，调节节气门开度及相关参数测量节气门电动机脉冲调制控制信号，如图 3-4-23 所示。

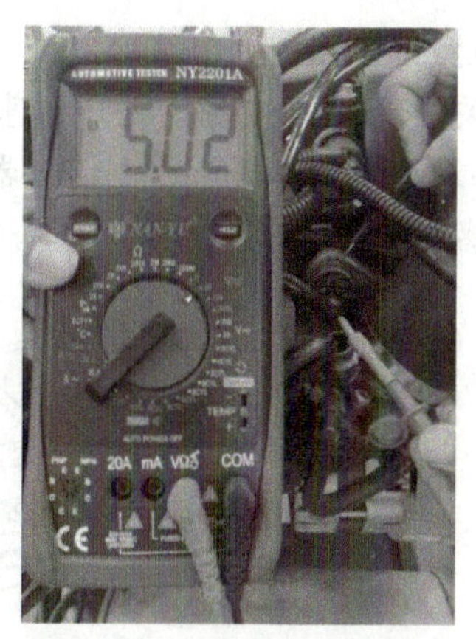


**图 3-4-21　节气门位置传感器 TPS1 与 TPS2 信号电压检测**

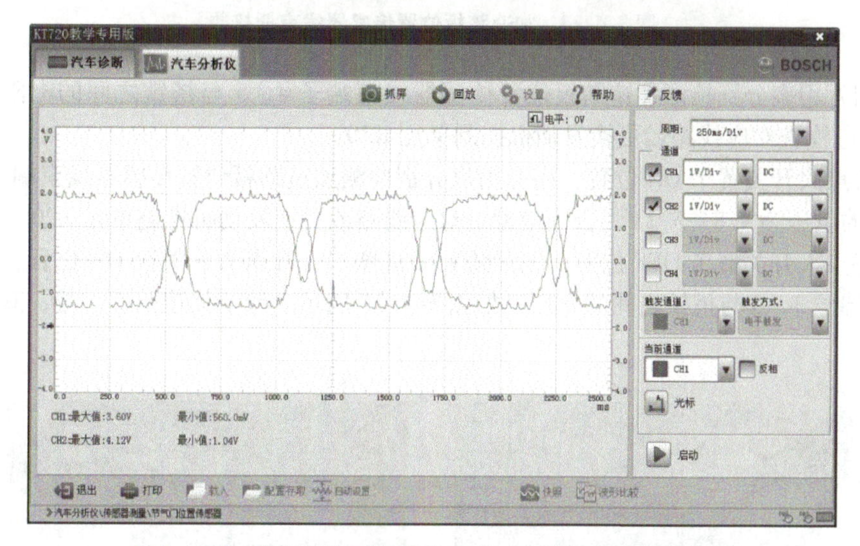


**图 3-4-22　节气门位置传感器 TPS1 与 TPS2 信号波形检测**

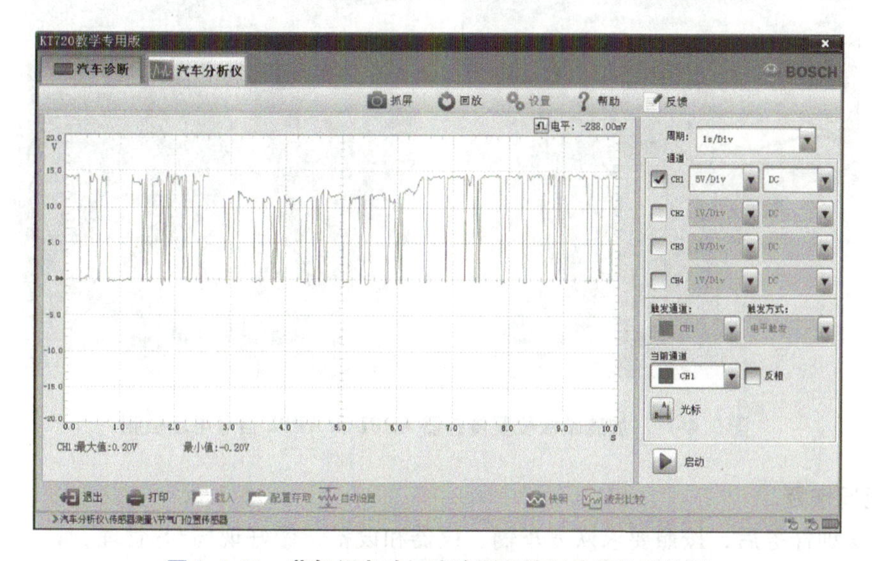


**图 3-4-23　节气门电动机脉冲调制控制信号波形检测**

**3. 加速踏板位置传感器控制电路检测**

1）将点火开关置于OFF位置，脱开加速踏板位置传感器B107插接器，插接器上有6个端子，如图3-4-24所示。端子1、2传感器5V参考电压（供电），端子3、6传感器信号，端子4、5传感器低电平参考电压（搭铁）。

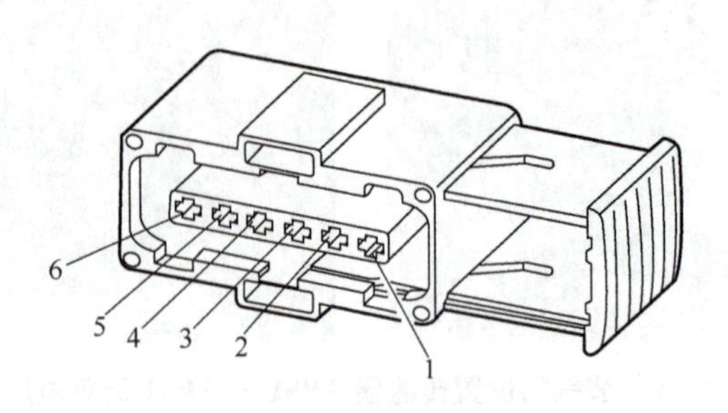


图3-4-24 加速踏板位置传感器线束插接器

2）用万用表分别检测加速踏板位置传感器线束端子4、5与搭铁之间的电阻，应小于5Ω，否则应检查对应线路或更换发动机控制单元K20。

3）将点火开关置于ON位置，用万用表分别检测加速踏板位置传感器线束端子1、2与搭铁之间的电压为4.8~5.2V，否则应检查对应线路或更换发动机控制单元K20。

4）将点火开关置于OFF位置，连接线束插接器。打开点火开关至ON位置，用万用表分别检测端子3、6与搭铁之间的电压，如图3-4-25所示。调节加速踏板位置，观察电压变化规律。

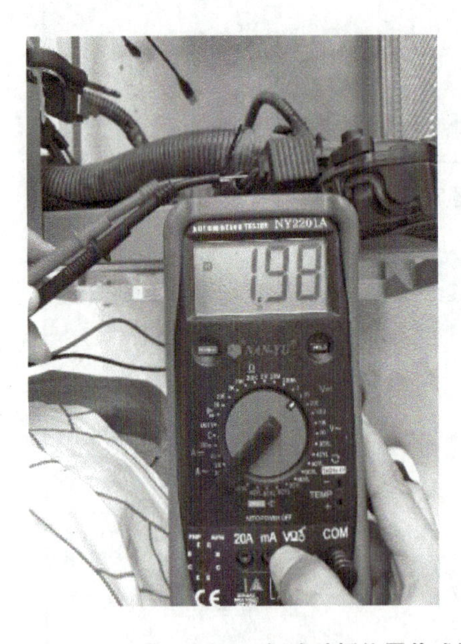

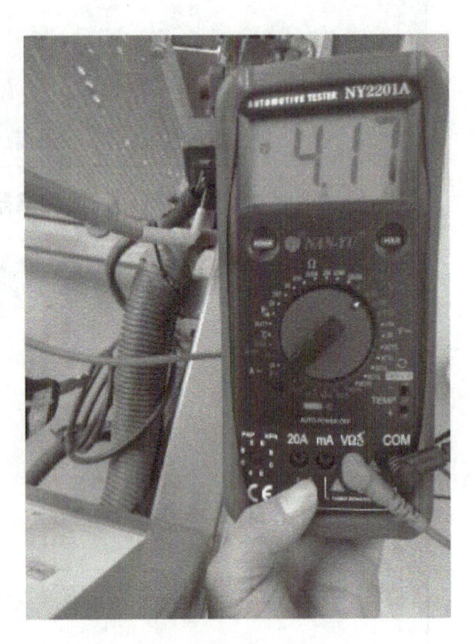


图3-4-25 加速踏板位置传感器APP1和APP2信号电压检测

**4. 现场恢复**

完成实训任务后，按照要求恢复车辆、仪器和设备，做好现场6S管理。

## 【任务小结】

本任务主要介绍了发动机怠速控制系统与电子节气门系统的基本知识与工作原理，重点阐述了电子节气门体、加速踏板位置传感器及控制电路的检测过程，通过本任务的学习与训练，学生应在掌握相关理论知识的基础上，完成电子节气门体、加速踏板位置传感器及控制电路检测的工作任务。

## 【知识拓展】——节气门清洗与匹配

节气门是发动机系统最重要的部件，它的上部是空气滤清器，下部是发动机缸体，节气门是汽车发动机的咽喉。车子加速是否灵活，与节气门的清洁很有关系。电喷发动机在运行过程中，气缸内燃烧产生的废气，会有一小部分通过进气门、进气管道在节气门体处生成积炭。另外，空气经过空气滤清器（特别是使用时间较长的空气滤清器）后，会有杂质残留在节气门中。这些污物积累下来，时间长了就会在节气门体处形成污垢，造成节气门开关阻力增大、发动机怠速不稳等故障，所以要定期（2 万 km）清洗节气门，节气门简单清洗可就车用节气门清洗剂清洗，如图 3-4-26 所示，如果彻底清洗需将节气门拆下。

图 3-4-26 节气门就车清洗

为了让发动机更好调整怠速、控制喷油量、调整换档点，发动机控制单元需要节气门实时输入状态数据，当数据变化后，ECU 会自动调整节气门数据值，超过一定值后，发动机工作就会异常，此时需要把节气门最新状态数据写入 ECU，使 ECU 按新数据调整工作方式，此过程叫作节气门匹配，如图 3-4-27 所示。一般在清洗节气门、更换节气门、更换发动机 ECU、节气门维修后需要进行节气门匹配。节气门匹配需要使用专用或通用解码器进行，按解码器提示清空原有数据，识别新数据。

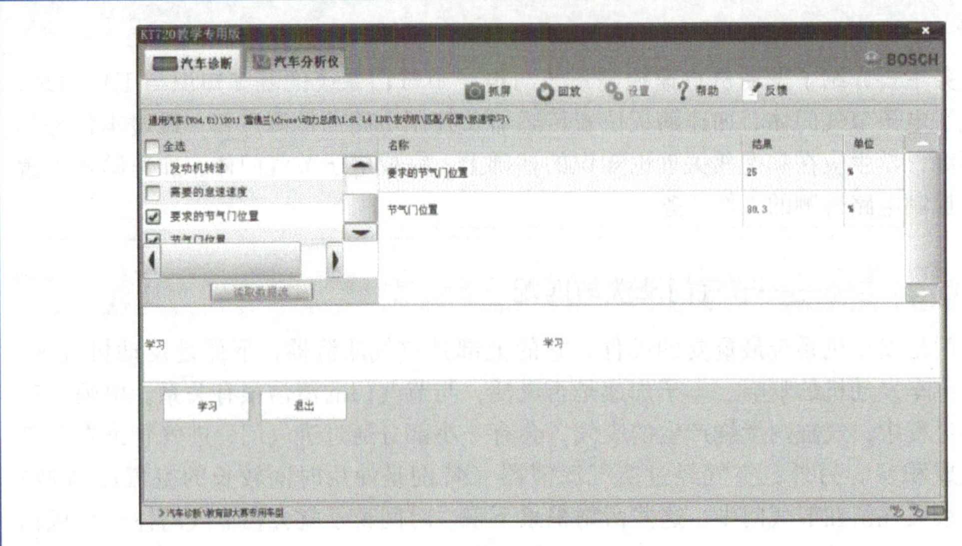


图 3-4-27　节气门匹配

## 任务 3.5　进气控制系统检修

### 【任务导入】

一辆 2018 款迈腾 B8L2.0T 轿车加速无力，明显感觉动力不足，入厂进行维修。技术经理经过初步判断，要求对该车进气控制系统进行检修。

### 【任务目标】

1. 能描述各种进气控制系统的结构组成。
2. 能描述各种进气控制系统的工作原理。
3. 能够利用检测工具仪器检测常见进气控制系统的部件与电路。
4. 能够排除常见进气控制系统的典型电路故障。

### 【知识准备】

#### 一、气门正时可变控制系统

随着发动机技术的发展，现在汽车进气控制系统主要包括气门正时可变控制系统、气门升程可变控制系统、进气道可变控制系统和废气涡轮增压控制系统。

气门正时可变控制系统（Variable Valve Timing，VVT）是根据发动机的运行情况，调整气门开合时间、角度，从而调节进气量，有效提高发动机的充气效率，改善发动机的燃烧效率，大幅度地提高了发动机的性能。而双气门可变正时技术（Dual Variable Valve Timing，

DVVT）实现了进、排气门正时均可控制，使发动机更高效、节能和环保。

**1. 丰田 VVT-i 控制系统**

丰田智能可变气门正时系统（Variable Valve Timing-intelligent，VVT-i）由传感器、发动机 ECU 和执行机构（VVT-i 控制器、凸轮轴正时机油控制阀）三部分组成，如图 3-5-1 所示。

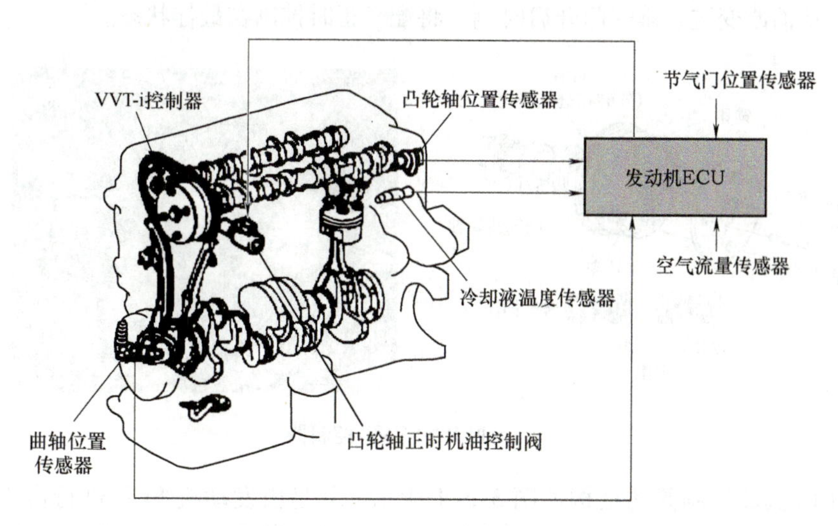


图 3-5-1 丰田 VVT-i 系统的组成

发动机 ECU 根据发动机转速、进气量、节气门位置和冷却液温度等信号计算出一个最优气门正时，凸轮轴正时机油控制阀根据发动机 ECU 的控制指令选择至 VVT-i 控制器的不同油路，以处于提前、滞后或保持这三个不同的工作状态，控制原理如图 3-5-2 所示。此外，发动机 ECU 根据来自凸轮轴位置传感器和曲轴位置传感器的信号检测实际的气门正时，从而尽可能地进行反馈控制，以获得预定的气门正时。

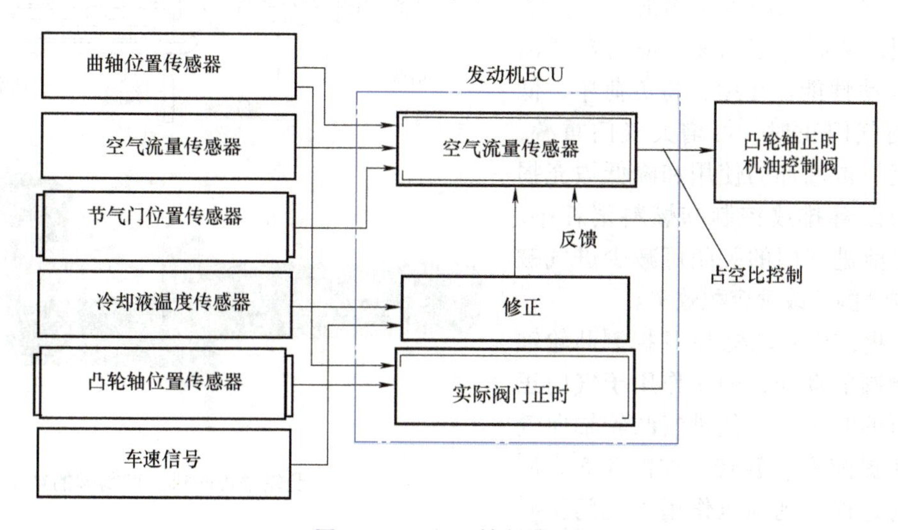


图 3-5-2 VVT 控制原理图

VVT 控制器按照结构原理的不同可分为叶片式、螺旋齿轮式和链式三种类型。丰田

VVT-i控制系统采用叶片式VVT控制器，其由正时链条驱动的外壳、固定在凸轮轴上的叶片和锁销等组成，如图3-5-3所示。当发动机停机时，进气凸轮轴被调整到最大延迟状态，以维持起动性能。在发动机起动后，油压并未立即传到VVT-i控制器时，锁销使VVT-i控制动作的机械部件锁定，防止撞击产生噪声。当油压达到一定压力，推动锁销解锁，控制器的叶片部分在油压推动下相对于齿轮壳旋转一定的角度，从而使凸轮轴在60°范围内向前或者向后旋转，从而改变进、排气门开启时刻，将配气正时控制在最佳状态。

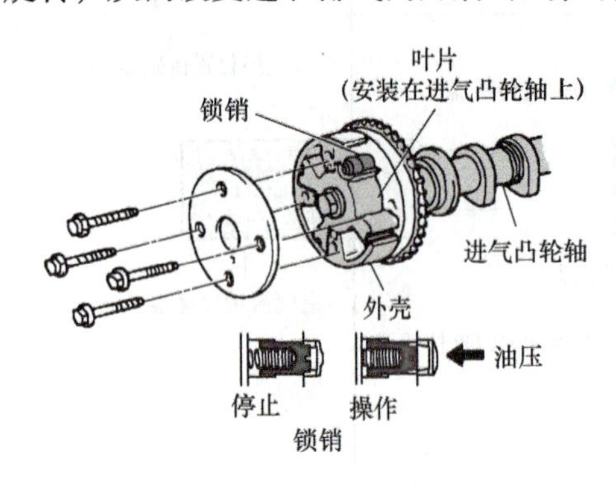

**图3-5-3　叶片式VVT控制器**

凸轮轴正时机油控制阀的结构如图3-5-4所示，其是由发动机ECU进行占空比控制，用于控制滑阀位置和分配流到VVT-i控制器提前侧或延迟侧的油压，发动机停止时，进气门正时是处于最大延迟角度位置。

丰田VVT-i进气门智能可变气门正时系统的工作过程可分为正时提前、正时延迟和正时保持三种状态。一般在低温、低负荷和低速时，延迟气门正时可减小气门重叠，以减少排出的废气逆吹入进气侧，从而稳定怠速，提高燃料消耗率和起动性能。在中、高负荷中、低速时提前气门正时，可增大气门重叠，以增加废气再循环的使用和降低填充损失，从而改善排放控制和燃料消耗率。同时，提前进气门的关闭可减少进气被逆吹回进气侧，改善容积效率。

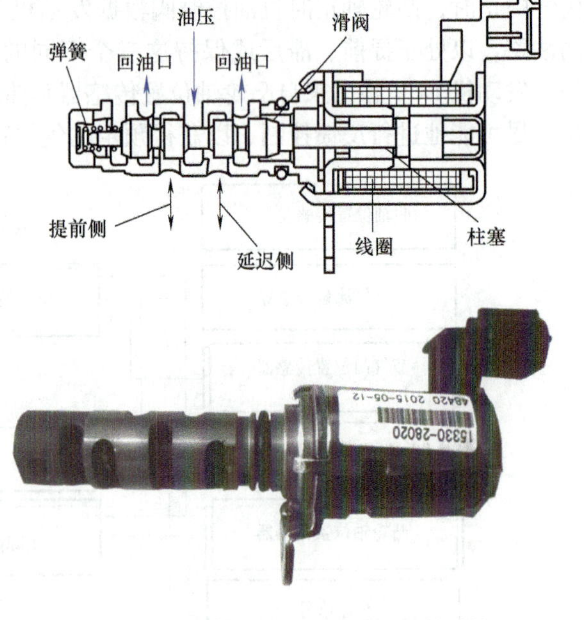


**图3-5-4　凸轮轴正时机油控制阀的结构**

正时提前由发动机ECU控制凸轮轴正时控制阀的动作，油压作用于气门正时提前侧的叶片室，使进气凸轮轴向气门正时的提前方向旋转，如图3-5-5所示。正时延迟，则油压作用于气门正时延迟侧的叶片室，使进气凸轮轴向气门正时的延迟方向旋转，如图3-5-6所示。正时保持，发动机ECU根据具体的运作参数进行处理，并计算出目标配气正时角度，当达到目标配气正时以后，凸轮轴正时控制阀通过关闭油道来保持油压，即保持现在气门正时的状态，如图3-5-7所示。

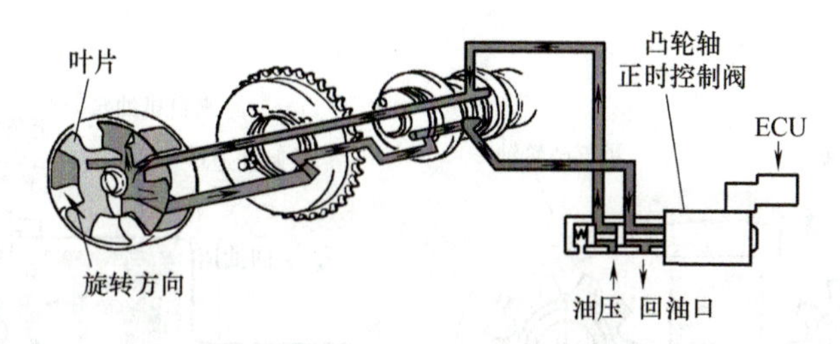


图3-5-5　VVT正时提前控制

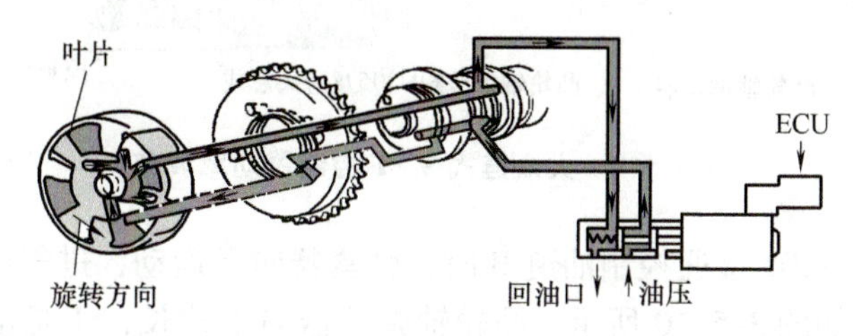


图3-5-6　VVT正时延迟控制

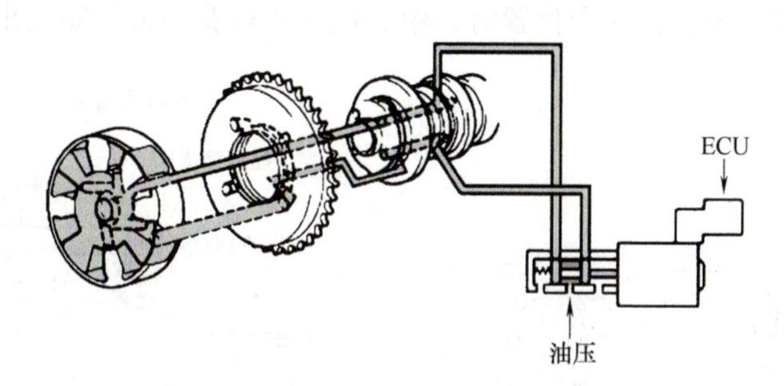


图3-5-7　VVT正时保持控制

**2. 大众VVT控制系统**

大众VVT控制系统的组成与丰田VVT-i系统相似，只是VVT控制器及控制策略有所差异。在大众ANQ、AEB、AWL等发动机中VVT控制系统采用链式控制器，主动链轮为排气凸轮轴链轮，由链条驱动进气凸轮轴，仅能对进气凸轮轴角度进行调节。链式控制器由凸轮轴调节阀、凸轮轴调整器和调整链条等组成，如图3-5-8所示。

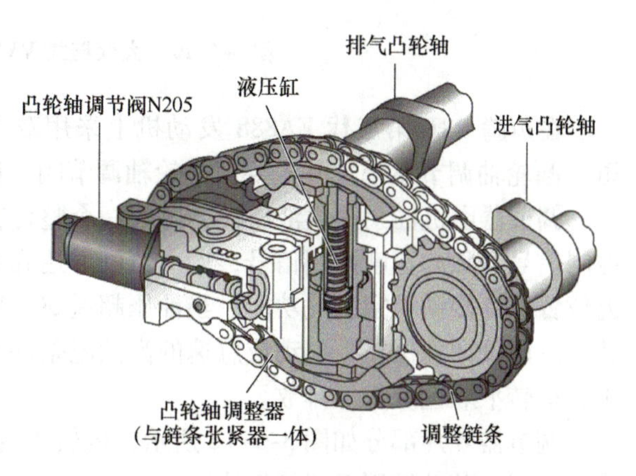


图3-5-8　大众链式VVT控制器

VVT控制器利用机油压力推动液压缸上下运动，在液压缸运动的同时带动正时链条上、下端长度发生变化。其正时调整控制策略可分为功率调整与转矩调整。当凸轮轴调节阀N205接通控制油道A时，张紧器向上运动，进气凸轮轴推迟一定角度，此为功率调节，如图3-5-9所示。链条下部短、上部长，进气门延迟关闭，进气管内气流流速高，气缸充气量足，因此高转速时，功率大。

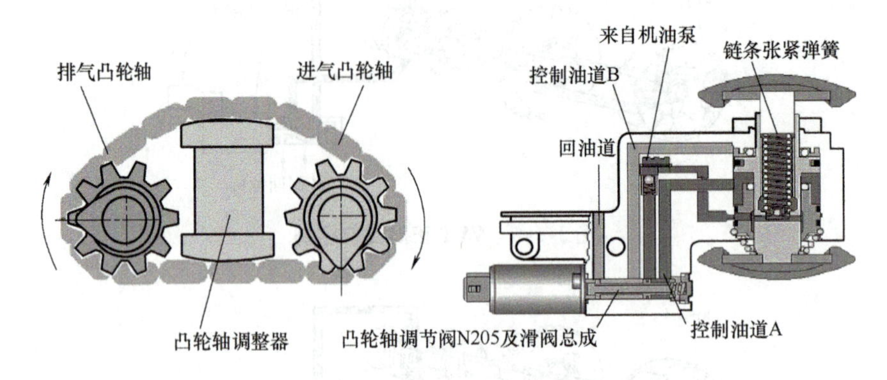


图3-5-9　大众链式VVT控制器功率调整

当凸轮轴调节阀N205接通控制油道B时，张紧器向下运动，进气凸轮轴提前一定的角度，此为转矩调节，如图3-5-10所示。凸轮轴调整器向下拉长，于是链条上部变短、下部变长。因为排气凸轮轴被同步带固定了，此时排气凸轮轴不能被转动，进气凸轮轴被转过一个角度，进气门提前关闭。在这个位置时，中、低转速可获得大转矩输出。

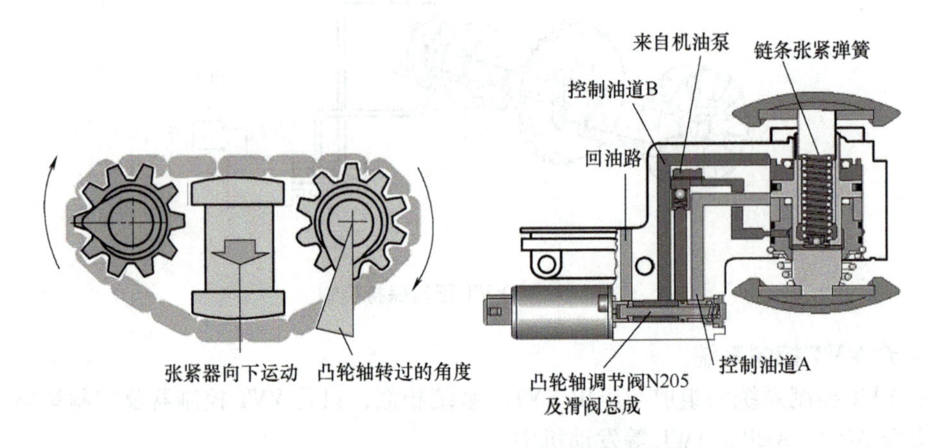


图3-5-10　大众链式VVT控制器转矩调整

在迈腾B8L第三代EA888发动机上采用双VVT技术，也称为INA（德国INA轴承公司）凸轮轴调节系统。其主要由凸轮轴调节阀、调节器等组成，如图3-5-11所示。

调节器由机油泵提供液压油，并由一个整合在凸轮轴内的四位三通电磁阀控制。电磁阀控制信号为脉冲宽度调制信号，调节范围可达到60°曲轴转角。发动机关闭后凸轮锁定在延迟位置，弹簧锁销完成此功能。当油压超过50kPa时，锁销释放，调节器开始调节凸轮轴的转角。此设计确保在冷起动或怠速的高油温条件下也有很高的调节率，提高发动机功率、转矩、运转平顺性及降低排放。

调节器叶片部分如图3-5-12所示，内转子与凸轮轴刚性连在一起，外转子与链轮刚性连在一起，差动销用于机械锁止。

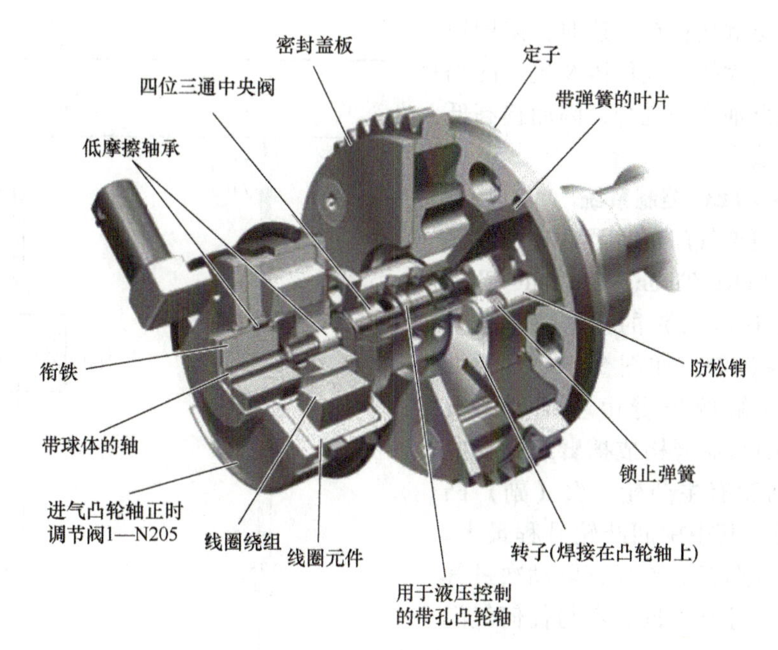


图 3-5-11 迈腾凸轮轴调节系统

图 3-5-12 调节器叶片部分

迈腾 B8L2.0T 发动机凸轮轴调节阀电路如图 3-5-13 所示。凸轮轴调节阀 N205 与排气凸轮轴调节阀 N318，经熔丝 SB9（10A）由主继电器 J271 供电。发动机控制单元 J623 控制两个调节阀的搭铁，形成脉冲宽度调制信号，从而控制调节器中的油路，实现调节器调节。

## 二、气门升程可变控制系统

发动机的气门升程是受凸轮轴转角长度控制的，在普通的发动机上，凸轮轴的转角长度固定，气门升程也是固定不变的。气门升程可变控制系统（Variable Valve Lift，VVL）使发动机气门的升程可随发动机的工况进行调节，在高转速时，采用长升程来提高进气效率，让发动机的进气更顺畅；在低速时，采用短升程，能产生更大的进气负压及更多的涡流，让空气和燃油充分混合，因而提高低转速时的扭力输出。

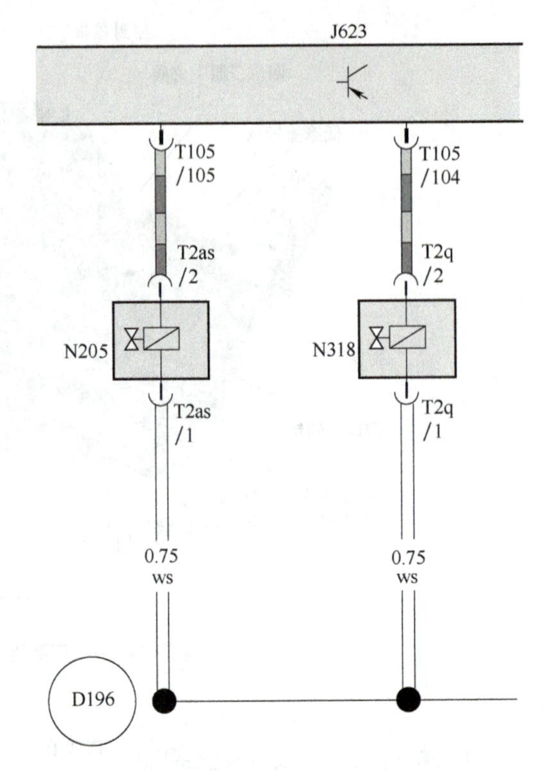


图 3-5-13　迈腾 B8L 2.0T 发动机凸轮轴调节阀电路

**1. 本田 i-VTEC 控制系统**

本田智能可变气门正时及升程控制系统（Variable Valve Timing and Lift Electronic Control，i-VTEC）的技术核心是多摇臂、多凸轮控制。如图 3-5-14 所示，发动机每个气缸的摇臂由主摇臂、次（副）摇臂、中间摇臂构成摇臂组，对应凸轮轴上的凸轮有主凸轮、次（副）凸轮、中间凸轮，其中中间凸轮升程最大。主摇臂驱动主进气门，次摇臂驱动次进气门，中间摇臂在主次之间，不与任何气门直接接触。

三个摇臂之间有正时活塞、同步活塞和回位弹簧等，活塞的移动受电磁阀控制的机油压力控制，控制原理图如图 3-5-15 所示。

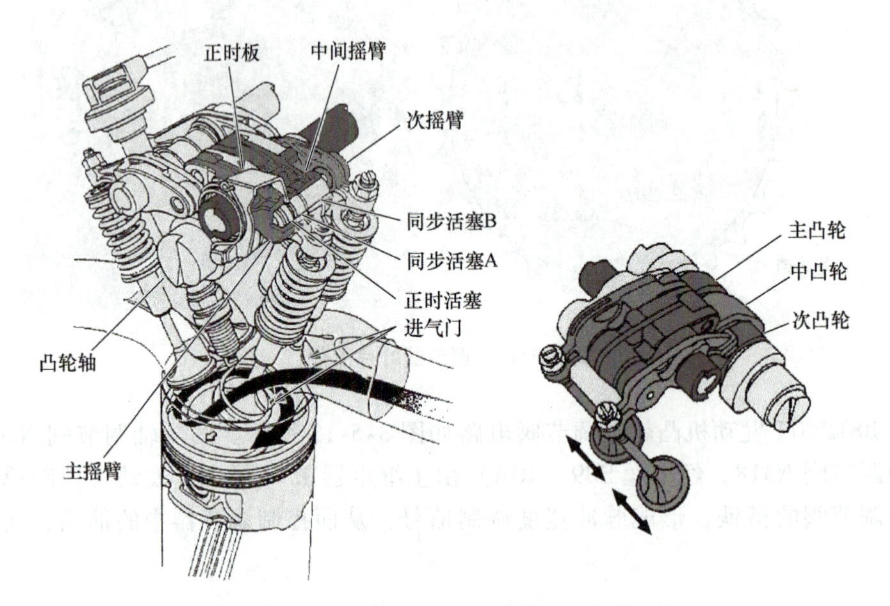


图 3-5-14　本田 i-VTEC 摇臂及凸轮轴结构

当发动机在中、低转速时，电磁阀断电，油道关闭。在弹簧作用下，各活塞均回到各自孔内，三根摇臂处于分离状态，普通凸轮推动主摇臂和副摇臂来控制两个进气门的开闭，气门升量较小。此时虽然中间凸轮也推动中间摇臂，但由于摇臂之间是分离的，所以两边的摇

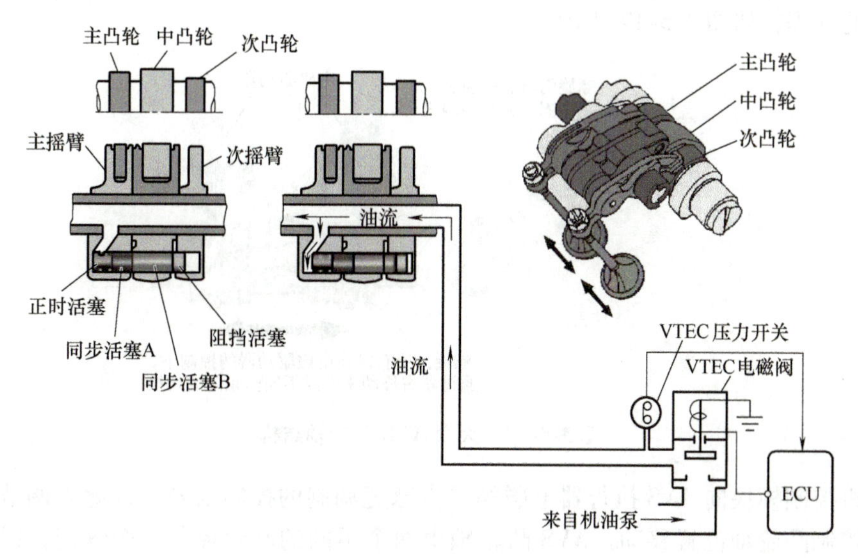


图 3-5-15 **VTEC 控制原理图**

臂不受它控制，也不会影响气门的开闭状态。当发动机达到某一个设定的转速时，ECU 接通 VTEC 电磁阀电路，使电磁阀开启，油道打开，在机油压力作用下推动摇臂内的活塞，使三根摇臂锁成一体，一起由高角度凸轮驱动，这时气门的升程和开启时间都相应地增大了，使得单位时间内的进气量更大，发动机动力也更强。发动机转速降到某一转速时，摇臂内的液压也随之降低，活塞在回位弹簧作用下退回原位，三根摇臂分开。整个工作过程如图 3-5-16 所示。

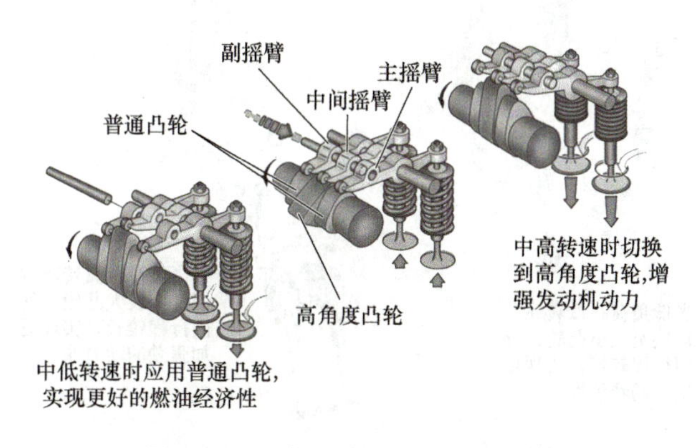


图 3-5-16 **本田 i-VTEC 工作原理图**

### 2. 大众 AVS

大众可调节气门系统（Adjustable Valve System，AVS）对气门升程采取二级控制，由凸轮轴直接操纵这个气门升程系统，它实现了在低转速与高转速不同工况下，燃油经济性和动力性的完美结合，广泛应用于奥迪和大众等高端车型。

为了在排气凸轮轴上两个不同的气门升程之间相互切换，凸轮轴上安装有四个可移动的凸轮件（带有内花键）。每个凸轮件上都装有两对凸轮，其凸轮升程是不同的。凸轮件上设计有螺旋沟槽，便于电磁驱动器对凸轮件进行轴向控制，用以切换两组不同的凸轮，从而改变进气门的升程，如图 3-5-17 所示。

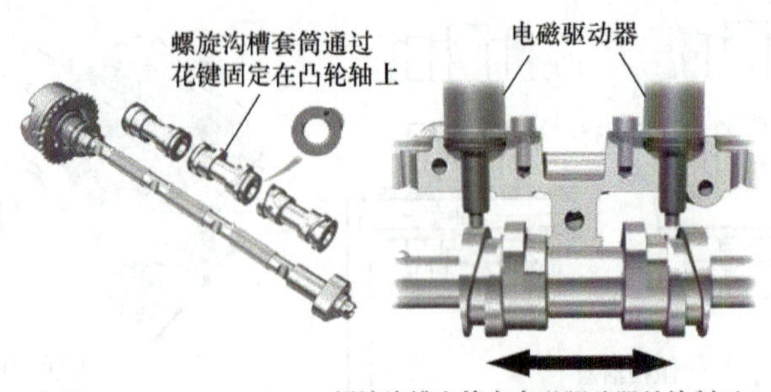


图 3-5-17 大众 AVS 凸轮轴结构

发动机控制模块向 AVS 执行器电磁阀提供脉宽调制的控制信号，以此来调节柱塞的行程，进而控制凸轮轴位置移动。AVS 凸轮轴由两个不同的凸轮控制一个气门，以形成升程的变化，移动到位时，由顶柱完成位置的锁定。

发动机在高负载的情况下，AVS 将螺旋沟槽凸轮件向右推动，使角度较大的凸轮得以推动气门。在此情况下，气门升程可达到 11mm，以提供燃烧室最佳的进气流量和进气流速，实现更加强劲的动力输出。当发动机在低负载的情况下，为了追求发动机的节油性能，此时 AVS 则将螺旋沟槽凸轮件推至左侧，以较小的凸轮推动气门。工作原理如图 3-5-18 所示。

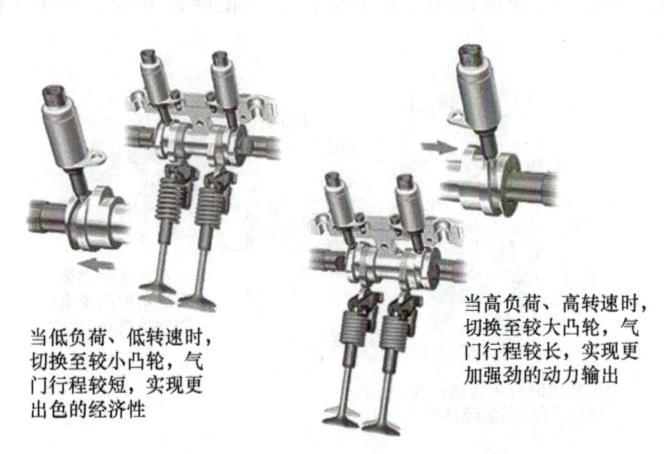


图 3-5-18 大众 AVS 的工作原理图

迈腾 B8L 发动机排气凸轮轴即采用 AVS，在排气凸轮轴上安装有八个排气门凸轮调节阀，其控制电路如图 3-5-19 所示。八个排气凸轮调节阀经熔丝 SB5（10A），由主继电器 J271 供电，由发动机控制单元 J623 控制搭铁，提供脉宽调制的控制信号。

## 三、进气道可变控制系统

进气道可变控制系统是利用进气气流的惯性和压力波来提高充气效率的，可分为动力阀控制系统和进气谐波增压系统。

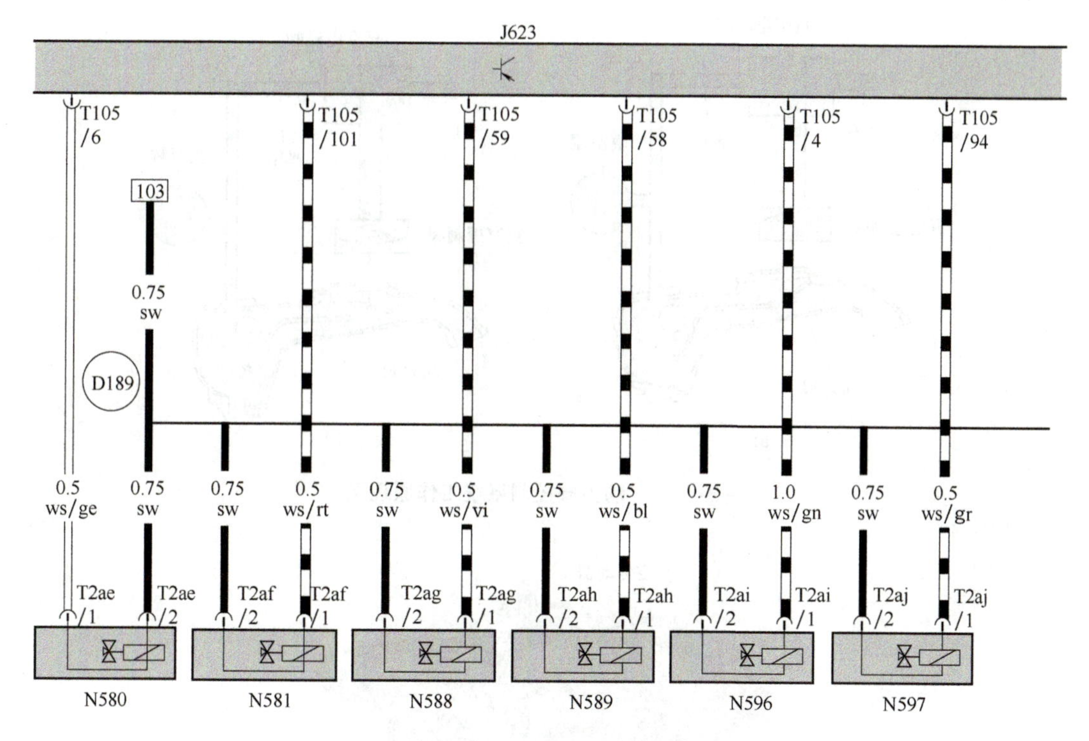


**图 3-5-19　迈腾 B8L 发动机排气凸轮调节阀电路**

### 1. 动力阀控制系统

动力阀控制系统是控制发动机进气道的空气流通截面大小，以适应发动机不同转速和负荷时的进气量需求。在进气量较少的低速、小负荷工况下使进气道空气流通截面面积减小，提高进气流速、增大进气惯性、加强气缸内的涡流强度，以提高发动机的充气效率，改善发动机低速性能。而在进气量较多的高速、大负荷工况下增大进气空气流通截面面积，以减小进气阻力，有利于改善发动机的高速性能。

动力阀控制系统由真空电磁阀、真空控制阀和动力阀（进气翻板）等组成。控制进气道空气流通截面面积大小的动力阀安装在进气管上，动力阀的开闭由真空控制阀控制动作，ECU 根据各传感器信号通过真空电磁阀（Vacuum Solenoid Valve，VSV）控制真空罐和真空控制阀的真空通道。

当发动机小负荷运转时，进气量较少，ECU 断开真空电磁阀，真空罐中的真空进入真空控制阀，动力阀处于关闭位置，进气通道面积变小，如图 3-5-20a 所示。当发动机大负荷运转时，进气量较多，ECU 接通真空电磁阀搭铁回路，真空罐中的真空不能进入真空控制阀，控制动力阀开启，进气通道面积变大，如图 3-5-20b 所示。

迈腾 B8L 发动机进气道采用动力阀（进气翻板）控制系统，由进气歧管翻板、进气歧管风门（翻板）电位计 G336、进气歧管风门控制阀 N316 和真空促动器组成，如图 3-5-21 所示。

在迈腾 B8L 发动机上装配有真空泵，由凸轮轴驱动，为真空促动器、制动系统真空助力器等提供真空，如图 3-5-22 所示。

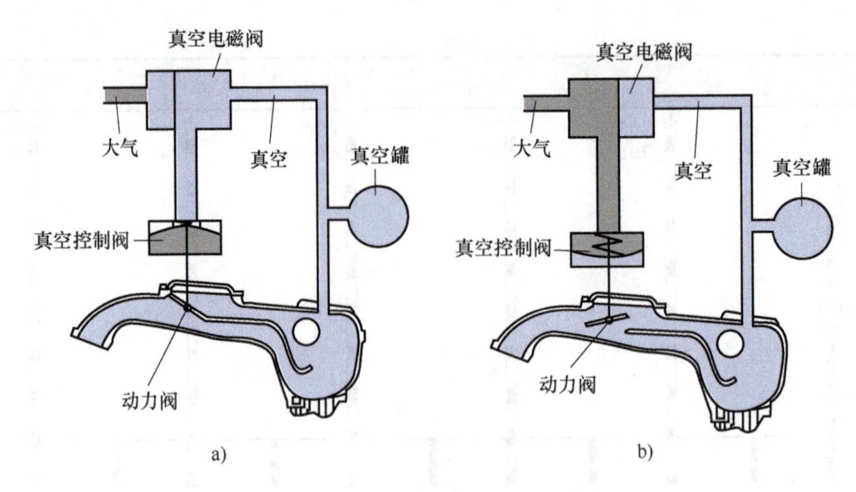


图 3-5-20 动力阀控制系统工作原理图

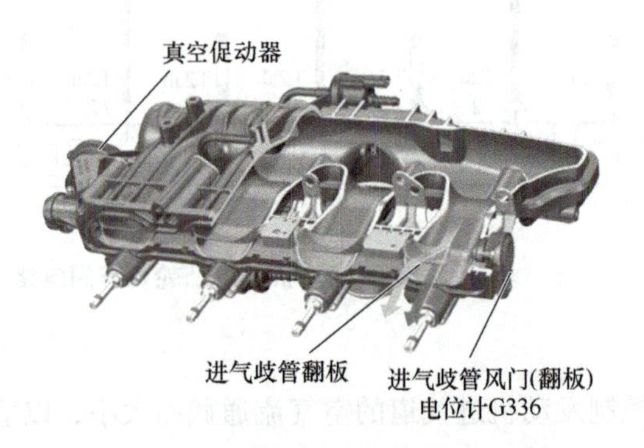


图 3-5-21 迈腾 B8L 发动机进气歧管

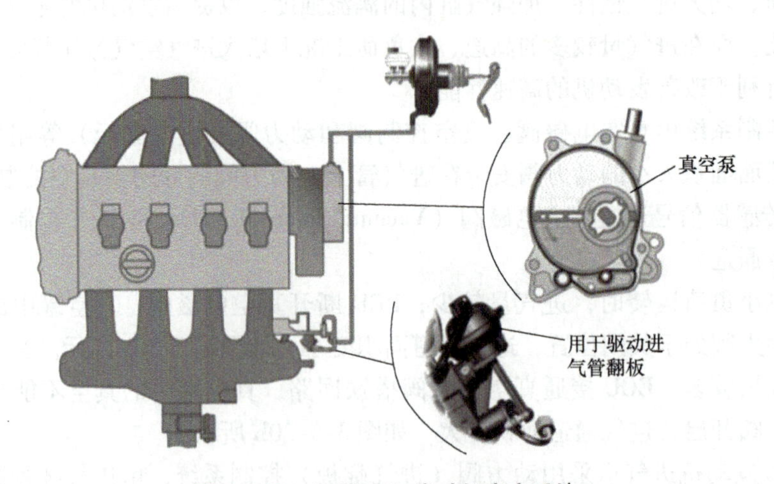


图 3-5-22 迈腾 B8L 发动机真空系统

进气管风门控制阀 N316 经熔丝 SB4（10A），由主继电器 J271 供电，由发动机控制单元 J623 控制搭铁。进气歧管风门电位计 G336 三根导线均与发动机控制单元 J623 相连接，电路简图如图 3-5-23 所示。

**2. 进气谐波增压系统**

进气谐波增压系统也称为声控进气系统（Acoustic Control Induction System，ACIS），是利用了进气管内的压力波与进气门的开启配合，当进气门开启时，使反射回来的压力波正好传到该气门附近，从而形成进气增压的效果，提高发动机的充气效率和功率。进气谐波增压系统由真空电磁阀、真空拉力器、进气控制阀、真空罐、长进气道和短进气道等组成，如图3-5-24所示。

当发动机低速运转时，进气控制阀关闭，使用细长管道，有利于提高进气涡流，获得最大转矩；当发动机高速运转时，进气控制阀完全打开，进气歧管由细长管道转换为短粗管道，有利于提高充气效率，以获得较高的输出功率，工作原理如图3-5-25所示。

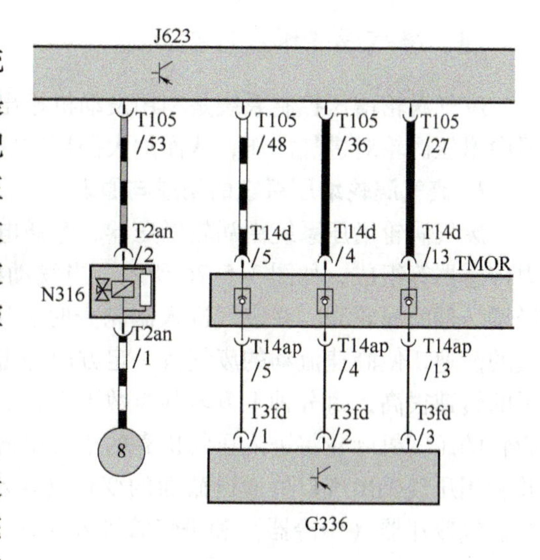


图3-5-23　迈腾B8L发动机进气翻板控制系统电路图

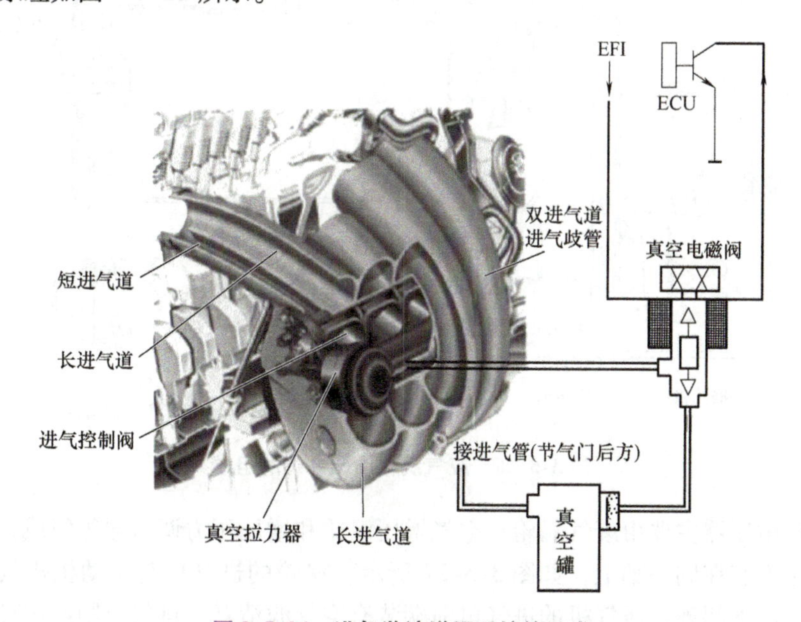


图3-5-24　进气谐波增压系统的组成

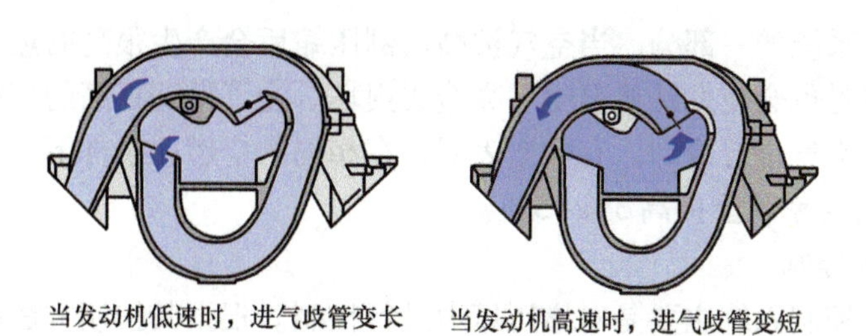


图3-5-25　进气谐波增压系统的工作原理图

## 四、废气涡轮增压控制系统

废气涡轮增压控制系统是利用发动机排出的高温高压废气的热能和动能，驱使涡轮增压器中增压涡轮对进气加压，从而加大循环进气量，提高发动机的输出功率与动力性能。

### 1. 废气涡轮增压系统的组成与原理

废气涡轮增压系统由涡轮增压器、旁通电磁阀、促动器和排气旁通阀、中冷器和增压压力传感器等组成，如图 3-5-26 所示。当发动机工作时，由排气管排出的高温、高压废气流经增压器的涡轮壳，在废气进入涡轮壳时利用废气通道截面的变化（由大到小）来提高废气的流速，使高速流动的废气按一定方向冲击涡轮，并带动压气机叶轮一起旋转，增压器转子的转速很高，每分钟上万转甚至数十万转。经空气滤清器滤清后的空气被吸入压气机壳，旋转的压气机叶轮将进入压气机壳的空气甩向叶轮边缘出气口，使空气的压力和流速升高，并利用压气机出气口处通道截面的变化（由小到大）进一步提高空气压力，增压后的空气经进气冷却器（中冷器）和进气管进入气缸。

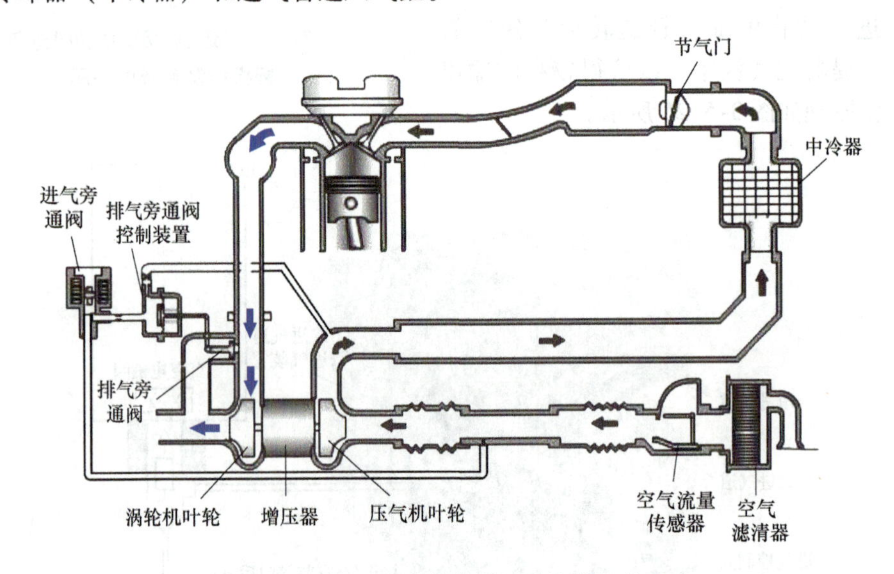


图 3-5-26 废气涡轮增压系统的组成

废气涡轮增压器主要由废气涡轮、空气增压涡轮和增压压力调节器等组成，废气涡轮和空气增压涡轮安装在同一轴上，如图 3-5-27 所示。涡轮的进气口与发动机排气管相连，出气口与排气消声器相连；压气机的进气口前端装有空气滤清器，排气口则经中冷器与进气管相连。

中冷器是增压系统的一部分。当空气被高比例压缩后会产生很高的热量，从而使空气膨胀密度减小，而同时也会使发动机温度过高造成损坏。为了得到更高的容积效率，需要在注入气缸之前对高温空气进行冷却。有数据表明，在相同的空燃比条件下，增压空气的温度每下降 10℃，发动机功率就能提高 3%~5%。

### 2. 增压压力的控制

废气涡轮增压控制系统主要是对增压压力进行控制。根据其控制方法的不同，可分为旁通阀式、节流阀式和可调叶片式。旁通阀式增压控制是利用旁通阀控制流经涡轮的废气量，

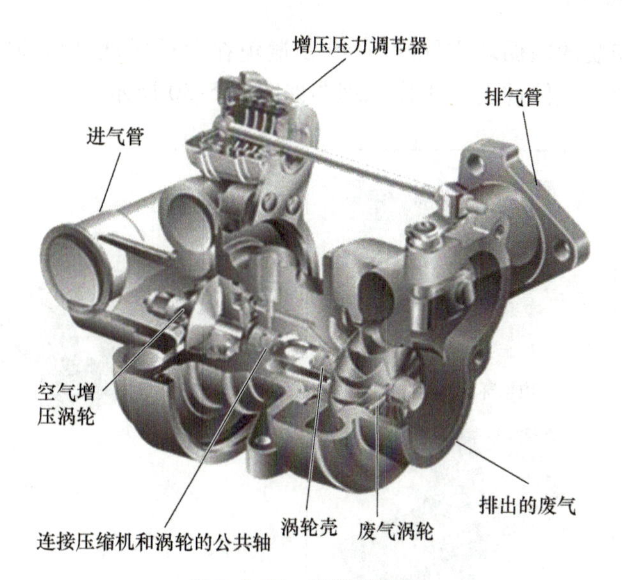


图 3-5-27 涡轮增压器

节流阀式增压控制是利用节流阀控制涡轮进气口流通截面，可调叶片式增压控制是利用可调叶片控制涡轮受力有效截面。最终都是通过改变废气流经涡轮速度，实现对增压压力的控制。在此仅介绍旁通阀式增压压力控制方式。

迈腾 B8L 发动机废气涡轮增压系统压力控制是旁通阀式，其涡轮增压器如图 3-5-28 所示。

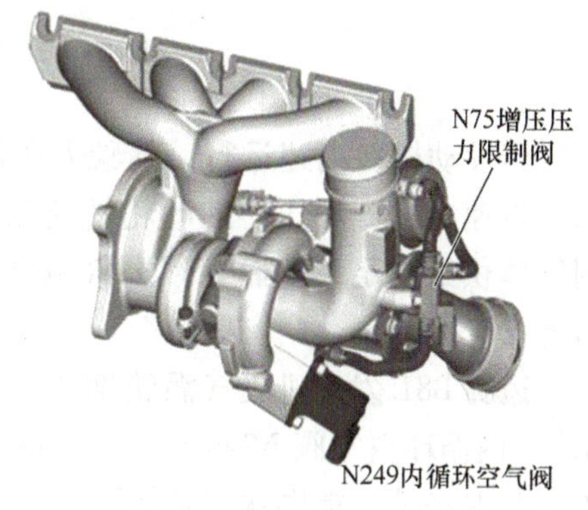


图 3-5-28 迈腾 B8L 发动机涡轮增压器

增压压力控制原理图如图 3-5-29 所示，发动机控制单元 J623 根据增压压力传感器 GX31 信号结合发动机工况，控制增压压力限制电磁阀 N75 打开或者关闭，控制旁通阀压力调节单元的动作，打开或者关闭废气管路上的旁通阀，控制进入废气涡轮的废气量，进而控制了涡轮的转速就控制了增压压力。

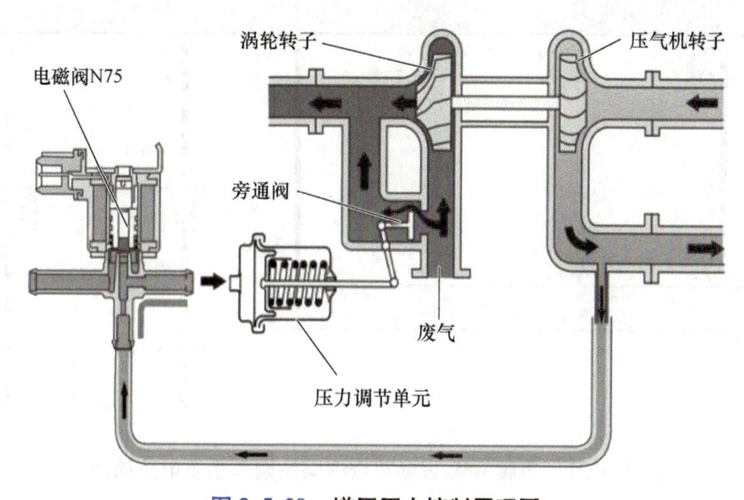


图 3-5-29 增压压力控制原理图

涡轮增压器上安装的内循环空气阀 N249 是避免在发动机从高负荷突然过渡到怠速状态时废气涡轮增压器产生气体冲击，工作原理图如图 3-5-30 所示。

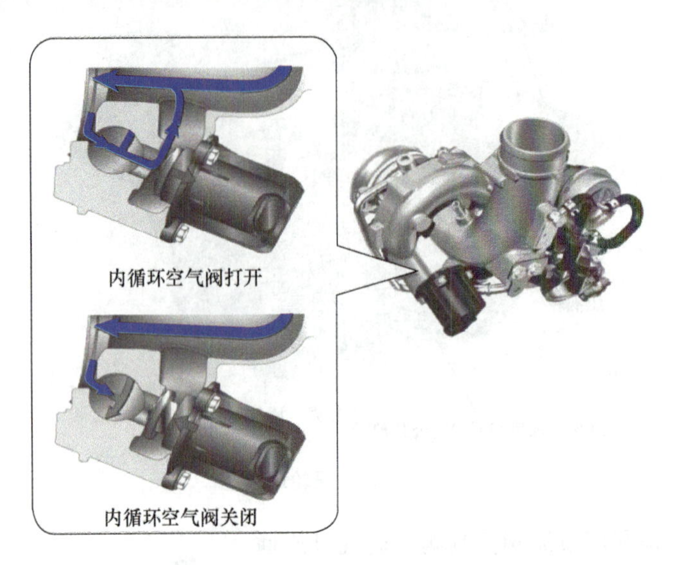


图 3-5-30 内循环空气阀的工作原理图

当发动机在高速运行，驾驶人在迅速收节气门踏板时，涡轮增压器排气侧的增压气体未能迅速减小，增压器的叶轮转速依然很高，但进气侧由于节气门的暂时关闭导致进气侧气体供给不足，从而导致进气侧叶轮受到比较大的空气阻力，从而影响舒适感及增压器寿命。

迈腾 B8L 发动机废气涡轮增压系统电路简图如图 3-5-31 所示，增压压力限制电磁阀 N75、内循环空气阀 N249 经熔丝 SB4（10A），由主继电器 J271 供电，由发动机控制单元 J623 控制搭铁，提供脉宽调制控制信号。增压压力传感器 G31 通过四根导线与发动机控制单元 J623 相连接。

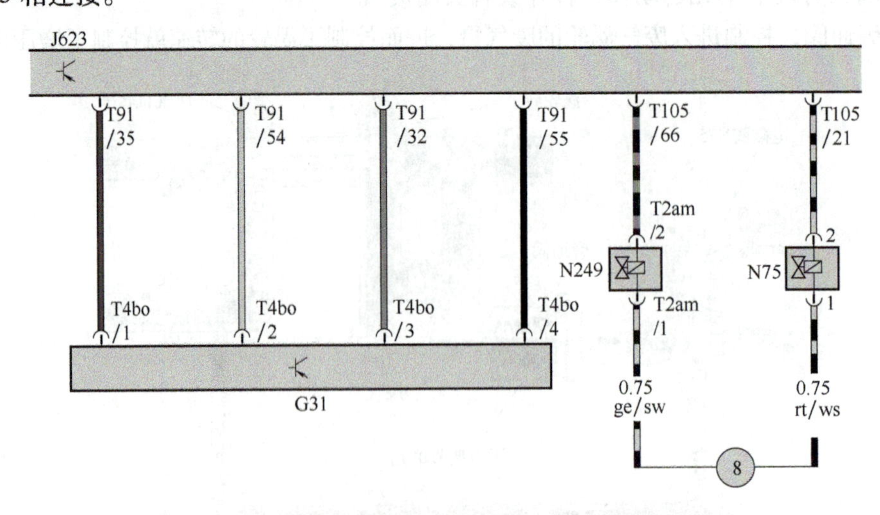


图 3-5-31 迈腾 B8L 发动机废气涡轮增压系统电路简图

## 【任务实施】

气门正时可变控制系统检修　气门升程可变控制系统检修　进气道可变控制系统检修　废气涡轮增加控制系统检修

### 一、任务准备

**1. 实训设备**

迈腾 B8L 轿车或 EA888 发动机实训台或相似实训设备。

**2. 实训工具**

汽车拆装手动工具、万用表和汽车诊断仪。

**3. 实训资料**

实训工作页、维修手册、教材。

**4. 辅助材料**

翼子板布和前格栅布、三件套、抹布、白板笔。

### 二、实施步骤

**1. 车辆基本检查**

1）实训车辆安全防护。

2）登记车辆基本信息。

3）车辆油、水、电基本检查。

**2. 气门正时可变控制系统检测**

1）将点火开关置于 OFF 位置，脱开凸轮轴调节阀 N205 与排气凸轮轴调节阀 N318 线束插头，每个插头上有两个端子，如图 3-5-32 所示。端子 1 供电 12V，端子 2 为发动机控制单元 J623 控制信号。

2）用万用表分别检测进、排气凸轮轴调节阀的内阻，20℃环境温度下应为 5～10Ω，如图 3-5-33 所示。

图 3-5-32　进、排气凸轮轴调节阀线束插头

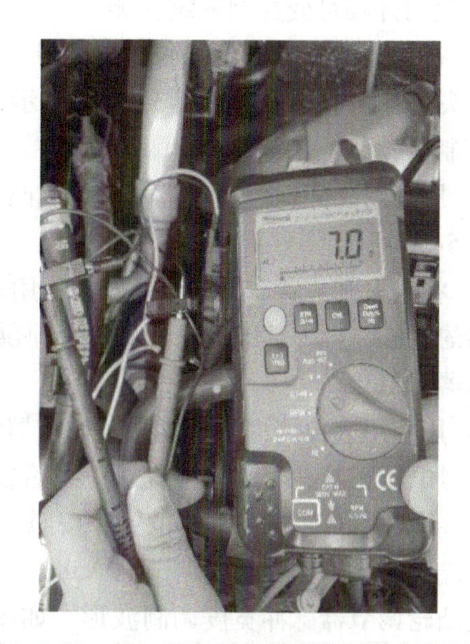


图 3-5-33　进、排气凸轮轴调节阀的内阻检测

3）将点火开关置于ON位置，用万用表分别检测进、排气凸轮轴调节阀线束端子1和搭铁之间的电压，应为蓄电池电压12V，即供电电压正常，否则应检查对应线路或熔丝SB9或主继电器J271。

4）用万用表分别检测进、排气凸轮轴调节阀线束端子2和搭铁之间的电压，应为2～3V，即控制信号电压正常，否则应检查对应线路或更换发动机控制单元。

5）将点火开关置于OFF位置，连接进、排气凸轮轴调节阀线束，并按照正确方法连接汽车诊断仪及示波测试线。示波器信号输入端连接进气凸轮轴调节阀控制信号端子2，另一端搭铁，起动发动机，检测进气凸轮轴调节阀脉冲宽度调制波形，如图3-5-34所示，并观察其信号波形随发动机转速的变化情况。

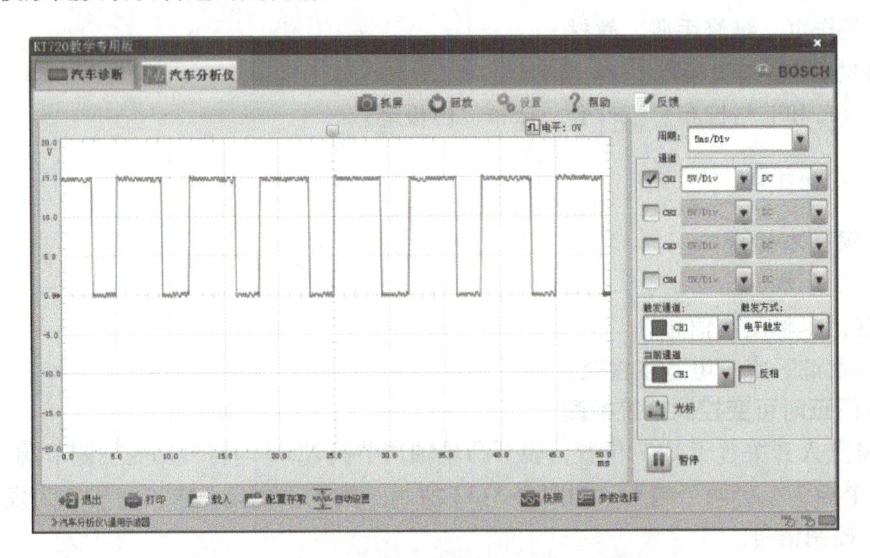


图3-5-34　进气凸轮轴调节阀脉冲宽度调制波形

**3. 气门升程可变控制系统检测**

1）将点火开关置于OFF位置，脱开1缸两个排气凸轮调节器N580、N581的线束插头，每个插头上有两个端子，如图3-5-35所示。端子2为12V供电，端子1为发动机控制单元J623控制信号。

2）用万用表分别检测1缸两个排气凸轮调节器的内阻，20℃环境温度下应为5～10Ω，如图3-5-36所示。

3）将点火开关置于ON位置，用万用表检测1缸两个排气凸轮调节器线束端子2和搭铁之间的电压，应为蓄电池电压12V，即供电电压正常，否则应检查对应线路或熔丝SB5或主继电器J271。

4）用万用表检测进、排气凸轮调节器线束端子1和搭铁之间的电压，应为2～3V，即控制信号电压正常，否则应检查对应线路或更换发动机控制单元。

5）将点火开关置于OFF位置，按照正确方法连接汽车诊断仪及示波测试线。示波器信号输入端连接1缸排气凸轮调节器N580控制信号端子1，另一端搭铁，起动发动机，检测1缸排气凸轮调节器脉冲宽度调制波形，如图3-5-37所示，并观察波形随发动机转速变化的情况。

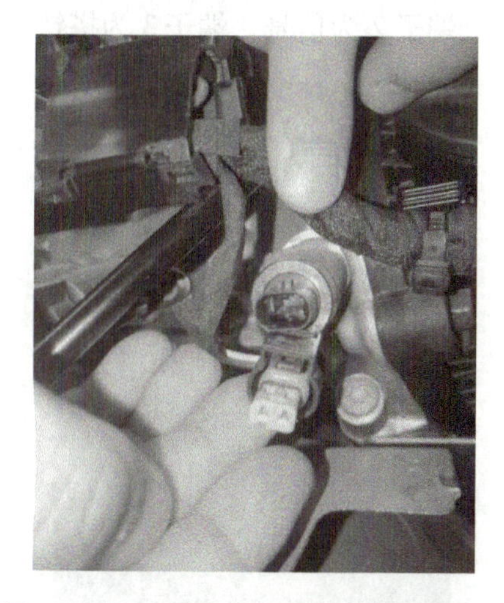

图 3-5-35　1 缸排气凸轮调节器线束插头

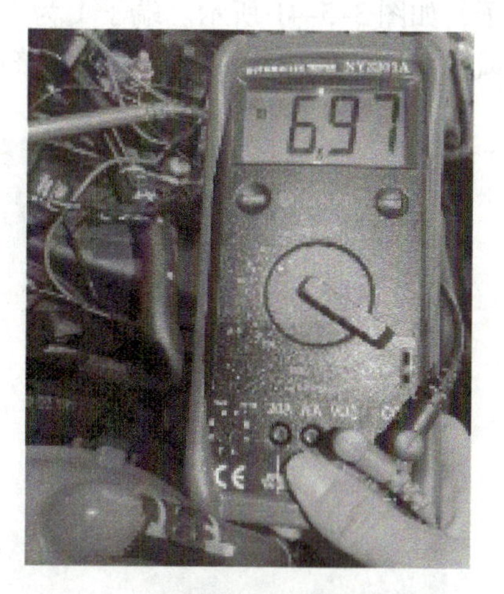

图 3-5-36　1 缸排气凸轮调节器的内阻检测

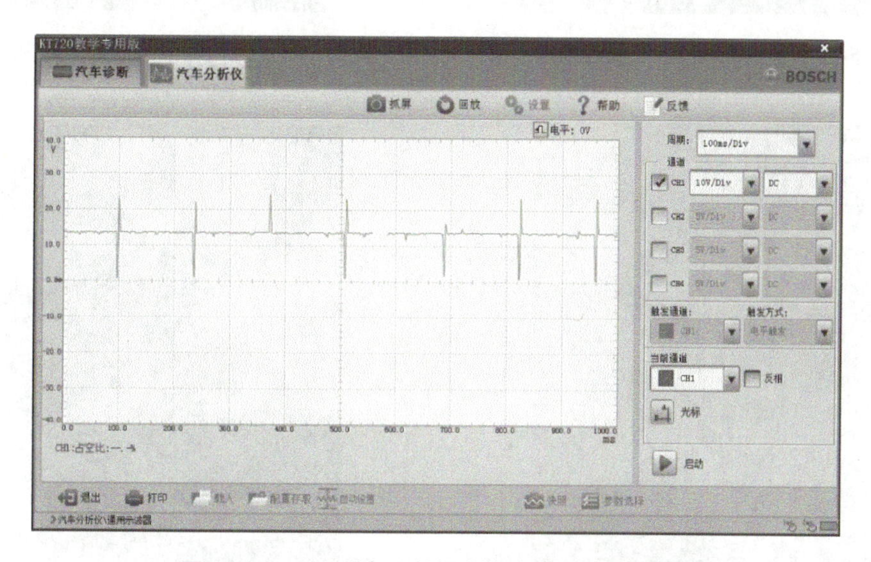

图 3-5-37　1 缸排气凸轮调节器脉冲宽度调制波形

**4. 进气道可变控制系统检测**

1）将点火开关置于 OFF 位置，脱开进气管风门控制阀 N316 线束插头，插头上有两个端子，如图 3-5-38 所示。端子 1 为 12V 供电，端子 2 为发动机控制单元 J623 控制信号。

2）用万用表检测进气管风门控制阀的内阻，20℃环境温度下应为 10Ω 左右，如图 3-5-39 所示。

3）将点火开关置于 ON 位置，用万用表检测进气管风门控制阀线束端子 1 和搭铁之间的电压，应为蓄电池电压 12V，否则应检查对应线路或熔丝 SB4 或主继电器 J271。

4）将点火开关置于 OFF 位置，在进气管风门控制阀端子 2 上连接带搭铁的试灯，起动发动机，快速踩下、抬起加速踏板，观察真空促动器动作，试灯闪亮（低速时点亮、高速时熄灭），如图 3-5-40 所示，否则应检查对应线路或更换发动机控制单元。

5）将点火开关置于 OFF 位置，脱开进气歧管风门电位计 G336 线束插头，插头上有三个端子，如图 3-5-41 所示。端子 1 为电位计 5V 供电，端子 2 为信号，端子 3 为搭铁，进气歧管风门电位计的详细检测步骤不再赘述。

图 3-5-38　进气管风门控制阀线束插头图

图 3-5-39　进气管风门控制阀的内阻检测

图 3-5-40　进气管风门控制阀控制信号检测

图 3-5-41　进气管风门电位计线束插头

**5. 废气涡轮增压控制系统检测**

1）将点火开关置于 OFF 位置，脱开增压压力限制电磁阀 N75、内循环空气阀 N249 线束插头，插头上各有两个端子，如图 3-5-42 所示。两个电磁阀端子 1 为 12V 供电，端子 2 为发动机控制单元 J623 控制信号。

2）用万用表分别检测增压压力限制电磁阀、内循环空气阀的内阻，20℃ 环境温度下分别为 10～15Ω、25～30Ω，如图 3-5-43 所示。

3）将点火开关置于 ON 位置，用万用表分别检测增压压力限制电磁阀、内循环空气阀线束端子 1 和搭铁之间的电压，应为蓄电池电压 12V，即供电电压正常。否则应检查对应线路或熔丝 SB4 或主继电器 J271。

图 3-5-42 增压压力限制电磁阀与内循环空气阀线束插头

4）增压压力限制电磁阀 N75、内循环空气阀 N249 脉宽调制控制信号的检测需用示波器，检测方法可参照排气凸轮轴调节器 N580 控制信号检测，在此不再赘述。

5）将点火开关置于 OFF 位置，脱开增压压力传感器 G31 线束插头，插头上各有四个端子，如图 3-5-44 所示。端子 1 为搭铁，端子 2 为温度信号，端子 3 为供电，端子 4 为传感器信号。增压压力传感器的详细检测步骤不再赘述。

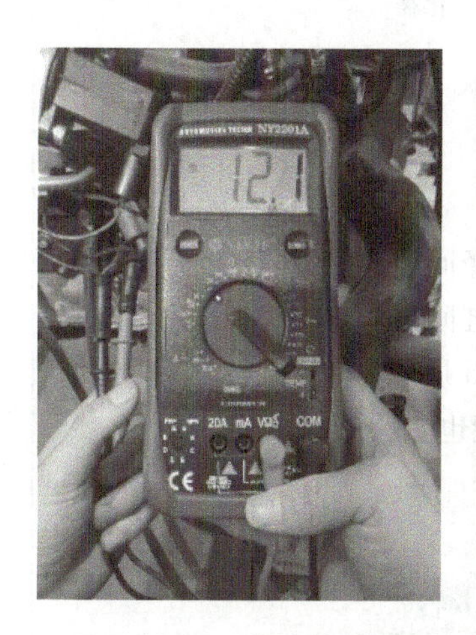

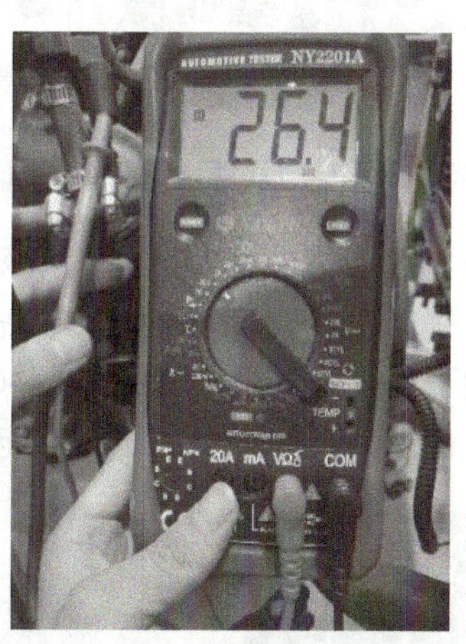


图 3-5-43 增压压力限制电磁阀与内循环空气阀内阻检测

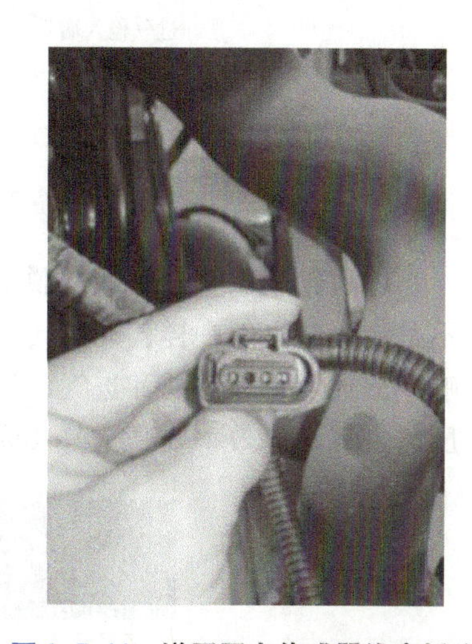

图 3-5-44 增压压力传感器线束插头

**6. 现场恢复**

完成实训任务后，按照要求恢复车辆、仪器和设备，做好现场 6S 管理。

## 【任务小结】

本任务主要介绍了发动机气门正时可变控制系统、气门升程可变控制系统、进气道可变控制系统、废气涡轮增压控制系统的基本知识与工作原理，通过本任务的学习训练，学生应在掌握相关理论知识的基础上完成进气控制系统检修工作任务。

## 【知识拓展】——单涡轮双涡管增压技术

单涡轮双涡管技术是宝马车型应用最广泛的涡轮机技术。双涡管有别于普通的单涡管，多增加了一条废气通道，不同的是涡轮是由两个通道的废气驱动的。

在单涡轮双涡管发动机排气系统中，将排气管道分为两组，四缸发动机中将气缸1和4为一组，气缸2和3为一组，这样根据点火顺序，一个通道的循环间隔360°的曲轴转角，所以即使在叠加的情况下也能产生较大的脉冲增压，更好地利用废气动能，其结构如图3-5-45所示。当发动机负荷改变时，排气温度和压力的变化可以很快传递到涡轮机，并由涡轮直接反映到压气机，从而使增压器较快响应发动机负荷的变化，这样就能较好地改善发动机的加速特性和转矩特性（较低的转速就能产生较高的转矩）。

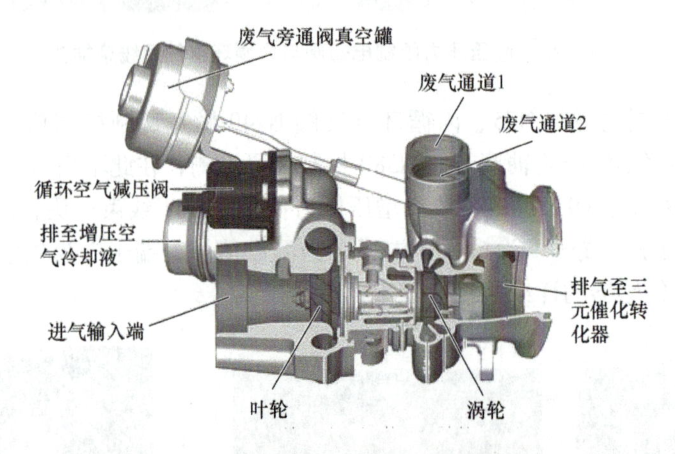


图3-5-45 单涡轮双涡管增压器结构图

单涡轮双涡管很好地摆脱了回压过大导致的高转进气下降问题，所以涡轮发动机并不是像自然吸气一样，靠高转速来提升功率。双涡轮使得气缸间排气和谐，互不干涉影响，循环反复地做功和进气，达到了最大进气量，如图3-5-46所示。比普通单涡管的增压器进气燃烧效率要高7%~8%，也就是说效率更高了，性能也更强了。

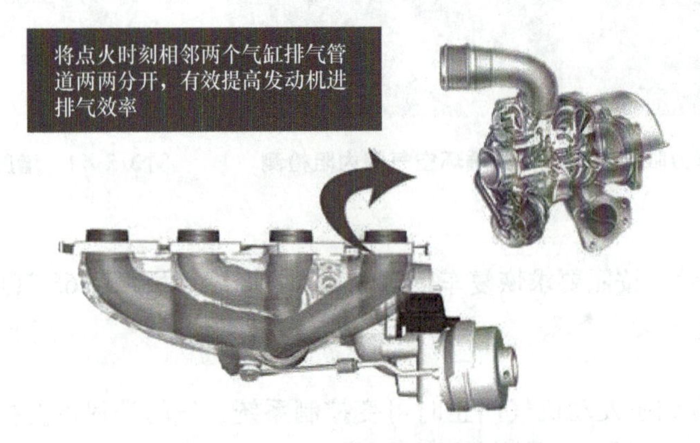


图3-5-46 双涡管增压器工作原理

项目4

# 电控点火系统检修

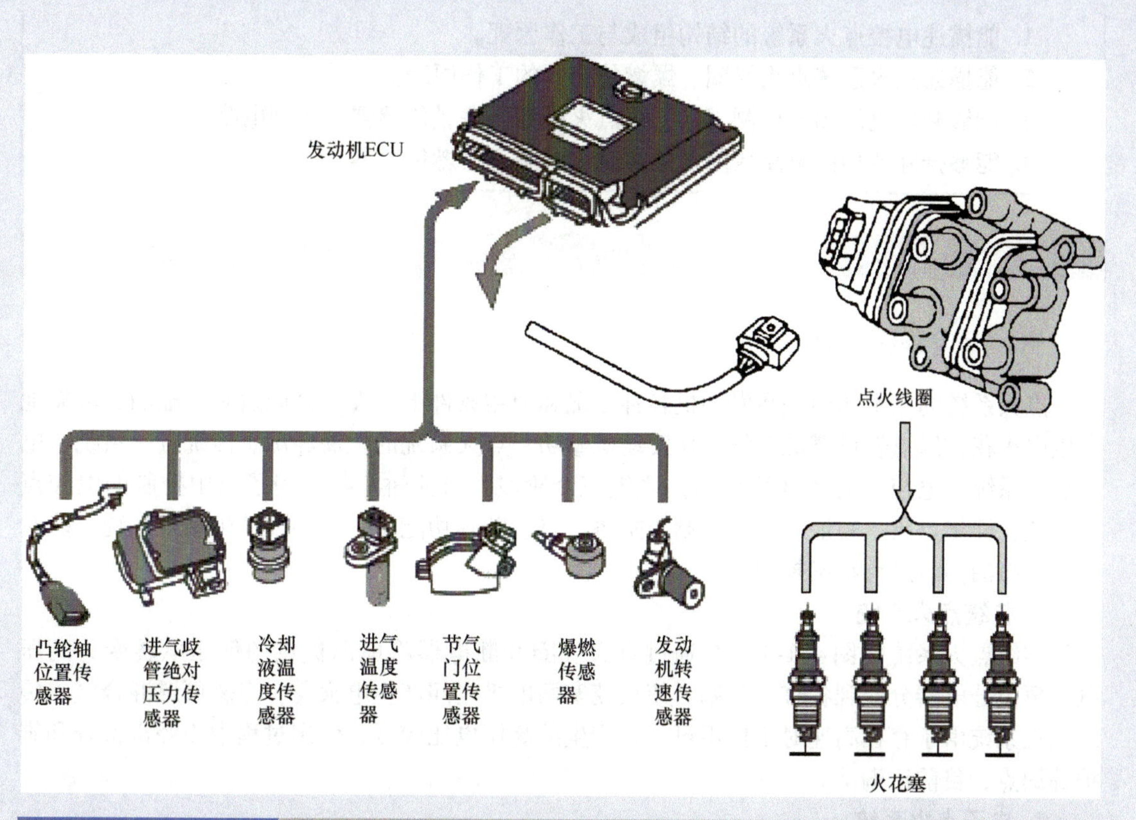


## 【项目导读】

| | |
|---|---|
| 描述 | 电控点火系统是发动机电控系统的重要组成部分，是电控汽油机完成点火的核心。通过本项目两个任务的学习与训练，学生应在掌握电控点火系统基本结构与工作原理的基础上，掌握点火线圈、爆燃传感器、曲轴位置传感器、凸轮轴位置传感器及控制电路的检测技能 |
| 任务 | 任务 4.1　点火线圈与爆燃传感器及控制电路检修<br>任务 4.2　曲轴位置传感器和凸轮轴位置传感器及控制电路检修 |

# 任务 4.1 点火线圈与爆燃传感器及控制电路检修

## 【任务导入】

一辆装备 LDE 发动机的科鲁兹轿车，发动机怠速抖动，加速无力，发动机故障灯异常点亮，入厂进行维修。技术经理首先使用汽车诊断仪读取发动机电控系统的故障码为 DTC P0351（点火线圈 1 控制电路）、DTC P0325（爆燃传感器电路），经过初步判断，要求对该车点火线圈、爆燃传感器及控制电路进行检修。

## 【任务目标】

1. 能描述电控点火系统的结构组成与工作原理。
2. 能描述点火系统点火线圈、爆燃传感器的工作原理。
3. 能够利用电路图及检测工具检测点火线圈、爆燃传感器及控制电路。
4. 能够排除典型的电路故障及更换点火线圈、爆燃传感器。

## 【知识准备】

### 一、点火系统概述

点火系统的基本功用是在发动机各种工况和使用条件下，在气缸内适时、准确、可靠地产生电火花，以点燃可燃混合气，使发动机做功。点火系统的发展经历了传统点火系统、电子点火系统、电控点火（ECU 控制）系统三个阶段。目前轿车都采用了集中控制的电控点火系统，即集点火、喷油、排放控制、防盗、自诊断等功能于一体的发动机管理系统，能对点火和喷油同时进行精确控制。

**1. 传统点火系统**

传统点火系统（图 4-1-1）是通过点火线圈和断电器将电源提供的低压电转变为高压电，再由分电器分配到各缸火花塞，使火花塞两电极之间产生电火花，点燃可燃混合气。传统点火系统由于存在高速时工作不可靠，产生的高压电比较低，使用过程中需经常检查和维护等缺点，目前已淘汰。

**2. 电子点火系统**

电子点火系统如图 4-1-2 所示，通过点火线圈和由半导体器件（晶体管）组成的点火控制器将电源提供的低压电转变为高压电，再通过分电器分配到各缸火花塞，使火花塞两电极之间产生电火花，点燃可燃混合气。与传统点火系统相比，电子点火系统具有点火可靠、使用方便等特点，目前少部分汽车中仍在使用。

**3. 电控点火系统**

电控（ECU 控制）点火系统也是通过点火线圈将电源的低压电转变为高压电，再由分电器将高压电分配到各缸火花塞。但该种点火系统由发动机电控系统根据各种传感器提供的发动机工况信息，发出点火控制信号，控制点火时刻，点燃可燃混合气。它还可以取消分电

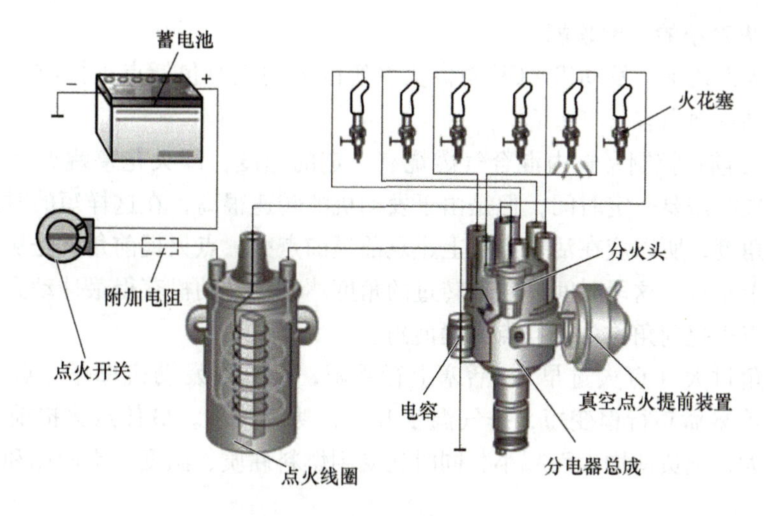

图 4-1-1 传统点火系统

器，采用多个点火线圈，由 ECU 控制系统直接控制各点火线圈依次产生高压电，分别对应各缸火花塞实现点火控制，如图 4-1-3 所示。

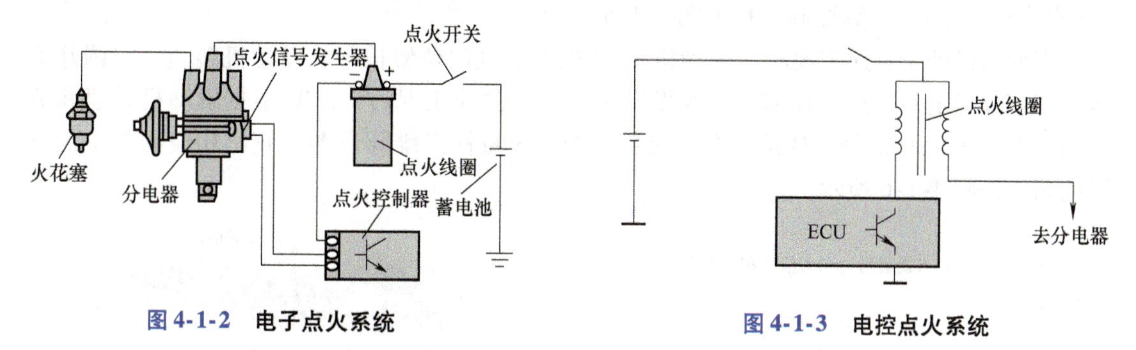

图 4-1-2 电子点火系统　　图 4-1-3 电控点火系统

## 二、电控点火系统的结构原理

电控点火系统由传感器、发动机 ECU 和点火执行器三部分组成，由发动机电控系统集中控制，如图 4-1-4 所示。点火系统和燃油喷射系统所用的传感器大部分是共用的，只有爆燃传感器属于点火系统专用。电控点火系统能在不同负荷和转速条件下提供最佳的点火提前角、最佳点火电压和最佳点火持续时间，提高了发动机的动力性、经济性和可靠性，改善了排放性能。

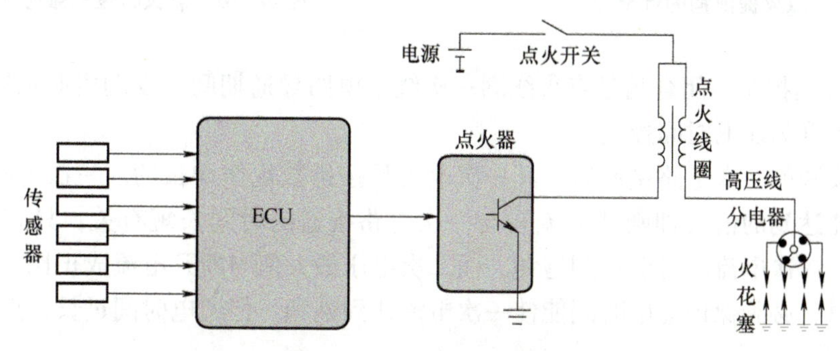

图 4-1-4 电控点火系统的组成

**1. 电控点火系统的控制功能**

在电控点火系统中，发动机 ECU 对点火系统的控制主要包括点火提前角控制、闭合角控制和爆燃控制三项内容。

（1）点火提前角控制　缸内混合气燃烧有一定的速度，即火花塞跳火到气缸内的可燃混合气完全燃烧时需要一定时间，但是由于发动机的转速很高，在这样短的时间内曲轴却可以转过很大的角度，所以应在活塞到达上止点前提前点火。点火提前角就是从点火时刻起到活塞到达压缩上止点，这段时间内曲轴转过的角度。能使发动机获得最佳动力性、经济性和最佳排放时的点火提前角称为最佳点火提前角。

点火提前角过大（点火过早），活塞上行受阻，会造成发动机爆燃。点火提前角过小（点火过迟），有效做功行程变短，排气温度升高，功率减小。最佳点火提前角应随发动机转速升高而增大，随负荷增大而减小，同时还受到燃料性质、温度、空燃比和大气压力等因素的影响。

点火提前角的计算和控制首先根据曲轴位置信号和凸轮轴位置信号确定初始点火提前角，然后根据发动机转速和负荷确定基本点火提前角，最后再根据有关传感器的信号确定修正点火提前角，即最佳点火提前角 = 初始点火提前角 + 基本点火提前角 + 修正点火提前角（或点火延迟角），计算控制过程如图 4-1-5 所示。

当发动机处于怠速工况时，发动机 ECU 根据节气门位置信号、发动机转速、空调开关等负荷信号确定基本点火提前角。当发动机处于非怠速工况时，ECU 根据发动机转速和节气门位置（负荷）信号，从预置在存储器中的点火特性三维脉谱图中查出相应的基本点火提前角，如图 4-1-6 所示。

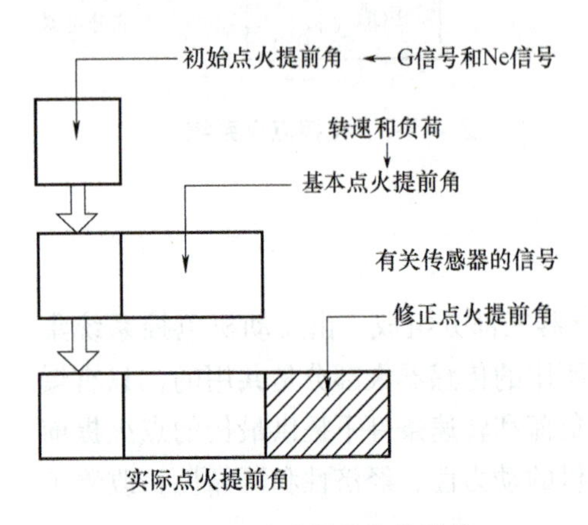


图 4-1-5　点火提前角的计算

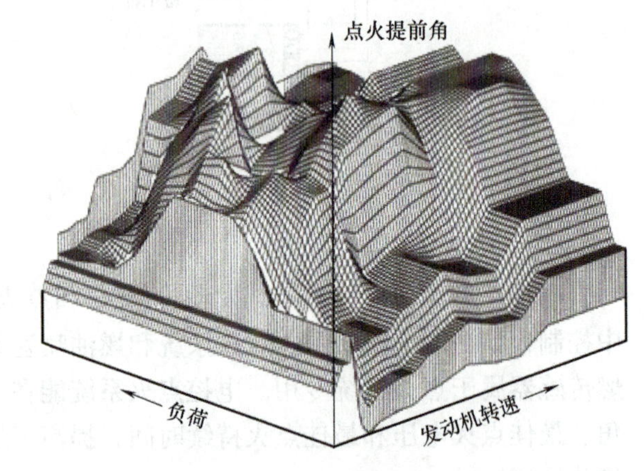


图 4-1-6　点火特性三维脉谱图

（2）闭合角控制　闭合角是点火线圈一次绕组电路导通期间，发动机曲轴转过的角度，闭合角控制也称为通电时间控制。

当点火线圈的一次电路接通后，其一次电流是按指数规律增长的。一次电路断开瞬间，一次电流所能达到的值（即断开电流）与一次电路接通的时间长短有关，只有通电时间达到一定值时，一次电流才可能达到饱和。而二次电压最大值与断开电流成正比。为了获得足够的点火能量，必须保证通电时间能使一次电流达到饱和。但通电时间过长，点火线圈会发热并使电能消耗增大，因此要控制一个最佳通电时间，兼顾上述两方面的要求。

闭合角控制的主要依据是发动机转速和蓄电池电压。为了保证在不同的蓄电池电压和不同的转速下都具有足够的点火能量，ECU 根据蓄电池电压和发动机转速信号，从预置的闭合角三维脉谱图中调出相应的数值，对闭合角进行控制，如图 4-1-7 所示。

当发动机转速高时，应适当增大闭合角，以防止一次绕组通过的电流值下降，造成二次电压下降，点火困难。当蓄电池电压下降时，也应适当增大闭合角。

（3）爆燃控制　发动机爆燃是由于气体的压力和温度过高，可燃混合气在没有点燃的情况下自行燃烧，且火焰以高于正常燃烧数倍的速度向外传播。这种燃烧将会发生剧烈的压力增高，继而发生迅速的压力波动，压力波撞击气缸壁、活塞顶部，造成尖锐的敲缸声和发动机振动。若发动机持续产生爆燃现象，火花塞电极或活塞可能产生过热、熔损，造成严重故障，因此必须防止爆燃的产生。

当发动机工作在爆燃的临界点或有轻微爆燃时，发动机热效率最高，动力性和经济性最好。消除爆燃最有效的方法就是推迟点火，利用点火提前角闭环控制系统能够有效地控制点火提前角，从而使发动机工作在爆燃的临界状态，如图 4-1-8 所示。

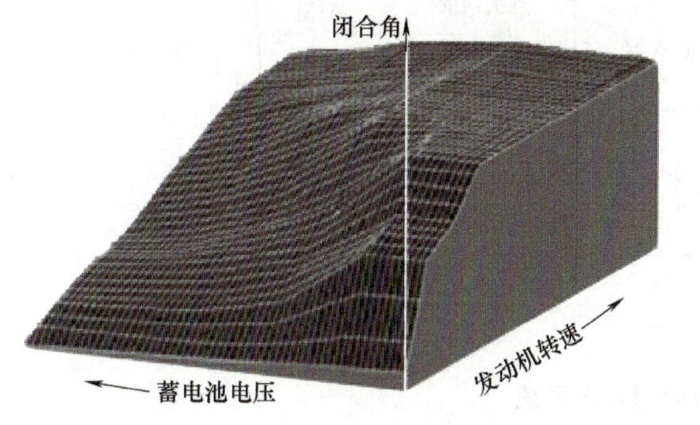


图 4-1-7　闭合角三维脉谱图

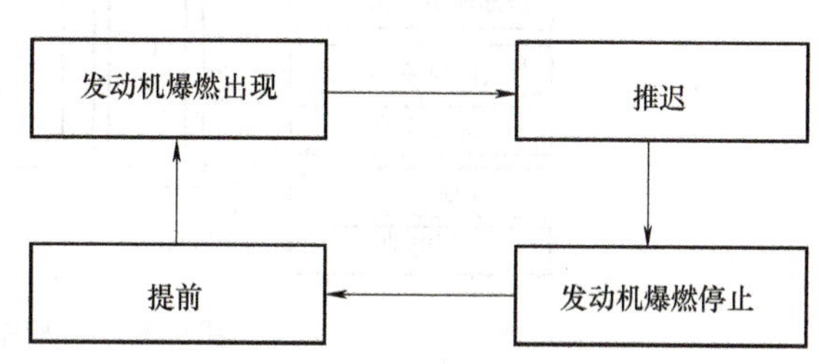


图 4-1-8　爆燃闭环控制过程

**2. 电控点火系统的分类与原理**

在电控点火系统中，根据是否保留分电器，区分为有分电器电控点火系统和无分电器电控点火系统。无分电器电控点火系统根据工作原理的不同又分为双缸同时点火系统和单缸独立点火系统。

（1）有分电器电控点火系统　有分电器电控点火系统主要由各种传感器、发动机 ECU、点火器、点火线圈、分电器、高压线和火花塞等组成，如图 4-1-9 所示。

当此种点火系统工作时，ECU 首先根据发动机转速和负荷信号确定基本点火提前角，然后根据其他传感器（冷却液温度、进气温度、节气门位置、爆燃传感器等）的输入信号对其加以修正，得到最佳点火提前角。随后，发动机 ECU 再根据发动机转速信号和凸轮轴位置传感器信号，识别出第 1 缸上止点位置，确定点火正时，并向点火器发出点火指令，通过大功率晶体管实现对点火线圈一次电流的通断控制。当点火器大功率晶体管 VT1 导通时，低压电路导通，有一次电流通过。当点火器大功率晶体管 VT1 截止时，低压电路切断，一次电流迅速下降，在点火线圈二次绕组中感应出高压电流。此高压电流由中央高压线引入分电器，并由其分配到各缸火花塞实现点火。

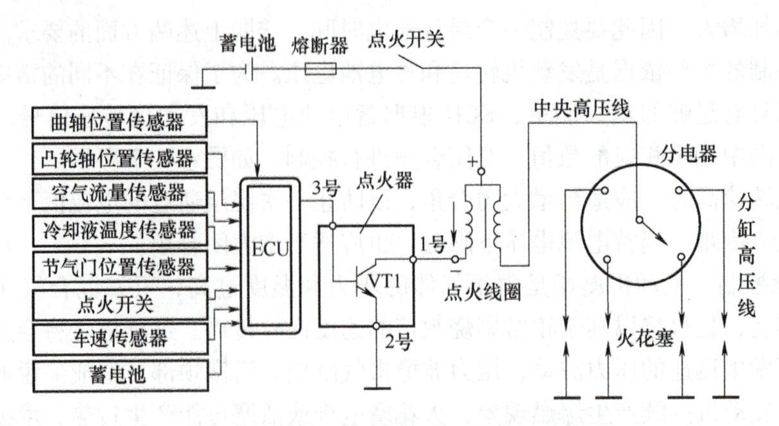


图 4-1-9 有分电器电控点火系统的组成

（2）双缸同时点火系统 双缸同时点火也称为分组点火，其主要由传感器、电控单元ECU、点火线圈、高压线和火花塞等组成，如图 4-1-10 所示。

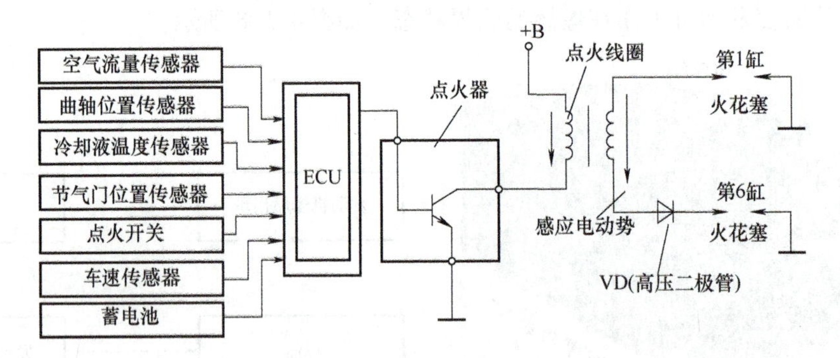


图 4-1-10 双缸同时点火系统

点火线圈双缸同时点火方式是每两个气缸的火花塞配备一个点火线圈，即两个火花塞共用一个点火线圈，两个气缸同时点火。例如当 1 缸接近压缩行程上止点时，火花塞跳火点燃混合气，为有效点火。而 4 缸此时接近排气行程上止点，缸内气体的温度较高而压力较低，火花塞跳火但击穿电压很低，无效点火，其对有效点火气缸的点火能量影响很小。

大众 AJR 发动机分组点火线圈及点火控制电路如图 4-1-11 所示。点火模块由两个点火线圈（2、3 缸点火线圈，1、4 缸点火线圈）和点火控制器组成。点火模块上面 A、B、C、D 标记，分别对应 1、2、3、4 缸的高压分线。点火模块连接线束插头共有 4 个端子，端子 1 为 1、4 缸点火控制信号，端子 2 为供电，端子 3 为 2、3 缸点火控制信号，端子 4 为搭铁。

（3）单独点火系统 单独点火系统中每个气缸都配有一个点火线圈，即点火线圈的数量与气缸数相等，且直接安装在火花塞上方，各缸火花塞按照做功顺序独立进行点火。此种点火系统省去了高压导线，能量损失和电磁干扰小，结构灵活，被广泛使用。

单独点火系统的工作原理图如图 4-1-12 所示，发动机 ECU 根据凸轮轴位置信号、发动机转速信号及发动机做功顺序控制 VT1、VT2、VT3、VT4 的导通与截止，从而在各缸点火线圈二次绕组中感应出高压电，直接导入火花塞跳火。

单独点火的点火线圈如图 4-1-13 所示，点火线圈与点火器采用一体式结构。点火器的

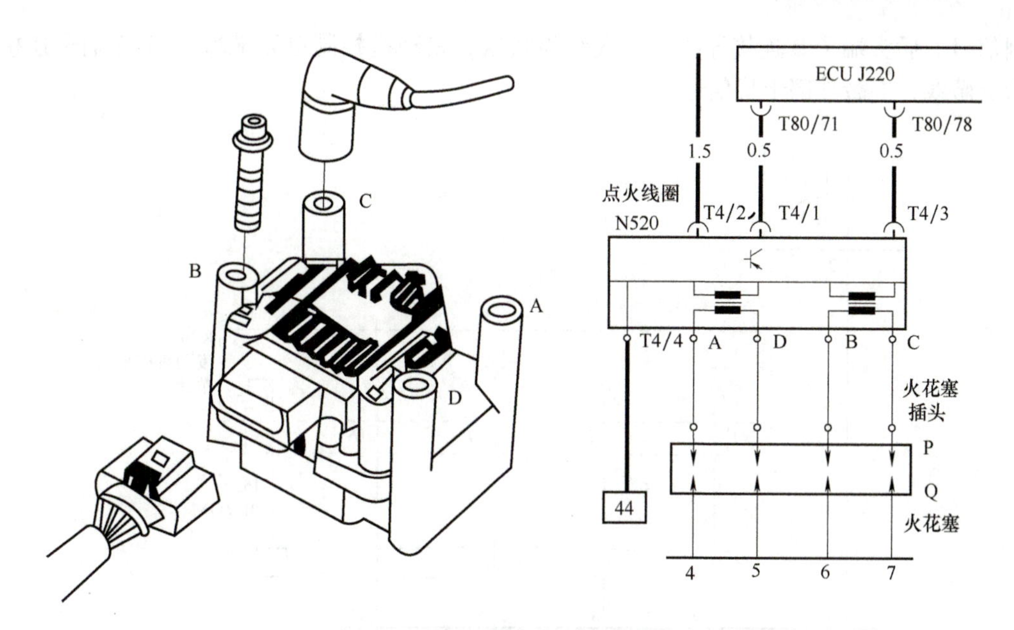


图 4-1-11 大众 AJR 发动机分组点火线圈及点火控制电路

功能是根据发动机 ECU 提供的点火正时信号，定时接通和切断点火线圈一次绕组的电流，以便在点火线圈二次绕组中感应出高电压，实现点火。

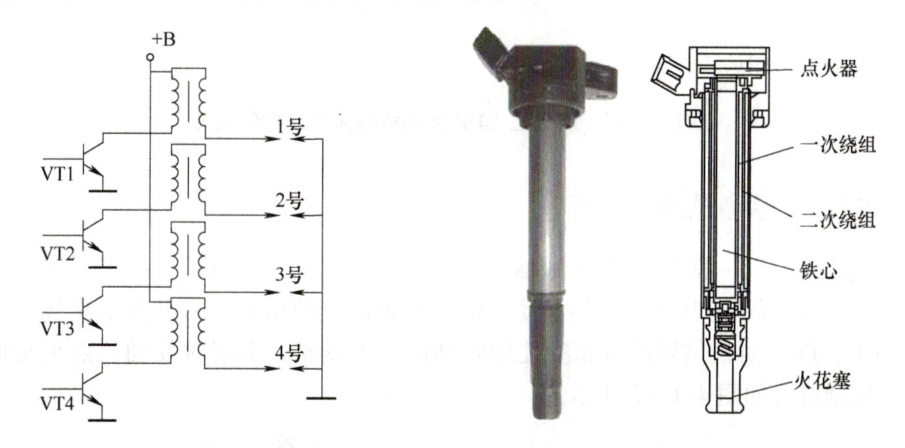


图 4-1-12 单独点火系统的工作原理图

图 4-1-13 单独点火的点火线圈

科鲁兹 LDE 发动机点火系统为单缸独立点火，四个独立的点火线圈及控制器连接在一起，由一个插头与线束相连接，如图 4-1-14 所示，其电路如图 4-1-15 所示。点火线圈 T8 由发动机控制开关继电器 KR75，经熔丝 F9UA（15A）供电，四根导线与发动机控制单元 K20 连接为各缸点火

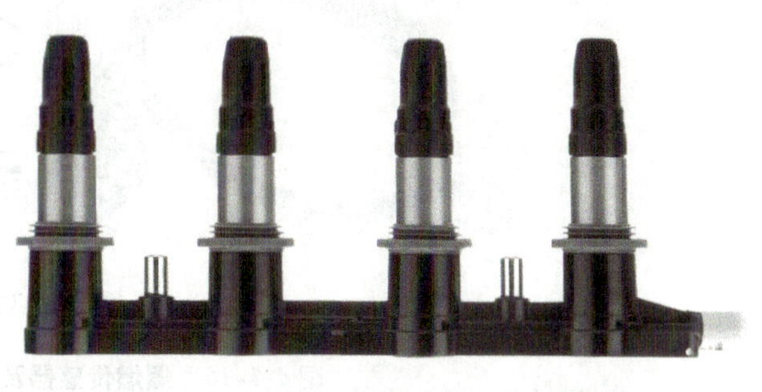

图 4-1-14 科鲁兹 LDE 发动机点火线圈组

控制信号。插头端子 B 连接导线为一次绕组搭铁，发动机控制单元 K20、X1-5 端子连接导线为屏蔽线，屏蔽外部干扰信号。

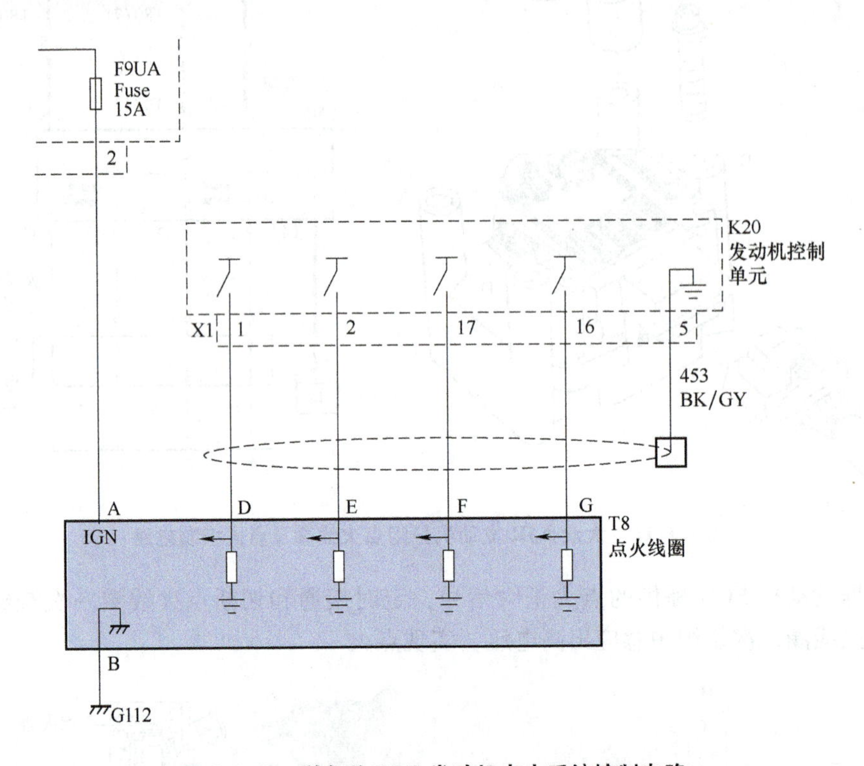


**图 4-1-15　科鲁兹 LDE 发动机点火系统控制电路**

## 三、爆燃传感器及控制电路

电控汽油发动机一般有 1 ~ 2 个爆燃传感器（Knock Sensor，KS），安装在发动机气缸壁上，如图 4-1-16 所示。其作用是将发动机由于爆燃产生的振动信号转换成电压信号输送到发动机 ECU，ECU 对该信号进行滤波处理并判定有无爆燃，实现对发动机点火提前角的闭环控制，控制过程如图 4-1-17 所示。

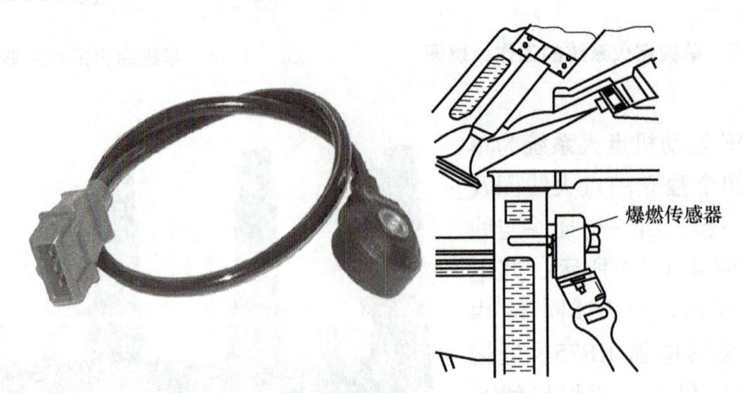


**图 4-1-16　爆燃传感器及安装位置**

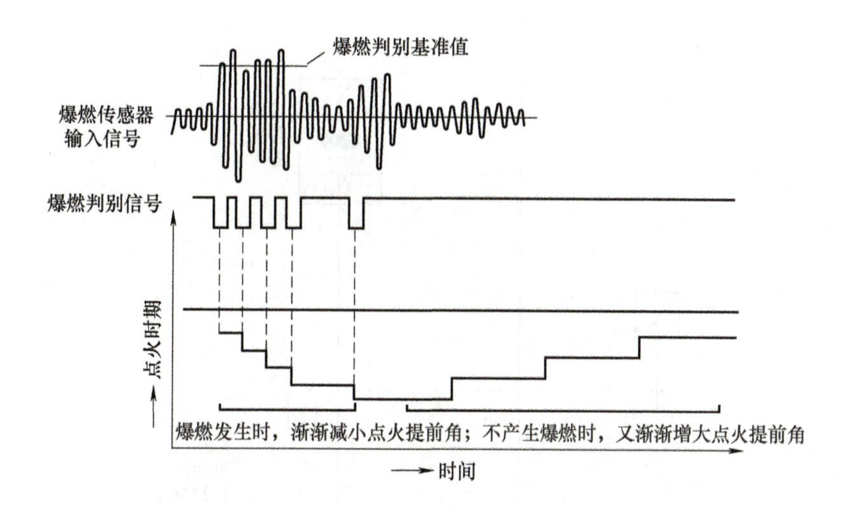


图 4-1-17 爆燃判别与点火提前角闭环控制

爆燃传感器按原理的不同可分为电感式（磁致伸缩式）和压电式两种，压电式爆燃传感器结构简单，工作可靠，被广泛使用。

电感式爆燃传感器的结构如图 4-1-18 所示，其由铁心、永久磁铁、线圈及壳体等组成。当发动机的气缸体出现振动，该传感器在一定频率下与发动机产生共振，强磁材料铁心的磁导率发生变化，致使永久磁铁穿过铁心的磁通密度也变化，从而在铁心周围的线圈中产生感应电动势。

压电式爆燃传感器是利用结晶或陶瓷多晶体的压电效应，即某些晶体的薄片受到压力或机械振动后产生电荷的现象。该传感器的外壳内装有压电元件、配重块及引线等，如图 4-1-19 所示。当发动机气缸体出现振动且振动传递到传感器外壳上时，外壳与配重块之间产生相对运动，夹在这两者之间的压电元件所受的压力变化，从而产生电压。ECU 根据其信号电压值的大小判断爆燃的强度。

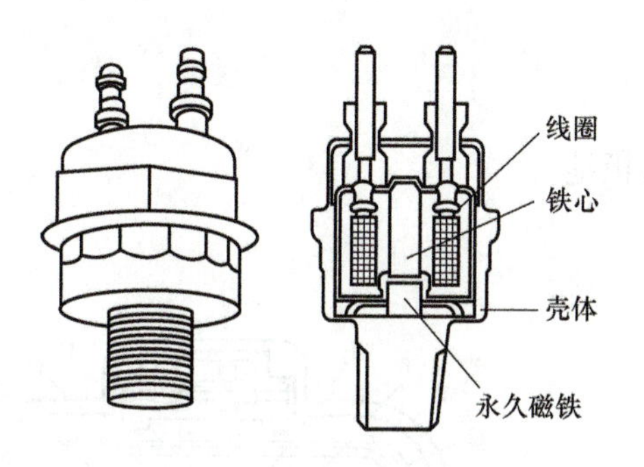


图 4-1-18 电感式爆燃传感器的结构

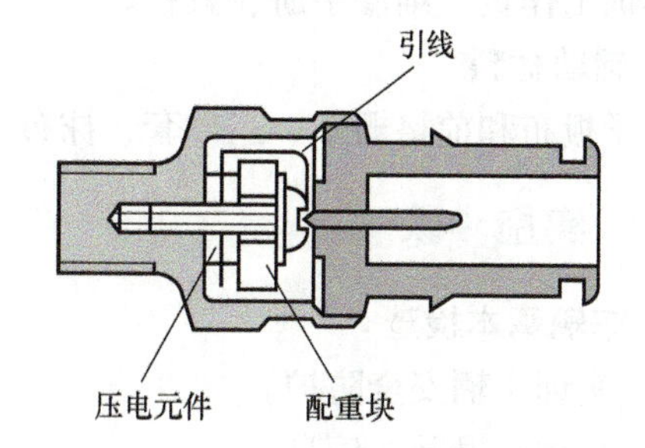


图 4-1-19 压电式爆燃传感器

科鲁兹 LDE 发动机爆燃传感器 B68 的控制电路如图 4-1-20 所示，两根导线与发动机控制单元 K20 相连接，K20 线束插头端子 X2-21 连接的导线为信号屏蔽线。

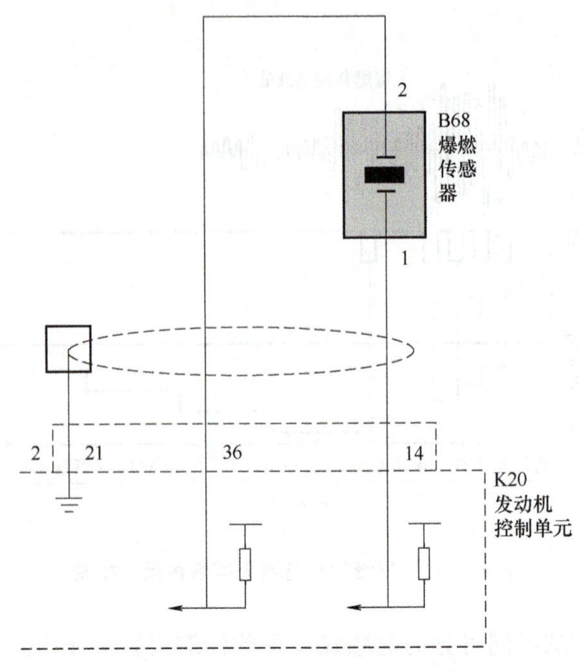


图 4-1-20　科鲁兹 LDE 发动机爆燃传感器 B68 的控制电路

## 【任务实施】

点火线圈及控制电路检修　爆燃传感器及控制电路检修

### 一、任务准备

**1. 实训设备**

科鲁兹轿车及 LDE 发动机实训台或相似实训设备。

**2. 实训工具**

汽车拆装手动工具、万用表、汽车诊断仪。

**3. 实训资料**

实训工作页、维修手册、教材。

**4. 辅助材料**

翼子板布和前格栅布、三件套、抹布、白板笔。

### 二、实施步骤

**1. 车辆基本检查**

1）实训车辆安全防护。

2）登记车辆基本信息。

3）车辆油、水、电基本检查。

**2. 点火线圈及电路检测**

1）将点火开关置于 OFF 位置，脱开点火线圈 T8 线束插接器，插接器上有 7 个端子，如图 4-1-21

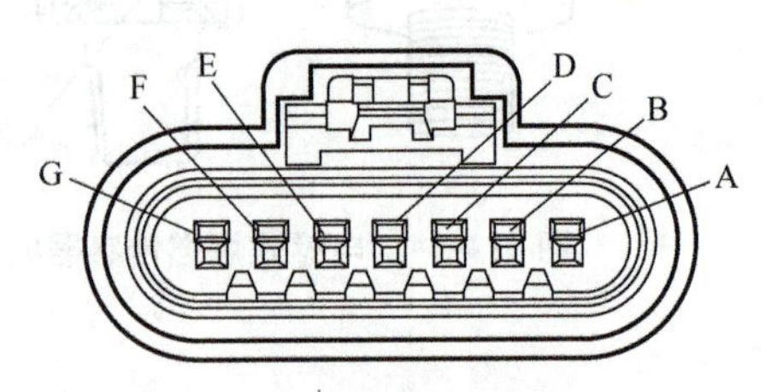


图 4-1-21　科鲁兹 LDE 发动机点火线圈线束插接器

所示。端子A点火线圈供电，端子B一次绕组搭铁，端子C屏蔽线或空脚，端子D为1缸点火控制信号，端子E为2缸点火控制信号，端子F为3缸点火控制信号，端子G为4缸点火控制信号。

2）用万用表分别检测点火线圈线束端子B、C与搭铁之间的电阻小于5Ω，如异常，应根据电路图检查相关线路。

3）将点火开关置于ON位置，用万用表检测点火线圈线束端子A和搭铁之间的电压为12V（蓄电池电压），如图4-1-22所示。如异常，应根据电路图检查继电器KR75、熔丝F9UA（15A）及线路。

4）将点火开关置于OFF位置，连接T型线与线束插头，起动发动机，将万用表设为直流档赫兹刻度，利用“最小-最大”功能，分别检测端子D、E、F、G与搭铁之间的点火控制信号，频率应大于6.6Hz，如图4-1-23所示。如异常，根据电路图检查线路或更换发动机控制单元K20。

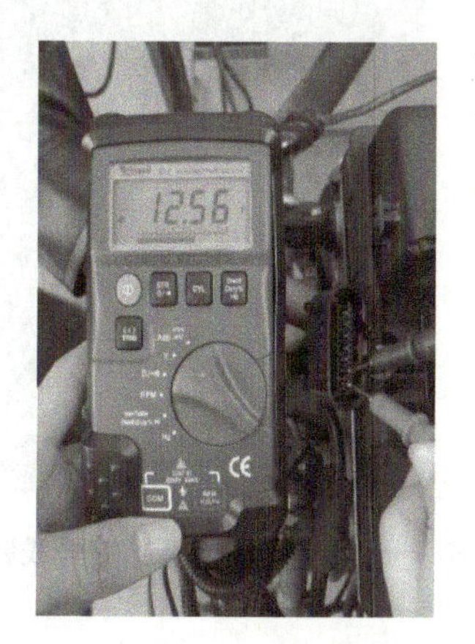


图4-1-22　点火线圈的供电检测

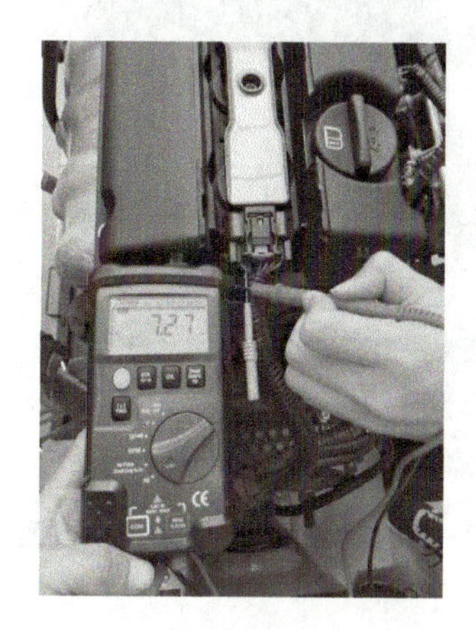

图4-1-23　点火控制信号检测

5）将点火开关置于OFF位置，按照正确方法连接汽车诊断仪及示波测试线。示波器信号输入端连接端子D（1缸点火控制信号），另一端连接搭铁，起动发动机，检测1缸点火控制信号波形，如图4-1-24所示，并观察波形随发动机转速变化的情况。

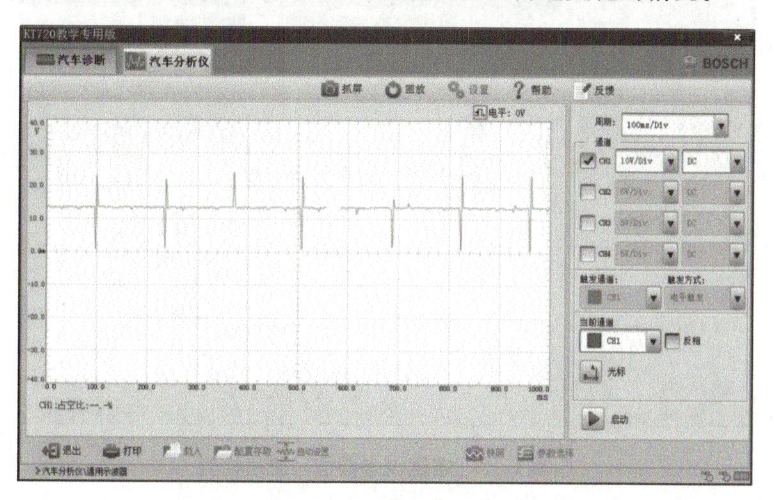


图4-1-24　点火控制信号波形检测

**3. 爆燃传感器及电路检测**

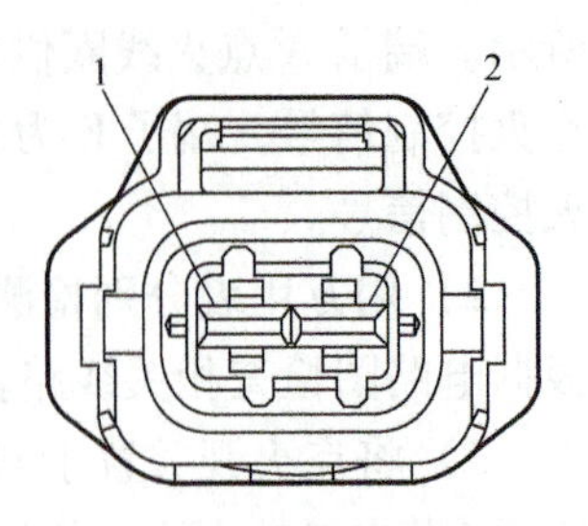


图 4-1-25 爆燃传感器线束端子

1）将点火开关置于 OFF 位置，脱开爆燃传感器 B68 线束插接器，插接器上有两个端子，如图 4-1-25 所示。端子 1 爆燃传感器低电平参考电压（搭铁），端子 2 爆燃传感器信号。

2）确认点火开关置于 OFF 位置，用万用表检测爆燃传感器线束端子 1 与搭铁之间的电阻小于 5Ω，如图 4-1-26 所示。如异常，应根据电路图检查电路或更换发动机控制单元 K20。

3）将点火开关置于 ON 位置，用万用表检测爆燃传感器线束端子 2 和搭铁之间的电压为 2.5～3.5V，如图 4-1-27 所示。如异常，应根据电路图检查电路或更换发动机控制单元 K20。

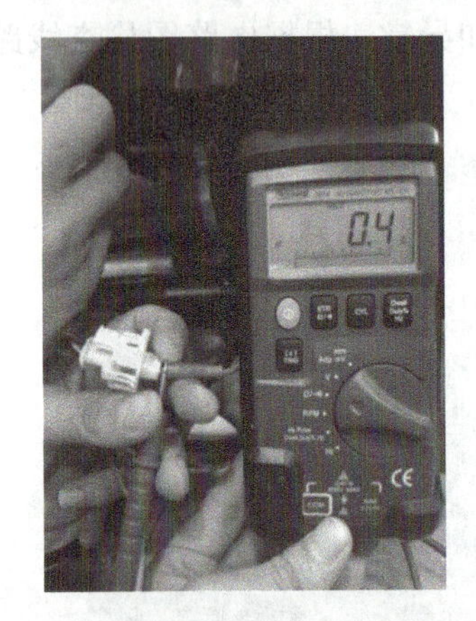


图 4-1-26 爆燃传感器线束搭铁检测

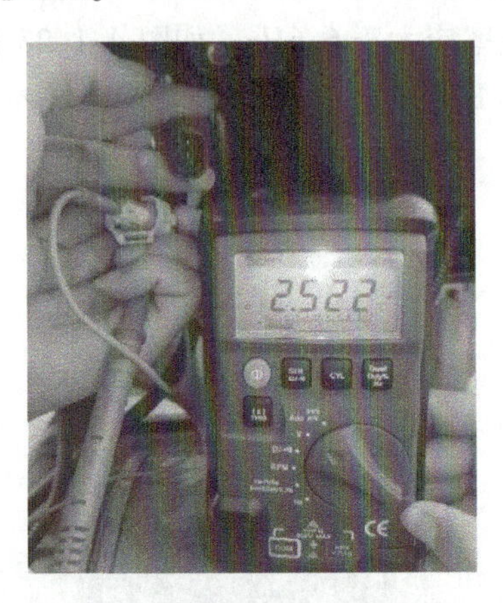


图 4-1-27 爆燃传感器信号线路检测

4）将点火开关置于 OFF 位置，按照正确方法连接汽车诊断仪及示波测试线。示波器信号输入端连接端子 2，另一端连接端子 1，起动发动机，检测爆燃传感器信号波形，如图 4-1-28所示，并观察波形随发动机转速变化的情况。

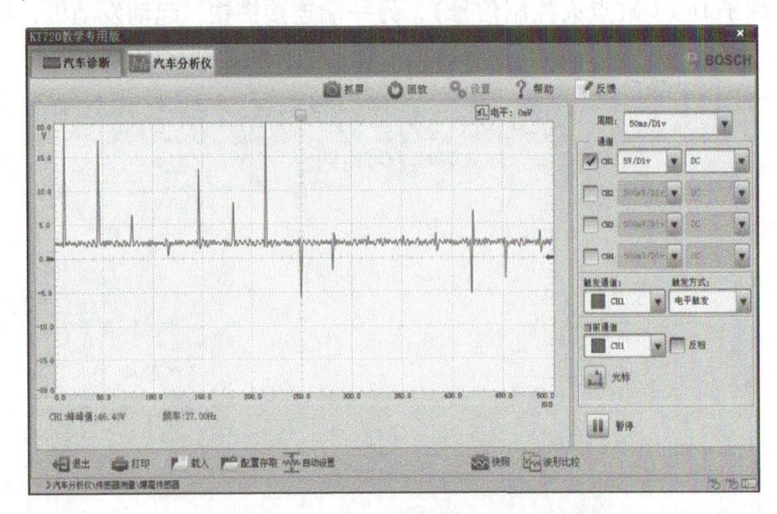


图 4-1-28 爆燃传感器信号波形检测

### 4. 现场恢复

完成实训任务后，按照要求恢复车辆、仪器和设备，做好现场6S管理。

## 【任务小结】

本任务主要介绍了发动机点火线圈、爆燃传感器的基本知识与工作原理，重点阐述了点火线圈与爆燃传感器及控制电路的检测过程，通过本任务的学习与训练，学生应在掌握相关理论知识的基础上，完成点火线圈与爆燃传感器及控制电路检测的工作任务。

## 【知识拓展】——迈腾B8L发动机点火线圈控制电路简介

迈腾B8L点火系统采用单缸独立点火，每个缸配有独立的带功率输出极的点火线圈，每个点火线圈通过四根导线连接，其控制电路如图4-1-29所示。四个点火线圈的一次绕组的供电连接在一起，由蓄电池经熔丝SB16（20A）、发动机部件供电继电器J757提供。四个点火线圈的一次绕组的搭铁也连接在一起，通过搭铁点搭铁。四个点火线圈的控制信号，经四根独立的导线与发动机控制单元J623相连接。四个点火线圈的二次绕组也分别设有搭铁线，在点火线圈附件的发动机壳体上搭铁。

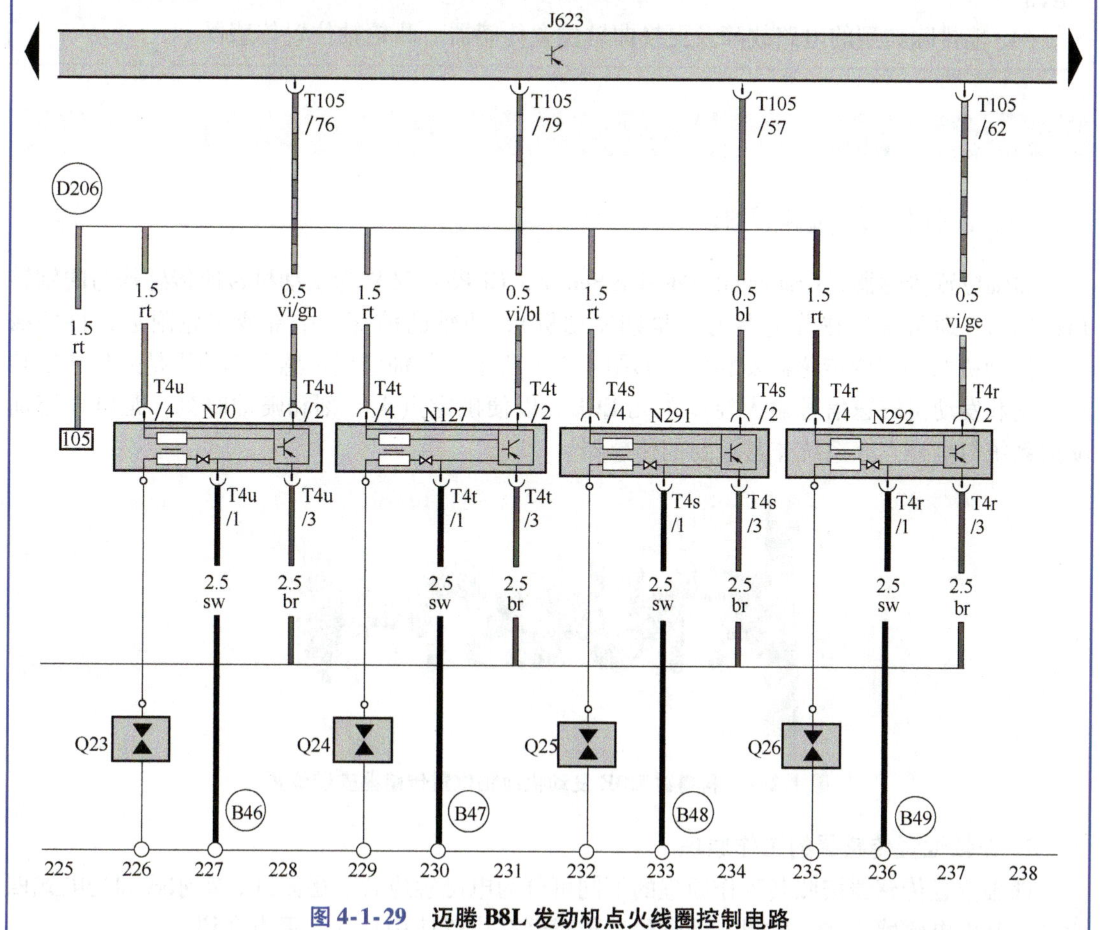


图4-1-29　迈腾B8L发动机点火线圈控制电路

# 任务 4.2 曲轴位置传感器和凸轮轴位置传感器及控制电路检修

## 【任务导入】

一辆装备 LDE 发动机的科鲁兹轿车，无法着车，发动机故障灯异常点亮，入厂进行维修。技术经理首先使用汽车诊断仪读取发动机电控系统的故障码为 DTC P0335（曲轴位置传感器电路）、DTC P0340（进气凸轮轴位置传感器电路），经过初步判断，要求对该车曲轴位置传感器、凸轮轴位置传感器及控制电路进行检修。

## 【任务目标】

1. 能描述曲轴位置传感器的结构组成与工作原理。
2. 能描述凸轮轴位置传感器的结构组成与工作原理。
3. 能够利用电路图及检测工具检测曲轴位置传感器、凸轮轴位置传感器及控制电路。
4. 能排除典型的电路故障及更换曲轴位置传感器、凸轮轴位置传感器。

## 【知识准备】

### 一、曲轴位置传感器及电路

曲轴位置传感器（Crankshaft Position Sensor，CKPS）又称为发动机转速传感器与曲轴转角传感器。通常安装在分电器内（早期发动机），曲轴的前部、中部或飞轮附近，科鲁兹 LDE 发动机曲轴位置传感器安装位置如图 4-2-1 所示。曲轴位置传感器其功用是采集曲轴转动角度和发动机转速信号输入控制单元 ECU，以便确定点火时刻和喷油时刻，是电控燃油喷射系统与电控点火系统非常重要的传感器。

图 4-2-1 科鲁兹 LDE 发动机曲轴位置传感器安装位置

**1. 曲轴位置传感器的工作原理**

曲轴位置传感器按照其工作原理的不同可分为电磁感应式、磁阻式、霍尔式和光电式四大类。其中电磁感应式、磁阻式曲轴位置传感器被广泛使用，在此重点介绍。

（1）电磁感应式曲轴位置传感器　电磁感应式曲轴位置传感器主要由感应线圈、永久磁铁和转子盘（齿圈）等组成。磁极正对着转子盘上的缺口和齿。安装时，曲轴位置传感器与齿圈间的气隙为（1±0.5）mm，此间隙不可调整。齿圈上有一对应曲轴基准位置的宽度为两个齿槽宽的齿槽，如图4-2-2所示。

大众典型发动机（AJR）曲轴位置传感器转子盘圆周上间隔均匀地制作有58个凸齿、57个小齿缺和1个大齿缺，大齿缺输出基准信号，对应于发动机1缸或4缸压缩上止点前一定角度。当发动机运转时，转子随曲轴一起转动，转子盘上的齿和齿隙交替地转过传感器头的下方，周期性改变传感器线圈中磁通量的变化，使传感器内的感应线圈产生交变电压信号，示意波形图如图4-2-3所示。发动机ECU可以通过基准信号识别1缸或者4缸上止点位置，通过交变电压信号的频率计算出发动机的转速及曲轴转过的角度。信号电压波形频率与发动机转速成正比。

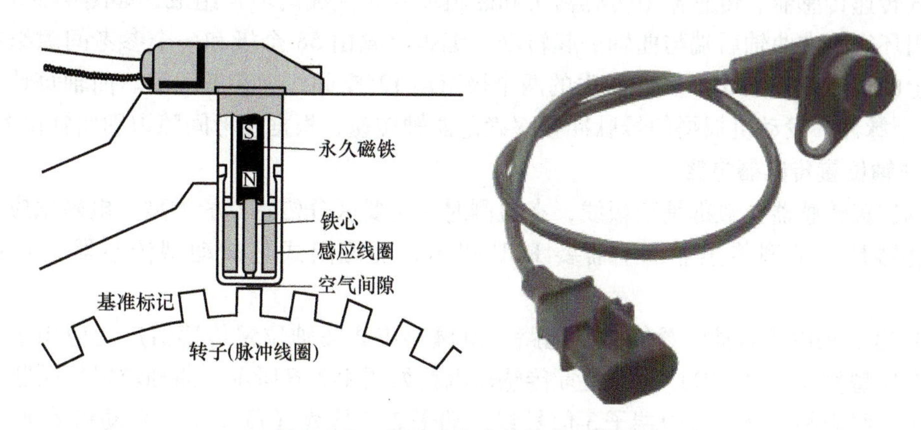


图4-2-2 电磁感应式曲轴位置传感器

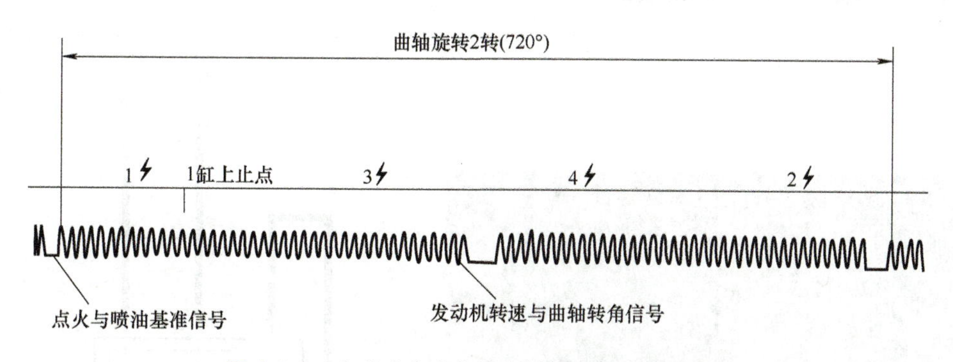


图4-2-3 电磁感应式曲轴位置传感器信号示意图

（2）磁阻式发动机曲轴位置传感器　磁阻式发动机曲轴位置传感器是利用磁阻效应（Magneto Resistance Effects，MRE）。MRE是指某些金属或半导体的电阻值随外加磁场变化而变化的现象。工作原理如图4-2-4所示，MRE材料安装在集成电路板上，当带磁铁的转子（磁环）旋转时，MRE传感器外部磁场方向发生变化，MRE的电阻也发生变化，集成电路根据电阻的变化输出脉冲信号（脉冲数量和磁环的磁极数量相同）。MRE传感器是一种被动型传感器，发动机控制模块必须施加电源（根据车型，通常有5V、8V、9V或12V几种电压）才能工作。

科鲁兹LDE发动机曲轴位置传感器是一种外部磁性偏差数字输出集成电路传感装置，

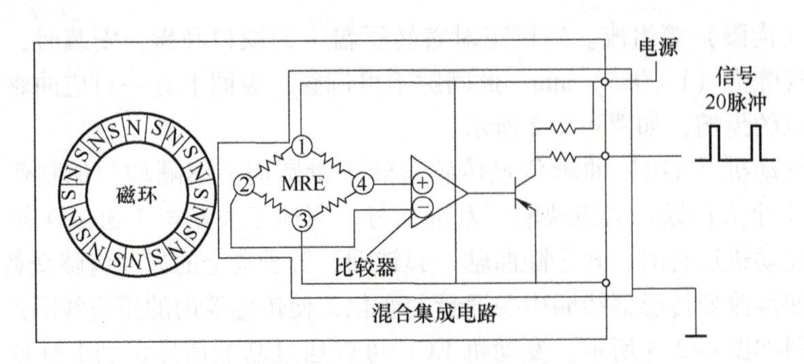


图 4-2-4　磁阻式发动机曲轴位置传感器的工作原理图

即磁阻式转速传感器。传感器由传感器头和磁阻环（磁性编码环）组成，如图 4-2-5 所示。

磁阻环安装在曲轴后端与曲轴一起转动，编码器轮由 58 个极和一个参考间隙组成，编码器轮上的每个极相隔 6°，其中缺失的两个极留出 12°空间作为参考间隙。曲轴每转动一圈输出 58 个脉冲，发动机根据信号脉冲频率确定曲轴转速，根据参考间隙识别曲轴位置。

**2. 曲轴位置传感器电路**

曲轴位置传感器一般都是三根线，在检测时一定要区分传感器的类型。电磁感应式曲轴位置传感器是主动型传感器，不需要 ECU 供电，而磁阻式是被动型传感器，需要 ECU 供电。

（1）电磁感应式曲轴位置传感器电路　电磁感应式曲轴位置传感器广泛应用于德系车中，大众典型发动机（AJR）曲轴位置传感器电路如图 4-2-6 所示。曲轴位置传感器 G28 由三个端子与线束相连接。其中端子 3 信号线，端子 2 信号线（负极）与发动机盖 ECU 相连接，端子 1 屏蔽线与搭铁线相连接。

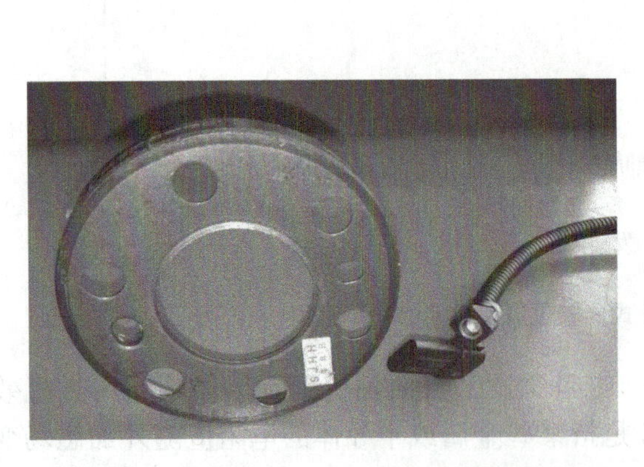

图 4-2-5　科鲁兹 LDE 发动机曲轴位置传感器

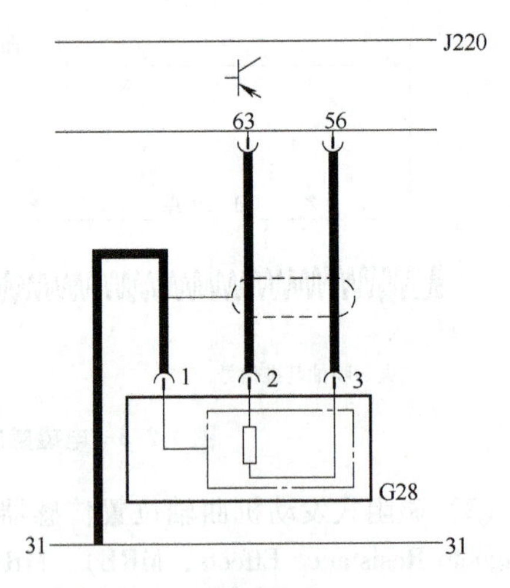


图 4-2-6　大众典型发动机（AJR）曲轴位置传感器电路

（2）磁阻式曲轴位置传感器电路　磁阻式曲轴位置传感器广泛应用于通用、丰田各车型中，科鲁兹 LDE 发动机曲轴位置传感器 B26 电路由一个发动机控制模块提供的 5V 参考电压电路、低电平参考电压电路以及一个输出信号电路组成，如图 4-2-7 所示。

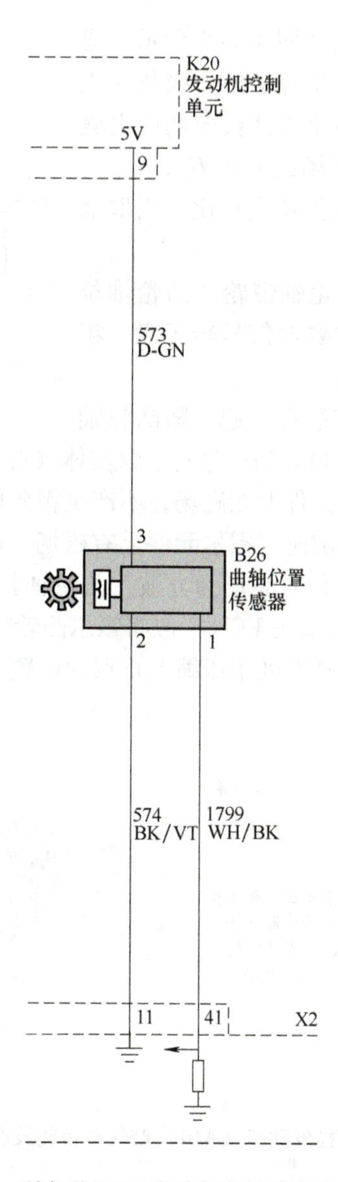


图4-2-7　科鲁兹LDE发动机曲轴位置传感器电路

## 二、凸轮轴位置传感器

凸轮轴位置传感器（Camshaft Position Sensor，CMPS）又称为判缸传感器（Cylinder Identification Sensor，CIS），通常安装在分电器内（早期发动机），凸轮轴的前部、后部附近。其功用是采集凸轮轴的位置信号并输入ECU，以便ECU识别1缸压缩上止点，从而进行顺序喷油控制、点火时刻控制和爆燃控制。

**1. 凸轮轴位置传感器的工作原理**

凸轮轴位置传感器按照其工作原理的不同可分为电磁感应式、磁阻式、霍尔式和光电式四大类。其中霍尔式、磁阻式凸轮轴位置传感器被广泛使用，在此重点介绍。

（1）霍尔式凸轮轴位置传感器　霍尔式凸轮轴位置传感器是根据霍尔效应制成，可称为霍尔传感器。霍尔效应原理图如图 4-2-8 所示，通有电流 $I$ 的白金导体（半导体）垂直于磁力线放入磁感应强度为 $B$ 的磁场中时，在白金导体横向侧面上就会产生一个垂直于电流方向和磁场的电压 $U_H$，$U_H$ 与通过半导体的电流 $I$ 和磁感应强度 $B$ 成正比，当取消磁场时电压立即消失。

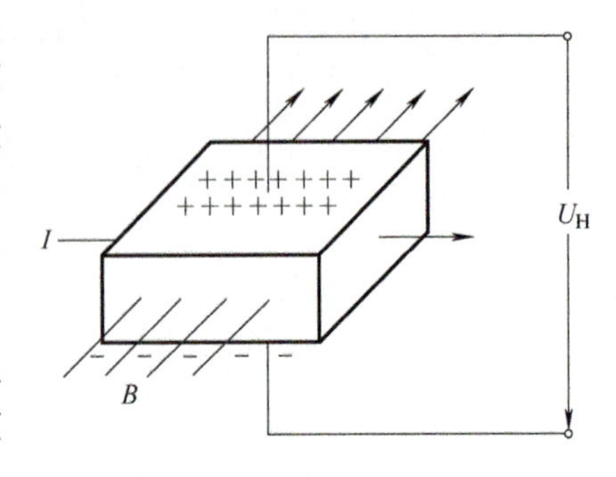


图 4-2-8　霍尔效应原理图

大众典型发动机（AJR）凸轮轴带轮及凸轮轴位置传感器如图 4-2-9 所示，其主要由信号转子盘、霍尔元件、永磁铁及集成电路组成。

信号转子盘与凸轮轴带轮安装在一起，随凸轮轴一起转动，其上有一个 180°的缺口。当信号转子盘实体（叶片）部分进入霍尔元件气隙时，永磁铁的磁场被叶片隔断，霍尔元件上无磁场，不产生霍尔电压，输出 5V 的高电平信号电压。当缺口部分进入霍尔元件气隙时，霍尔元件上有磁场，产生霍尔电压，输出 0V 低电平信号。霍尔式凸轮轴位置传感器信号波形为方波，凸轮轴转一周，高低电位各占 180°，波形示意图如图 4-2-10 所示。当发动机 ECU 一般将霍尔凸轮轴位置传感器信号由高电平变为低电平的转折点，确定为第 1 缸活塞处于压缩上止点的位置，并据此确定点火和喷油正时及点火顺序。

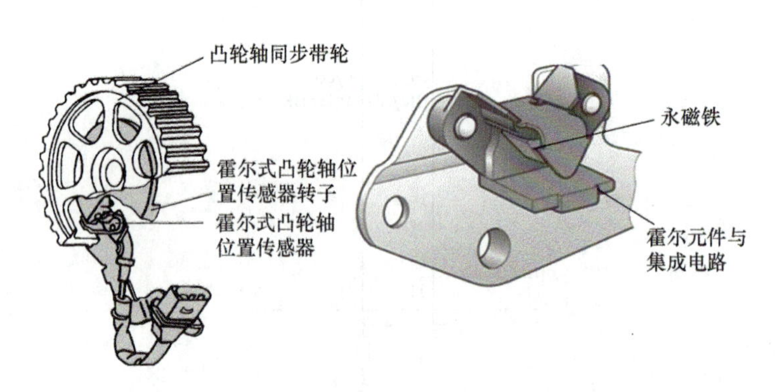


图 4-2-9　大众典型发动机（AJR）凸轮轴带轮及凸轮轴位置传感器

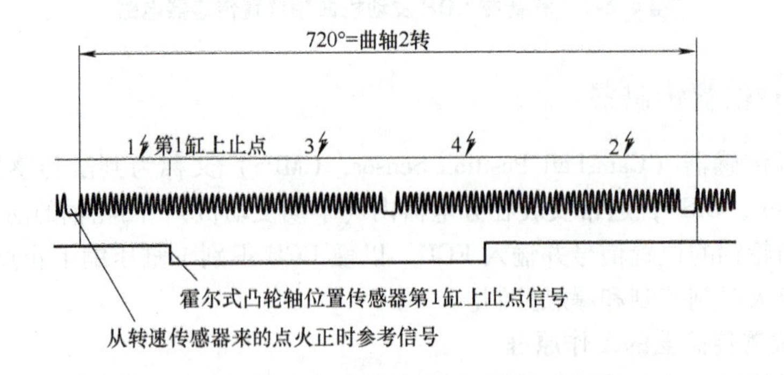


图 4-2-10　霍尔式凸轮轴位置传感器示意波形图

（2）磁阻式凸轮轴位置传感器　磁阻式凸轮轴位置传感器的工作原理与磁阻式曲轴位

置传感器的工作原理相同，也是利用磁阻元件的磁阻效应。

科鲁兹 LDE 发动机装配有进、排凸轮轴位置传感器各一个，也是一种内部磁性偏差数字输出集成电路传感装置，即磁阻式凸轮轴位置传感器，如图 4-2-11 所示。

图 4-2-11　科鲁兹 LDE 发动机凸轮轴位置传感器

磁阻式凸轮轴位置传感器检测凸轮轴上 4 齿磁阻轮的齿槽磁通量变化。当磁阻轮的各个齿转过凸轮轴位置传感器时，传感器电子装置会利用引起的磁场变化产生一个数字输出脉冲。传感器返回一个频率变化的数字开/关直流电压脉冲，凸轮轴每转一圈就有四个不同宽度输出脉冲，代表着凸轮轴磁阻轮的位置。凸轮轴位置传感器输出信号的频率取决于凸轮轴的转速。发动机控制模块对窄齿和宽齿模式进行解码，以识别凸轮轴的位置。然后，此信息被用来确定发动机的最佳点火和喷油时刻。发动机控制模块使用气缸 1 进气凸轮轴位置传感器确认喷油器和点火系统同步。气缸 1 进气凸轮轴位置传感器还可用来确认凸轮轴和曲轴的相关性。发动机控制模块还利用凸轮轴位置传感器输出信息来确定凸轮轴相对于曲轴的位置，以控制凸轮轴相位和在应急操纵模式下运行。

**2. 凸轮轴位置传感器电路**

霍尔式和磁阻式凸轮轴位置传感器均为被动型传感器，需要 ECU 供电。在传感器及电路检测时应首先鉴别传感器的类型。

（1）霍尔式凸轮轴位置传感器电路　霍尔式凸轮轴位置传感器广泛应用于大众车各车型中。大众 AJR 发动机凸轮轴位置传感器电路如图 4-2-12 所示。凸轮轴位置传感器 G40 由三根导线与发动机控制单元 J220 相连接。其中端子 1 为传感器 5V 供电，端子 2 传感器信号，端子 3 为传感器搭铁。

（2）磁阻式凸轮轴位置传感器电路　磁阻式凸轮轴位置传感器广泛应用于通用、丰田各车型中。科鲁兹 LDE 发动机凸轮轴位置传感器电路由一个发动机控制模块提供的 5V 参考电压电路、低电平参考电压电路以及一个输出信号电路组成，如图 4-2-13 所示。

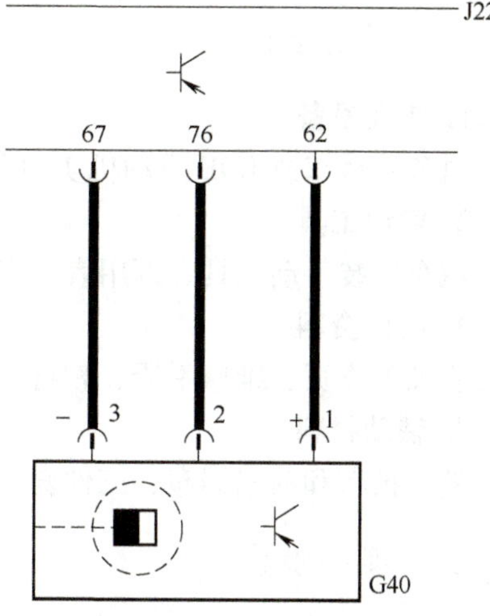


图 4-2-12　大众 AJR 发动机凸轮轴位置传感器电路

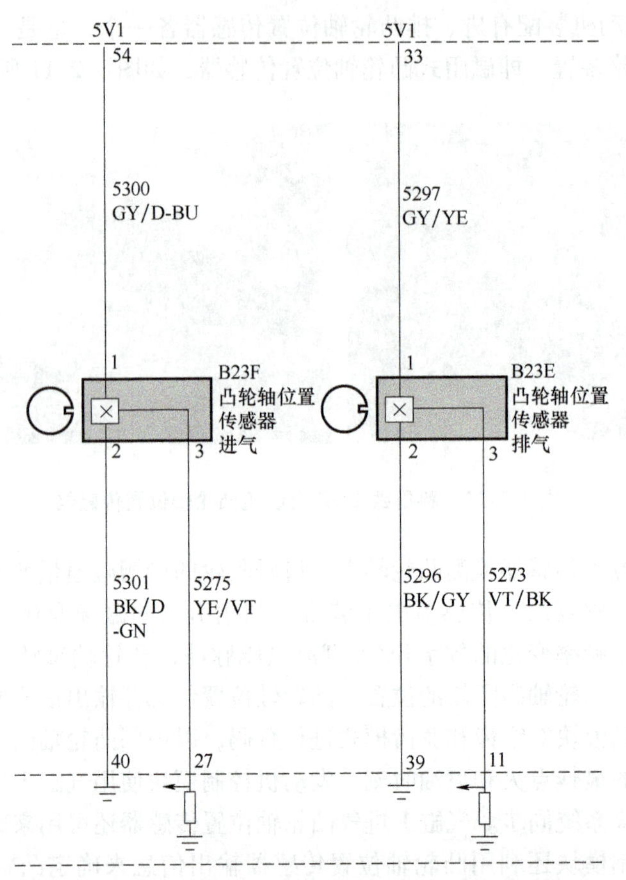


图 4-2-13　科鲁兹 LDE 发动机凸轮轴位置传感器电路

## 【任务实施】

曲轴位置传感器及控制电路检修

凸轮轴位置传感器及控制电路检修

### 一、任务准备

**1. 实训设备**

科鲁兹轿车或 LDE 发动机实训台或相似实训设备。

**2. 实训工具**

汽车拆装手动工具、万用表、汽车诊断仪。

**3. 实训资料**

实训工作页、维修手册、教材。

**4. 辅助材料**

翼子板布和前格栅布、三件套、抹布、白板笔。

### 二、实施步骤

**1. 车辆基本检查**

1）实训车辆安全防护。

2）登记车辆基本信息。

3）车辆油、水、电基本检查。

**2. 曲轴位置传感器及电路检测**

1）将点火开关置于OFF位置，脱开曲轴位置传感器B26线束插接器，插接器上有三个端子，如图4-2-14所示。端子1传感器信号，端子2传感器低电平参考电压（搭铁），端子3传感器高电平参考电压（供电）。

2）用万用表检测曲轴位置传感器线束端子2与搭铁之间的电阻小于5Ω，如图4-2-15所示，如异常应根据电路图检查相关线路，或更换发动机控制单元K20。

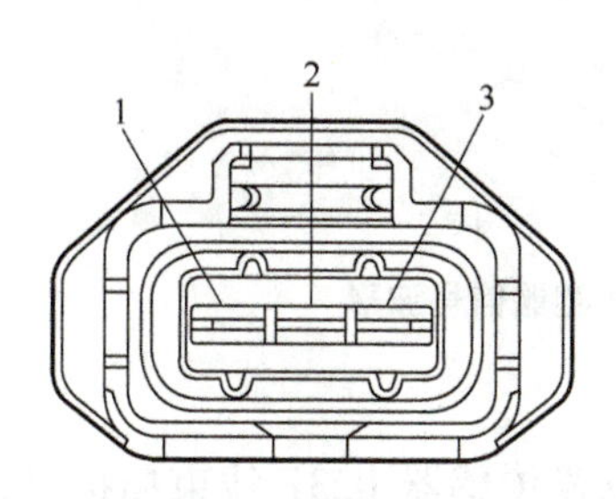


图4-2-14　LDE发动机曲轴位置传感器线束插接器

图4-2-15　曲轴位置传感器搭铁检测

3）将点火开关置于ON位置，用万用表检测曲轴位置传感器线束端子3和搭铁之间的电压为4.8～5.2V，如图4-2-16所示。若异常应根据电路图检查相关线路，或更换发动机控制单元K20。

4）确认点火开关置于ON位置，用万用表检测曲轴位置传感器线束端子1和搭铁之间的电压为4.8～5.2V，如图4-2-17所示。若异常应根据电路图检查相关线路，或更换发动机控制单元K20。

图4-2-16　曲轴位置传感器供电检测

图4-2-17　曲轴位置传感器信号线路检测

5）将点火开关置于OFF位置，连接传感器线束，并按照正确方法连接汽车诊断仪及示波测试线。示波器信号输入端连接端子1（传感器信号），另一端搭铁，起动发动机，检测曲轴位置传感器信号波形，如图4-2-18所示，并观察波形随发动机转速变化的情况。

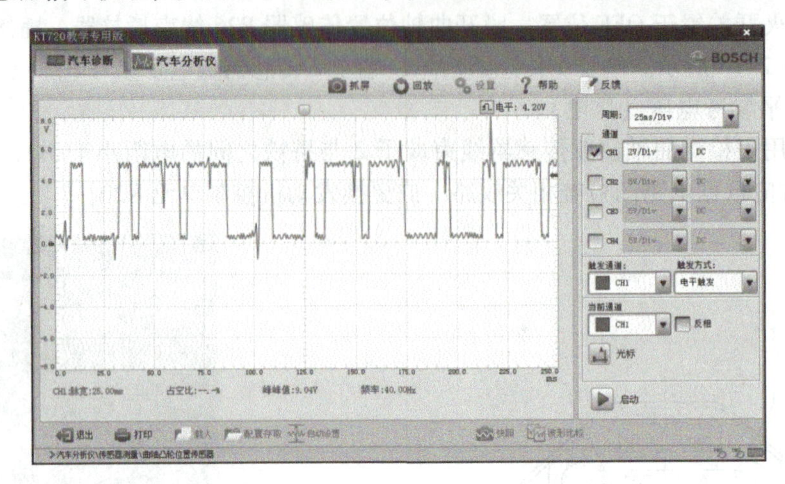

图4-2-18 LDE发动机曲轴位置传感器信号波形

**3. 进气凸轮轴位置传感器及电路检测**

1）将点火开关置于OFF位置，脱开进气凸轮轴位置传感器B23F线束插接器，插接器上有三个端子，如图4-2-19所示。端子1为传感器电源电压，端子2为传感器低电平参考电压（搭铁），端子3为传感器信号。

2）用万用表检测进气凸轮轴位置传感器线束端子2与搭铁之间的电阻小于5Ω，如图4-2-20所示。若异常应根据电路图检查相关线路，或更换发动机控制单元K20。

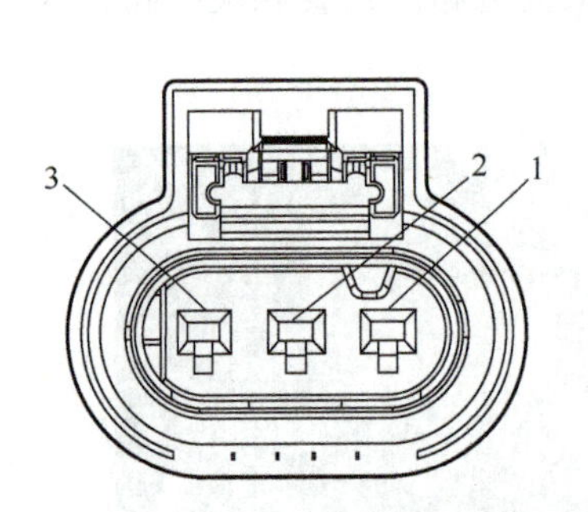


图4-2-19 进气凸轮轴位置传感器线束插接器

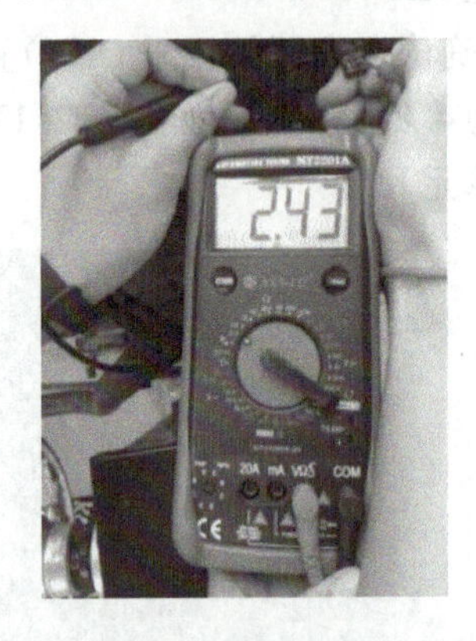


图4-2-20 进气凸轮轴位置传感器搭铁检测

3）将点火开关置于ON位置，用万用表检测进气凸轮轴位置传感器线束端子1和搭铁之间的电压为4.8～5.2V，即供电正常，如图4-2-21所示。若异常应根据电路图检查相关线路，或更换发动机控制单元K20。

4）确认点火开关置于ON位置，用万用表检测进气凸轮轴位置传感器线束端子3和搭铁之间的电压为4.8～5.2V，即信号电路正常，如图4-2-22所示。若异常应根据电路图检查相关线路，或更换发动机控制单元K20。

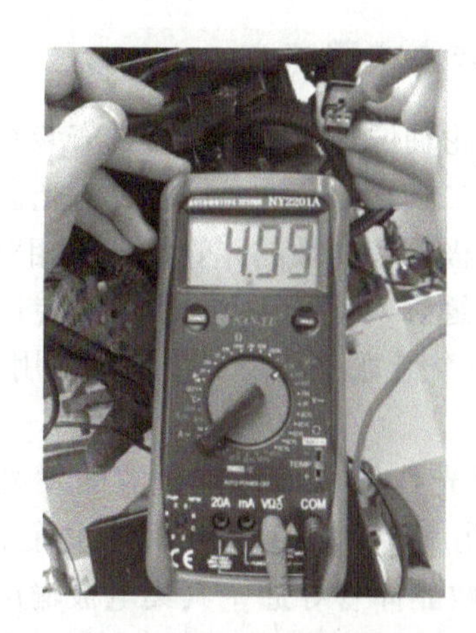


图 4-2-21　进气凸轮轴位置传感器供电检测

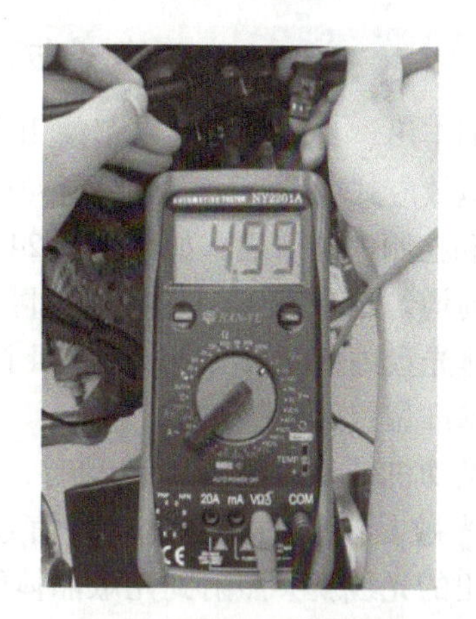


图 4-2-22　进气凸轮轴位置传感器信号线路检测

5）将点火开关置于 OFF 位置，连接传感器线束，并按照正确方法连接汽车诊断仪及示波测试线。示波器信号输入端连接端子 3（传感器信号），另一端搭铁，起动发动机，检测凸轮轴位置传感器信号波形，如图 4-2-23 所示，并观察波形随发动机转速变化的情况。

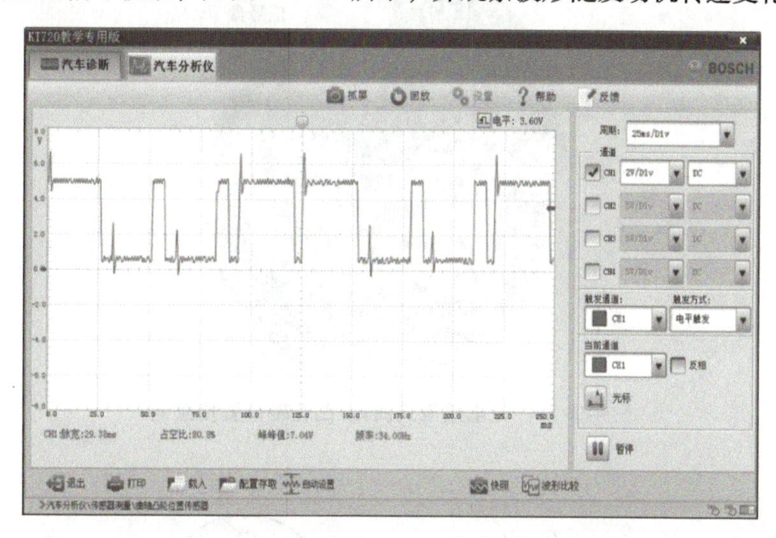


图 4-2-23　LDE 发动机进气凸轮轴位置传感器信号波形

**4. 现场恢复**

完成实训任务后，按照要求恢复车辆、仪器和设备，做好现场 6S 管理。

## 【任务小结】

本任务主要介绍了发动机曲轴位置传感器和凸轮轴位置传感器的基本知识与工作原理，重点阐述了曲轴位置传感器和凸轮轴位置传感器及控制电路检测过程。通过本任务的学习与训练，学生应在掌握相关理论知识的基础上，完成曲轴位置传感器和凸轮轴位置传感器及控制电路检测工作任务。

## 【知识拓展】——光电式曲轴/凸轮轴位置传感器简介

早期丰田、日产、三菱汽车使用光电式曲轴/凸轮轴位置传感器，通常安装在分电器内。光电效应式曲轴/凸轮轴位置传感器主要由发光二极管、光敏晶体管、遮光盘（信号转子）和控制电路组成，如图4-2-24所示。发光二极管和光敏晶体管的位置相对，遮光盘外圆周均匀刻有360°辐射状的缝隙，每转过一条缝隙对应于曲轴/凸轮轴转过一定角度。在遮光盘内侧间隔90°分布着四个小孔，其中一个最宽，其余三个稍窄，用于曲轴/凸轮轴基准位置的检测。

当发动机带动传感器轴转动时，信号盘上的透光孔便从信号发生器的发光二极管LED与光敏晶体管之间转过。当信号盘上的透光孔旋转到LED与光敏晶体管之间时，LED发出的光线就会照射到光敏晶体管上，此时光敏晶体管导通，其集电极输出低电平（0.1~0.3V）；当信号盘上的遮光部分旋转到LED与光敏晶体管之间时，LED发出的光线就不能照射到光敏晶体管上，此时光敏晶体管截止，其集电极输出高电平（4.8~5.2V）。如果信号盘连续旋转，透光孔和遮光部分就会交替地转过LED而透光或遮光，光敏晶体管集电极便交替地输出高电平和低电平，如图4-2-25所示。

图4-2-24 光电效应式曲轴/凸轮轴位置传感器

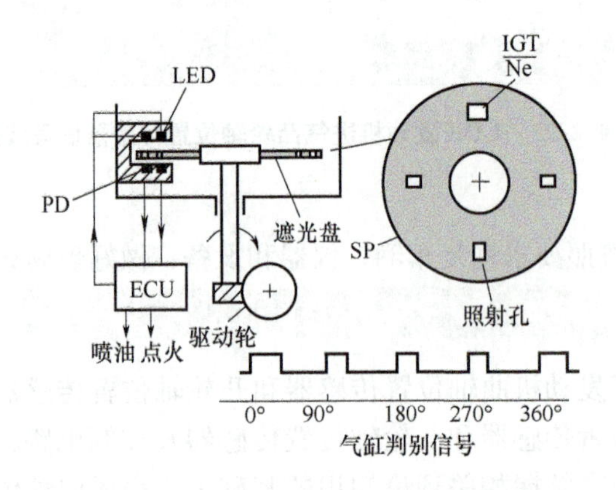


图4-2-25 光电效应式传感器工作原理

# 发动机排放控制系统检修

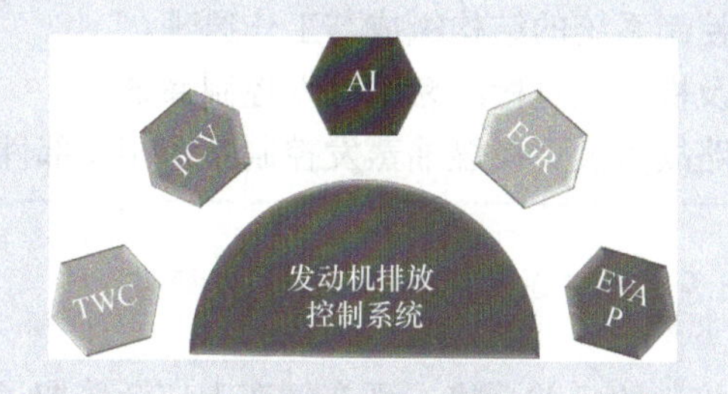


## 【项目导读】

| | |
|---|---|
| 描述 | 发动机排放控制系统虽是发动机电控辅助系统，但在排放、环保日益要求严格的今天，掌握该系统的检测非常重要。本项目通过三个任务的学习与训练，使学生了解汽车排放污染物的种类及产生原因，掌握电控汽油发动机排放控制系统的类型及工作原理，掌握燃油蒸发控制系统、三元催化转化器及氧传感器、尾气检测与分析等技能 |
| 任务 | 任务 5.1　燃油蒸发控制系统检修<br>任务 5.2　三元催化转化器与氧传感器及电路检修<br>任务 5.3　汽车尾气的检测与分析 |

# 任务 5.1 燃油蒸发控制系统检修

## 【任务导入】

一辆装备 LDE 发动机的科鲁兹轿车，怠速不稳，发动机故障灯异常点亮，入厂进行维修。技术经理首先使用汽车诊断仪读取发动机电控系统的故障码为 DTC P0443［蒸发排放（EVAP）吹洗电磁阀控制电路］，经过初步判断，要求对该车燃油蒸发控制系统进行检修。

## 【任务目标】

1. 能描述汽油机排放控制系统的种类及工作原理。
2. 能描述汽油蒸发控制系统的结构组成与工作原理。
3. 能够利用电路图及检测工具检测燃油蒸发控制系统。
4. 能排除典型的电路故障及更换燃油蒸发控制系统相关部件。

## 【知识准备】

随着国家对汽车排放控制的日益严格，现在轿车上广泛采取了多种排放控制系统，来减少汽车的排放污染，主要包括燃油蒸发控制系统、曲轴箱强制通风系统、废气再循环控制系统和二次空气喷射系统等。

**1. 燃油蒸发控制系统**

燃油蒸发控制（Fuel Evaporation Control，EVAP）系统的功用是将汽油蒸气从燃油箱导入炭罐，以便在发动机不运行时存储汽油蒸气。当发动机达到一定运行条件时，炭罐中的汽油蒸气被吸入发动机进气歧管并进入气缸燃烧。EVAP 系统能保证汽油蒸气不会排放到大气中，又能充分利用汽油蒸气，节约了能源。燃油蒸发控制系统主要由活性炭罐、炭罐控制电磁阀、燃料止回阀及燃油蒸气管管路等组成，如图 5-1-1 所示。

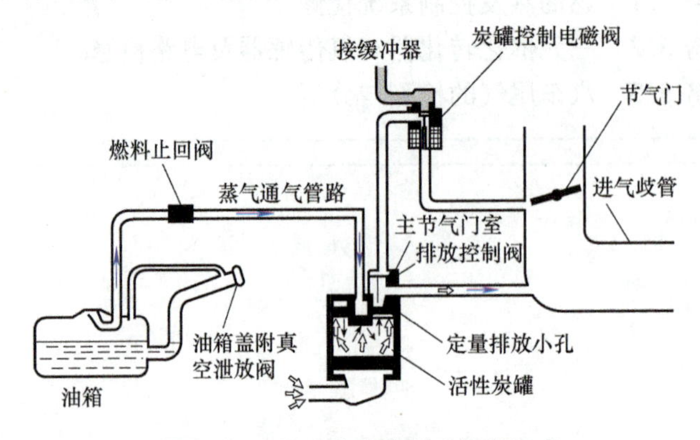


图 5-1-1 燃油蒸发控制系统的组成

（1）燃油蒸发控制系统工作原理 活性炭罐通常安装在发动机舱内或燃油箱附近，用来吸收和存储燃油箱排出的燃油蒸气，上部有接头与油箱和进气歧管相连，中间是具有极强吸附燃油分子的活性炭颗粒，下部与大气相通。科鲁兹活性炭罐及安装位置如图 5-1-2 所示。

图 5-1-2 科鲁兹活性炭罐及安装位置

活性炭罐电磁阀连接炭罐和进气歧管，如图 5-1-3 所示。活性炭罐电磁阀用于控制清洗炭罐的气流。根据发动机不同工况，ECU 改变输送给电磁线圈脉冲信号的占空比，从而改变阀的开度。电磁阀线圈电阻正常约为 20Ω，过大或过小则可能有内部断路或短路。

图 5-1-3 活性炭罐电磁阀

当发动机停机或怠速时，炭罐电磁阀关闭，汽油蒸气经单向阀进入炭罐，汽油蒸气被活性炭吸附。当发动机工况达到预设条件时（例如冷却液温度高于 75℃，转速高于 2000r/min），活性炭罐电磁阀打开，活性炭上吸附的汽油蒸气被吸入进气道。空气进入炭罐，清洗活性炭，炭罐恢复吸附汽油蒸气的能力。

（2）科鲁兹燃油蒸发控制系统及电路 科鲁兹轿车燃油蒸发控制系统在传统 EVAP 系统上增加了燃油箱压力传感器和活性炭罐通风电磁阀，通过传感器的信号，ECM 可以监测系统性能并且控制和调节油箱内部压力，其结构示意图如 5-1-4 所示。

活性炭罐吹洗电磁阀装在活性炭罐与进气歧管之间，由 ECM 根据发动机的冷却液温度、转速和节气门等参数，采用占空比控制电磁阀的开闭，避免燃油蒸气自行进入进气歧管，破坏正常的混合气浓度。燃油箱压力传感器测量油箱内气体压力与大气压力的差值，以便 ECM 根据实际情况调节油箱内部压力。活性炭罐通风电磁阀安装在活性炭罐通风软管处，控制新鲜空气进入活性炭罐，以便控制活性炭罐的吹洗和燃油箱压力的调节。

在炭罐吹洗电磁阀打开时，汽油蒸气被吸入发动机，此处的压力降低为真空状态。在炭罐电磁阀关闭后，真空将不复存在。如果在吹洗过程中，油箱压力传感器没有检测到真空，表明炭罐吹洗电磁阀不工作，ECM 会存储故障码。在发动机运行稳定并达到预设条件时，ECM 关闭炭罐通风电磁阀，打开炭罐吹洗电磁阀，通过油箱压力传感器监测真空变化，并以此信息来确定吹洗量。

科鲁兹轿车燃油箱压力控制与 EVAP 系统电路简图如图 5-1-5 所示。蒸发排放吹洗电磁阀 Q12 其由发动机控制开关继电器 KR75，经熔丝 F47UA（10A）供电，由发动机控制单元 K20

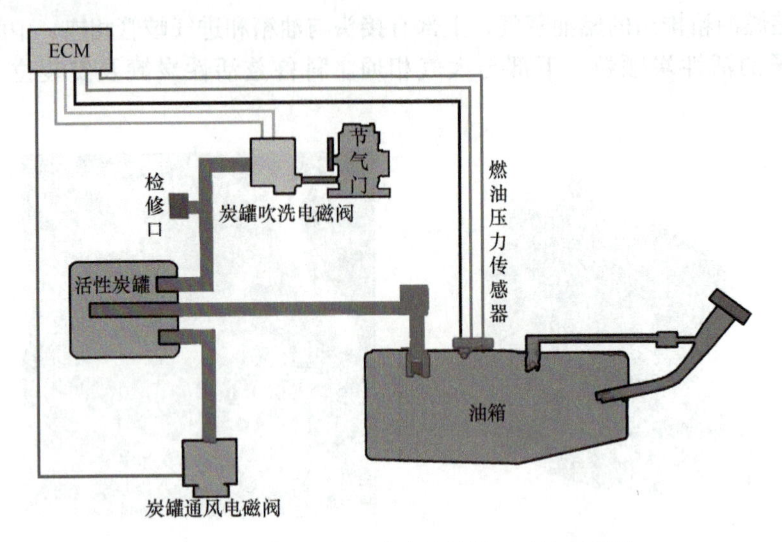


图 5-1-4 科鲁兹燃油蒸发排放控制系统示意图

提供搭铁控制，产生脉宽调制控制信号。蒸发排放通风电磁阀 Q13 由点火主继电器 KR73，经熔丝 F13UA（7.5A）供电，由发动机控制单元 K20 提供搭铁控制信号。油箱压力传感器 B150 有三根导线与发动机控制单元 K20 相连接，三根导线分别是信号、供电、搭铁。

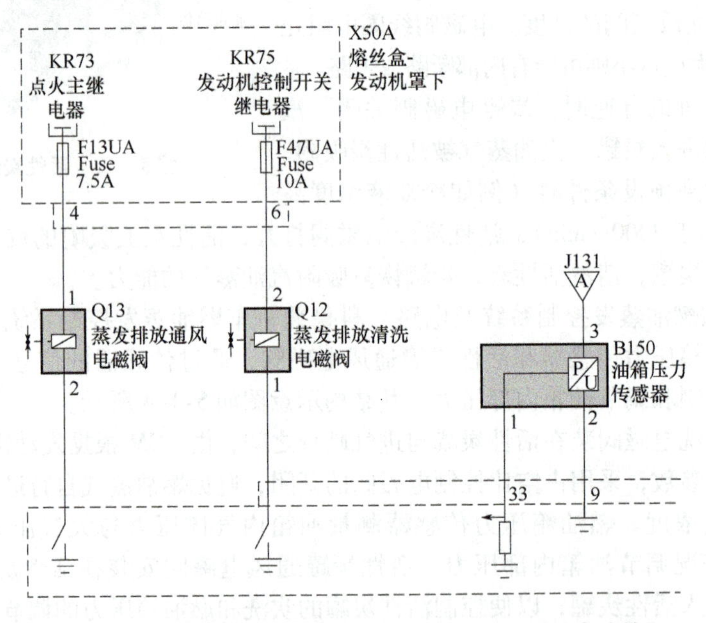


图 5-1-5 科鲁兹轿车燃油箱压力控制与 EVAP 系统电路简图

### 2. 曲轴箱强制通风系统

曲轴箱强制通风（Positive Crankcase Ventilation，PCV）系统的功用是将燃烧室窜入曲轴箱内的废气与燃油混合（窜气），通过连接管导向进气管的适当位置，返回气缸重新燃烧，防止曲轴箱机油污染，及曲轴箱压力过高泄漏。这样既可以减少排气污染，又提高发动机的经济性。

大众EA888发动机曲轴箱强制通风系统如图5-1-6所示，其由粗油分离器、油气分离器、回油道止回阀及管路组成。油气分离器中安装有压力调节阀、曲轴箱强制通风集成阀及止回阀等部件，并且设计有诊断通道，如图5-1-7所示。

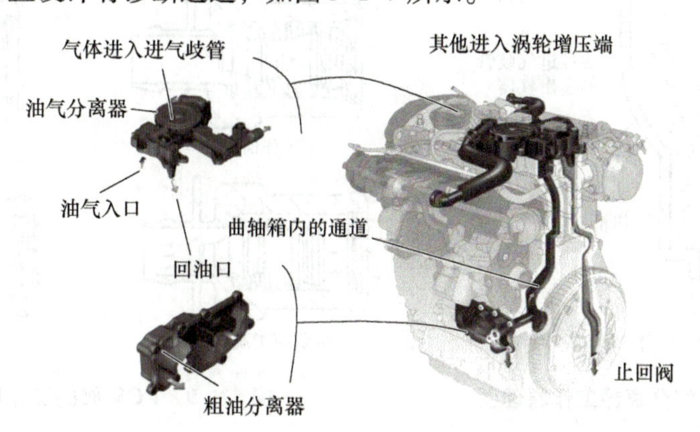


图5-1-6 大众EA888发动机曲轴箱强制通风系统

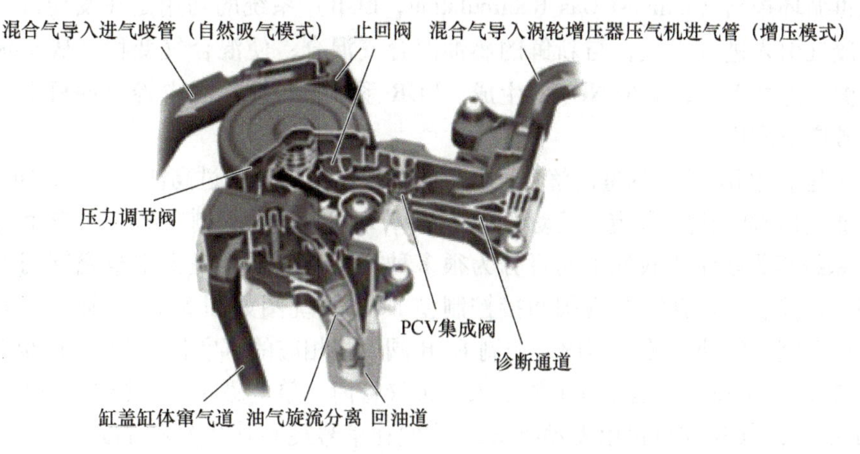


图5-1-7 大众EA888发动机油气分离器

曲轴箱内逸出的气体通过位于机油滤清器上的油气粗分离器被引入到气缸盖罩。缸盖和缸体逸出气体在此混合并被引至油气分离器做进一步的分离。两级压力调节阀将窜气引入进气歧管或者分流到增压器。如果进气歧管有真空存在，则窜气被直接引至进气歧管，如果歧管有增压压力则窜气被引至涡轮增压器。

诊断通道在压力调节阀安装错误时，未被测量的调节气体通过压力阀的密封部分进入气缸盖罩，由于氧传感器对此发生反应，因而得知有未被测量的气体进入，由此在故障存储器中存储故障。

油气分离器采用旋流式设计，窜气在旋转气流离心力的作用下，质量较大的机油流至外围机油回流口，原理图如图5-1-8所示。PCV阀由真空吸力阀、弹簧、阀座与阀体组成。其由真空度控制阀门打开的大小，以调节进入进气歧管的经过油气分离器分离的混合气量，停机时阀门关闭，怠速时开度较小，中负荷时开度适中，大负荷时开度最大，工作原理图如图5-1-9所示。

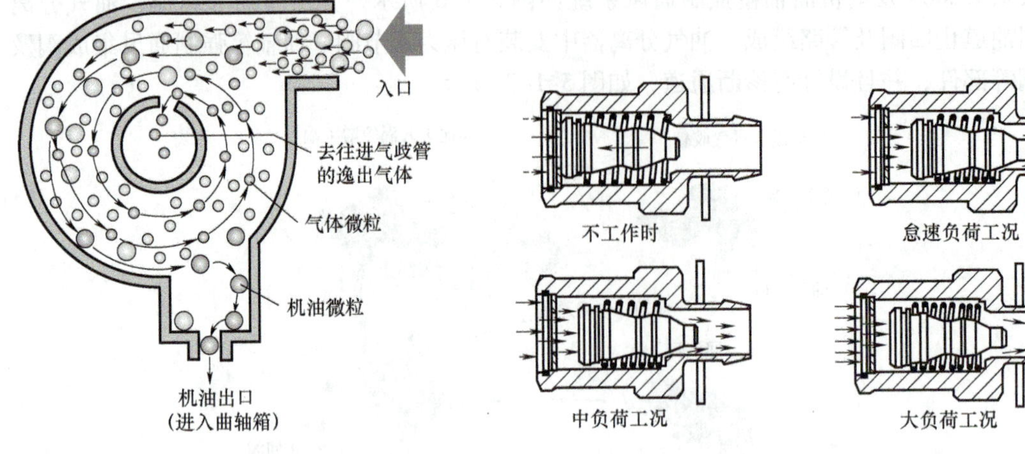


图 5-1-8 旋流式油气分离器工作原理图

图 5-1-9 PCV 阀的工作原理图

**3. 废气再循环控制系统**

废气再循环控制（Exhaust Gas Recirculation，EGR）系统的功用是在发动机一定工况下将一部分废气引入进气系统，与新鲜的燃油混合气混合，使混合气变稀，从而减慢燃烧速度，燃烧温度随之下降，减少 $NO_x$ 的生成。EGR 系统不仅应用在电控汽油机上，在电控柴油机上也被广泛应用。

EGR 率是指再循环废气的量占整个进气量的百分比。EGR 率过高油耗增加、HC 排量增加、缺火率增加，使燃烧变得不稳定，发动机性能下降，EGR 率一般控制在6% ~23%范围内变化。

EGR 系统根据控制方式的不同可分为很多种，常见的类型是真空电磁阀间接控制型和单电磁阀直接控制型。真空电磁阀间接控制型 EGR 系统图如图 5-1-10 所示，发动机 ECU 根据冷却液温度、发动机转速等信号控制 EGR 阀，将相应的真空作用到 EGR 阀上，这个真空作用会打开 EGR 阀，于是废气就被引入到进气管内。单电磁阀直接控制型 EGR 系统图如图 5-1-11 所示，EGR 阀直接由发动机 ECU 占空比信号控制其开关及开度。通常电磁阀直接控制型还装配有阀门开度电位计，会将该阀的实际开度反馈给发动机 ECU，实现闭环控制。

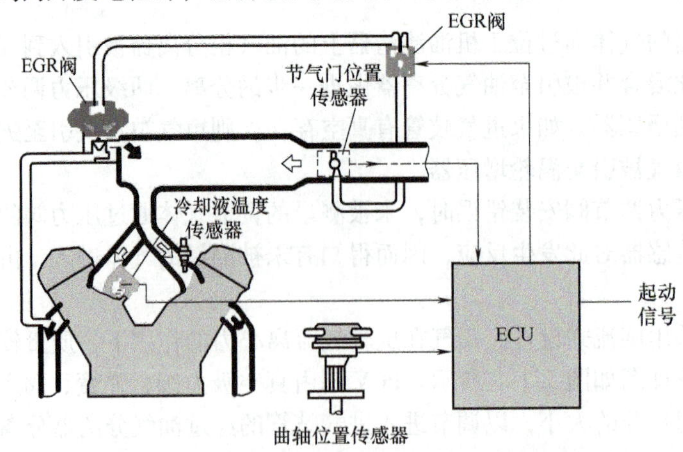


图 5-1-10 真空电磁阀间接控制型 EGR 系统图

一般情况下，EGR系统在发动机冷却液温度50℃以上，发动机转速1500～4500r/min时工作，在怠速、暖机、大负荷和减速时不工作，否则将影响发动机怠速稳定或加速性能。

EGR系统的检修主要是相关电磁阀及控制电路的检修，在此不再赘述。

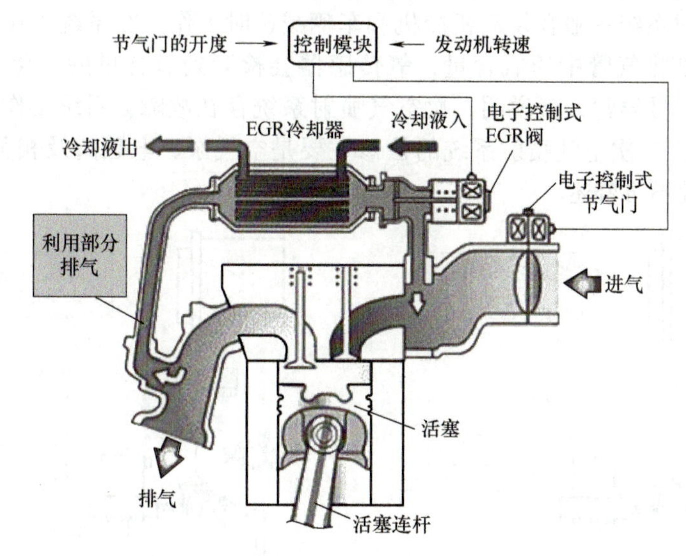


图5-1-11　单电磁阀直接控制型EGR系统图

**4. 二次空气喷射系统**

二次空气喷射（Air Injection，AI）系统的功用是将一定量的空气引入排气管中，使废气中的一氧化碳和碳氢化合物进一步燃烧，以减少一氧化碳和碳氢化合物的排放，提高催化剂的转化率。

二次空气喷射系统的结构如图5-1-12所示，发动机ECU通过继电器控制电动机驱动的

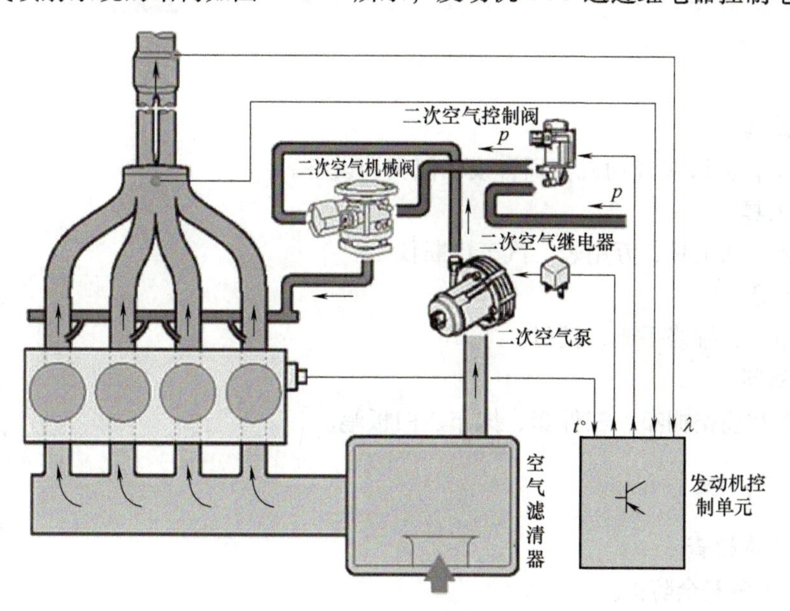


图5-1-12　二次空气喷射系统的结构

二次空气泵运转，将新鲜空气输送到二次空气机械阀处。与此同时，发动机 ECU 控制二次空气控制阀（电磁阀）动作，真空吸力打开二次空气机械阀，将新鲜空气喷入排气管。

二次空气喷射系统一般在发动机冷机和车辆减速时工作。在系统工作时，二次空气泵输送的空气会改变排气管中的氧含量，氧传感器会检测到氧含量的变化并反馈给发动机 ECU，如果反馈信号异常，就说明二次空气喷射系统存在故障，系统工作情况监控原理图如图 5-1-13 所示。二次空气喷射系统的检修主要是空气泵、电磁阀及相关继电器、熔丝、电路的检修，在此不再赘述。

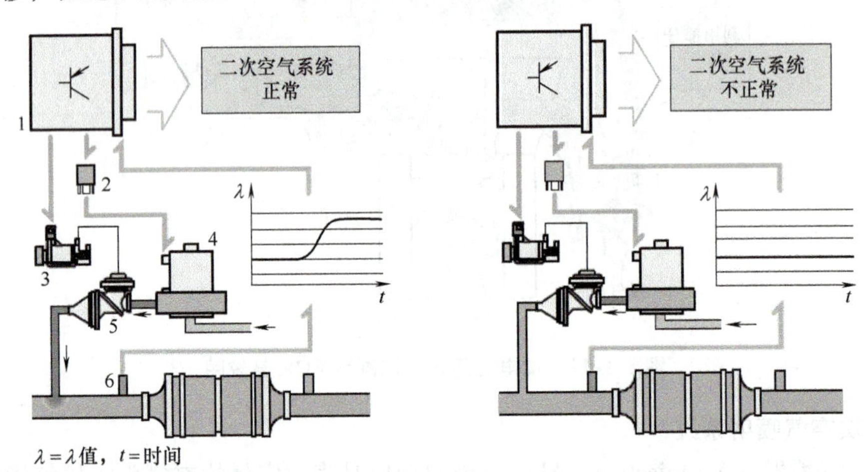


**图 5-1-13　二次空气喷射系统工作情况监控原理图**

## 【任务实施】

燃油蒸发控制系统检修

### 一、任务准备

**1. 实训设备**

科鲁兹轿车或 LDE 发动机实训台或相似实训设备。

**2. 实训工具**

汽车拆装手动工具、万用表、汽车诊断仪。

**3. 实训资料**

实训工作页、维修手册、教材。

**4. 辅助材料**

翼子板布和前格栅布、三件套、抹布、白板笔。

### 二、实施步骤

**1. 车辆基本检查**

1）实训车辆安全防护。

2）登记车辆基本信息。

3）车辆油、水、电基本检查。

### 2. 蒸发排放吹洗电磁阀及电路检测

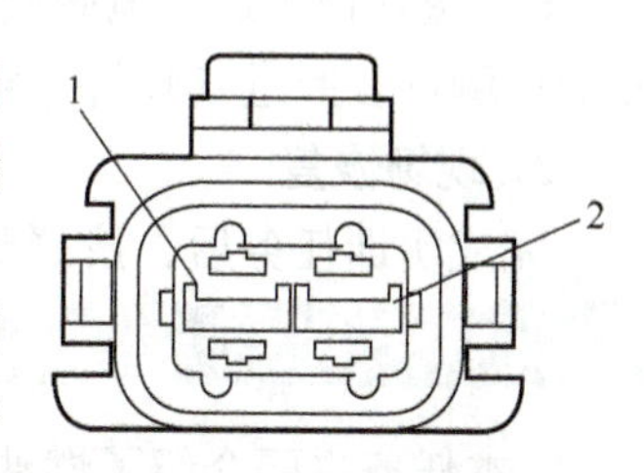


图 5-1-14　蒸发排放吹洗电磁阀线束插接器

1）将点火开关置于 OFF 位置，脱开蒸发排放吹洗电磁阀 Q12 线束插接器，插接器上有两个端子，如图 5-1-14 所示。端子 1 电磁阀控制信号，端子 2 电磁阀供电。

2）用万用表检测蒸发排放吹洗电磁阀端子 1 和端子 2 之间的电阻，即电磁阀内阻应为 10～30Ω，如图 5-1-15 所示。若异常应更换电磁阀。

3）确认点火开关置于 OFF 位置，用万用表检测蒸发排放吹洗电磁阀线束端子 1 与搭铁之间的电阻大于 500kΩ，如异常应检查线路无搭铁短路或更换发动机控制单元 K20。

4）将点火开关置于 ON 位置，用万用表检测蒸发排放吹洗电磁阀线束端子 2 与搭铁之间的电压为 12V，如图 5-1-16 所示。如异常应根据电路图检查供电熔丝、继电器或线路。

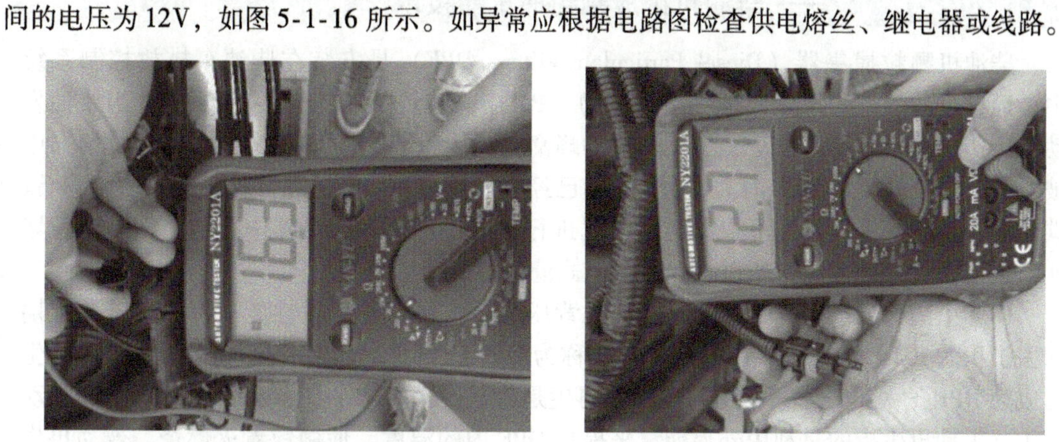


图 5-1-15　蒸发排放吹洗电磁阀内阻检测

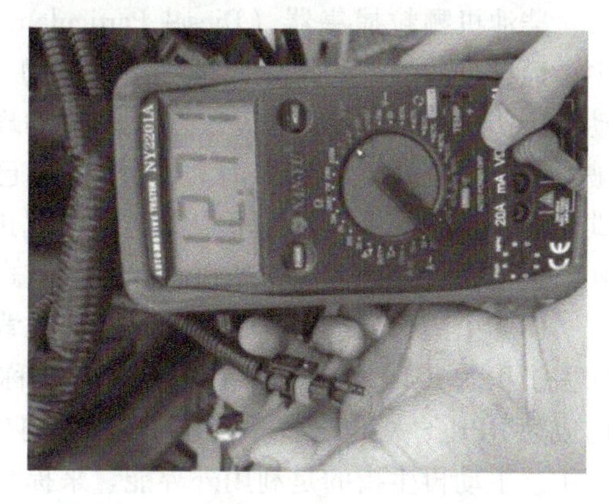


图 5-1-16　蒸发排放吹洗电磁阀供电检测

5）将点火开关置于 OFF 位置，连接电磁阀线束，并按照正确方法连接汽车诊断仪及示波测试线。示波器信号输入端连接端子 1，另一端搭铁，起动发动机，检测蒸发排放吹洗电磁阀控制信号波形，如图 5-1-17 所示，并观察波形随发动机转速变化的情况。

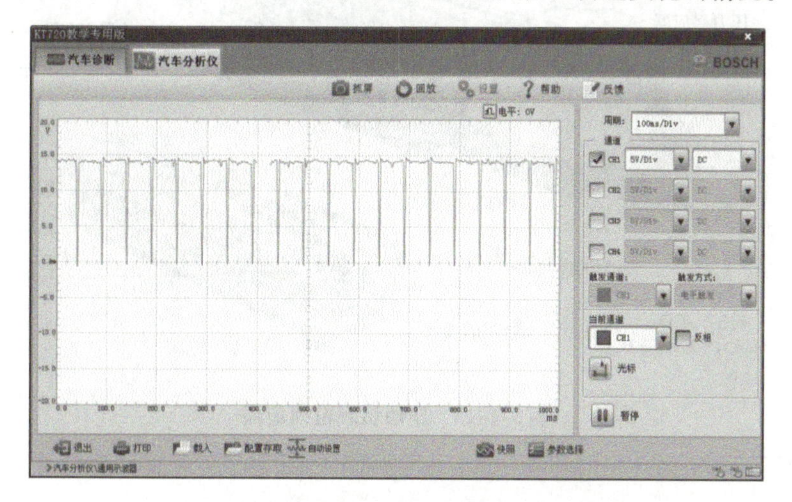


图 5-1-17　蒸发排放吹洗电磁阀控制信号波形

6）蒸发排放通风电磁阀的检测可参照蒸发排放吹洗电磁阀的检测步骤，油箱压力传感器的检测可参照进气歧管绝对压力传感器的检测步骤，在此不再赘述。

**3. 现场恢复**

完成实训任务后，按照要求恢复车辆、仪器和设备，做好现场6S管理。

## 【任务小结】

本任务主要介绍了燃油蒸发控制系统、曲轴箱强制通风系统、废气再循环控制系统和二次空气喷射系统等排放控制系统的结构组成与工作原理，重点阐述了燃油蒸发控制系统的检测过程。通过本任务的学习与实训，学生应在掌握相关理论知识的基础上，完成燃油蒸发控制系统检修的工作任务。

## 【知识拓展】——柴油机排放颗粒捕集器技术

柴油机颗粒捕集器（Diesel Particulate Filter，DPF）是安装在柴油车排放控制系统中，通过过滤的方式来降低排气中颗粒物（PM）的装置，如图5-1-18所示。当柴油发动机工作时，带有PM的废气进入DPF的蜂窝状载体滤清器，PM在蜂窝状载体滤清器中被拦截，当废气流出DPF时大部分的PM已经被过滤掉。DPF的载体材料主要为堇青石、碳化硅和钛酸铝等，具体可根据实际情况进行选择使用。因滤清器中孔道结构是交替堵孔，迫使气流穿壁而出，所以也叫作壁流式滤清器。

DPF里的PM逐渐增加会引起发动机背压升高，导致发动机性能下降，所以要定期除去沉积的PM，恢复DPF的过滤性能，称为DPF的再生。如何安全快速地使DPF再生已成为DPF的关键技术，DPF再生根据再生是否需要额外增加能源分为主动再生和被动再生。主动再生指的是利用外界能量来提高DPF内的温度，使微粒着火燃烧。被动再生指的是利用燃油添加剂或者催化剂（铈、铁和锶），来降低微粒的着火温度，使微粒能在正常的发动机排气温度下着火燃烧。

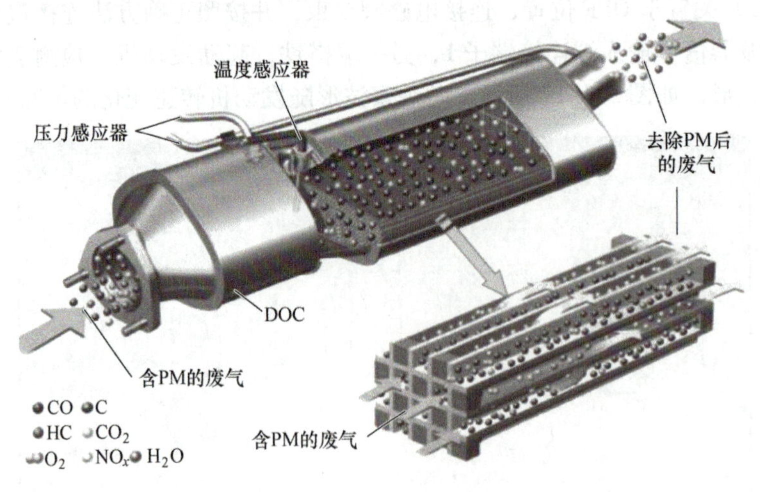


图5-1-18 柴油机颗粒捕集器

# 任务5.2 三元催化转化器与氧传感器及电路检修

## 【任务导入】

一辆装备LDE发动机的科鲁兹轿车，油耗偏高，发动机故障灯异常点亮，入厂进行维修。技术经理首先使用汽车诊断仪读取发动机电控系统的故障码为DTC P0030（加热型氧传感器加热器控制电路-传感器1），经过初步判断，要求对该车三元催化转化器与氧传感器及电路进行检修。

## 【任务目标】

1. 能描述三元催化转化器的结构与工作原理。
2. 能描述氧传感器的种类及工作原理。
3. 能够利用电路图及检测工具检测氧传感器及控制电路。
4. 能排除典型的电路故障及更换相关部件。

## 【知识准备】

### 一、三元催化转化器

三元催化转化器（Three-Way Catalytic Converter，TWC）是安装在排气系统中最重要的机外净化装置，其作用是将发动机排出的CO、HC和$NO_x$三种主要有害气体在催化剂的催化作用下，通过氧化还原反应转变为无害的$CO_2$、$H_2O$和$N_2$排出车外，降低了尾气对环境的污染。

**1. 三元催化转化器的结构**

三元催化转化器安装在发动机排气管上，主要由金属外壳和滤芯组成。滤芯以蜂窝状陶瓷作为载体，在陶瓷载体上浸渍或涂覆铂、钯、铑等贵金属作为催化剂，滤芯的外表面通常用钢丝包裹，如图5-2-1所示。

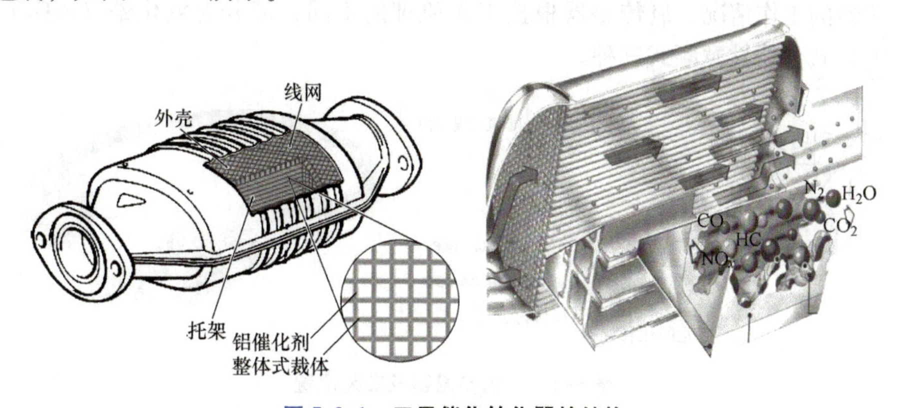


图5-2-1 三元催化转化器的结构

**2. 三元催化转化器的工作特点**

三元催化转化器只有当发动机空燃比控制在14.7附近，工作温度达到400～800℃时，才能有效地减少CO、HC和$NO_x$的排放，并保持较长的寿命，三元催化转化器的净化率与空燃比的关系图如图5-2-2所示。由于三元催化转化器内发生了氧化还原化学反应，经过三元催化转化器的排气温度会升高大约40℃，依此可判断三元催化转化器的工作情况。当发动机缺缸时，未燃烧的混合气会在三元催化转化器中二次燃烧，会导致三元催化转化器温度升高到1000℃以上，造成严重损伤。因三元催化转化器内部是蜂窝陶瓷作为载体，应避免碰撞，防止陶瓷体碎裂。

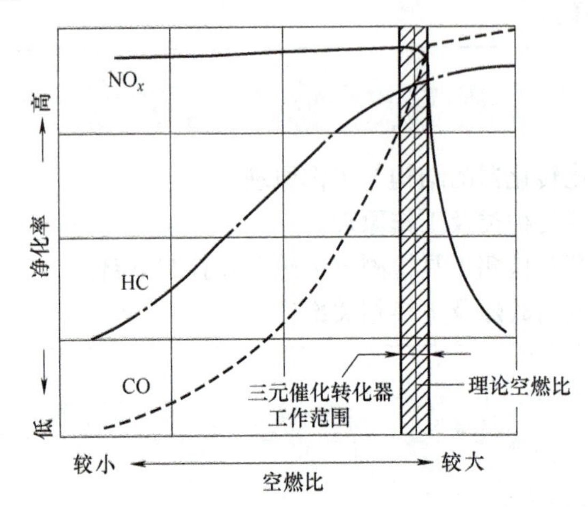


图5-2-2　三元催化转化器的净化率与空燃比的关系图

## 二、氧传感器及控制电路

氧传感器（Oxygen Sensor，$O_2S$）安装在发动机排气管上，通常三元催化转化器前后各一个，如图5-2-3所示。前氧传感器也称为空燃比传感器，其功用是监测排气中氧离子含量，获得混合气的空燃比信号，并将该信号转变为电信号输入ECU。ECU根据氧传感器信号，对喷油时间进行修正，实现空燃比反馈控制（闭环控制），将空燃比控制在理论值14.7∶1附近。后氧传感器主要检测经三元催化转化器转化后的废气中的氧含量，以监测三元催化转化器的工作情况。氧传感器根据工作原理的不同，可分为氧化锆（$ZrO_2$）式、氧化钛（$TiO_2$）式和线性宽频式三种。

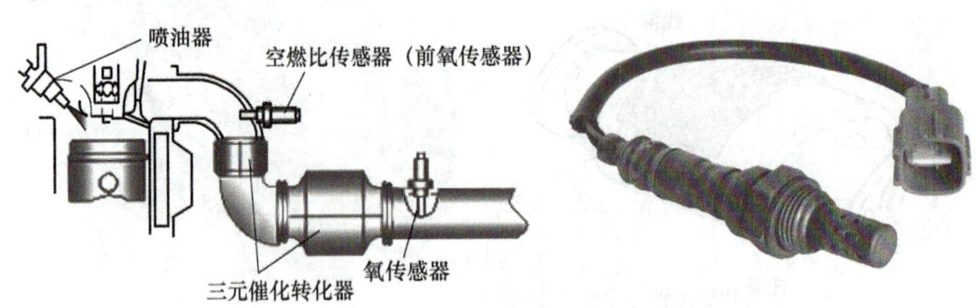


图5-2-3　氧传感器及安装位置

**1. 氧化锆式氧传感器**

氧化锆式氧传感器又分为加热型与非加热型氧传感器两种，现在发动机上普遍采用加热型氧化锆式氧传感器。它的特点是在较低的排气温度下（如怠速）仍能保持工作，使用寿命长。

（1）氧化锆式氧传感器结构原理　加热型氧化锆式氧传感器主要由氧化锆元件（锆管）、加热器和保护罩等部件组成，如图5-2-4所示。

氧化锆是一种固体电解质，在工作温度达到300℃以上时，氧离子可以在其内部扩散。传感器中的氧化锆陶瓷管制成试管型，称为锆管，其封装在钢质护管内，锆管内表面通大气，外表面通废气，且在锆管内外表面镀有金属电极，作为传感器信号输出。当发动机工作时，锆管内、外表面上存在氧浓度差，氧离子在锆管中扩散，锆管内外表面之间的电位差将随可燃混合气浓度变化而变化，即锆管相当于一个氧浓差电池，传感器的信号源相当于一个可变电源。工作原理图如图5-2-5所示。

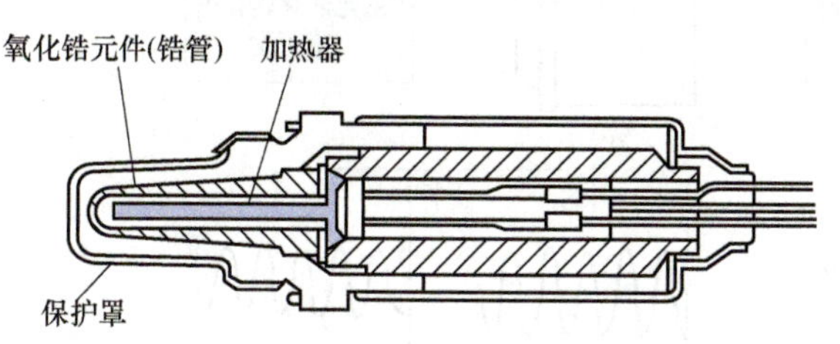


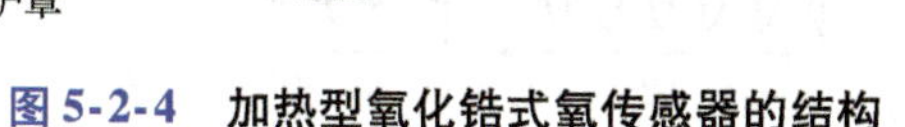

图5-2-4　加热型氧化锆式氧传感器的结构

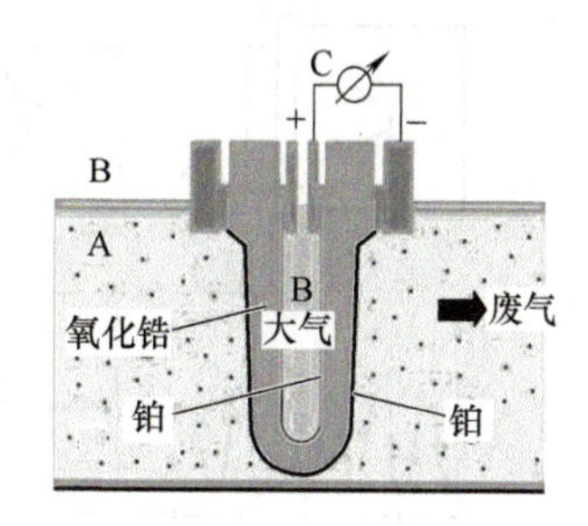


图5-2-5　氧化锆式氧传感器的工作原理图

当供给发动机的可燃混合气较浓时（空燃比小于14.7），锆管内、外表面之间的氧离子浓度差较大，两个铂电极之间的电位差较高（约0.9V）；当供给发动机的可燃混合气较稀时（空燃比大于14.7），锆管内、外表面之间氧离子的浓度差较小，两个铂电极之间的电位差较低（约0.1V）。氧传感器产生的电信号输入发动机ECU，ECU将输入电压信号与基准电压（一般为0.45V）进行比较。当信号电压比基准电压高时，判定为混合气过浓，当信号电压比基准电压低时，判定为混合气过稀。以此对喷油时间进行反馈调节，以使空燃比保持在理论值附近的一个狭小范围内。氧传感器的输出电压信号在理论空燃比处发生突变，并在0.1~0.9V范围内不断变化，通常每10s内变化8次以上，氧传感器输出电压特性及波形如图5-2-6所示。若氧传感器输出电压变化过缓或电压保持不变（不论保持在高电位或低电位），则表明氧传感器有故障。

现在的发动机通过三元催化转化器前、后两个氧传感器来监测三元催化转化器的工作情况。一般来说，如果转化器工作正常时，后氧传感器的信号波动明显很小。随着转化效率的降低，尤其在三元催化转化器老化之后，后氧传感器的信号波动幅度及频率明显增大，当后氧传感器的信号波形与前氧传感器的信号波形接近时，表示三元催化转化器已经失效，如图5-2-7所示。

（2）氧化锆式氧传感器电路　科鲁兹LDE发动机安装有两个氧传感器，分别为B52A氧传感器1、B52B氧传感器2，其电路如图5-2-8所示。每个氧传感器有四根导线通过插接器与线束相连，其中两根为加热丝电路，另外两根为氧传感器信号电路。同时，发动机控制

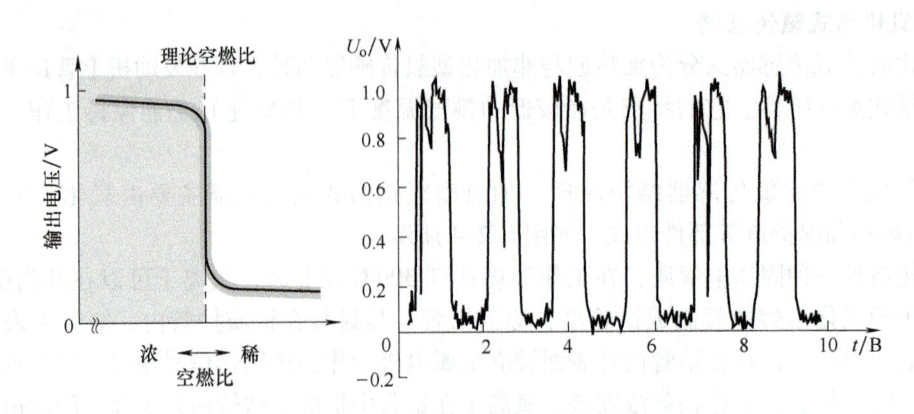


图 5-2-6　氧化锆式氧传感器输出电压特性及波形

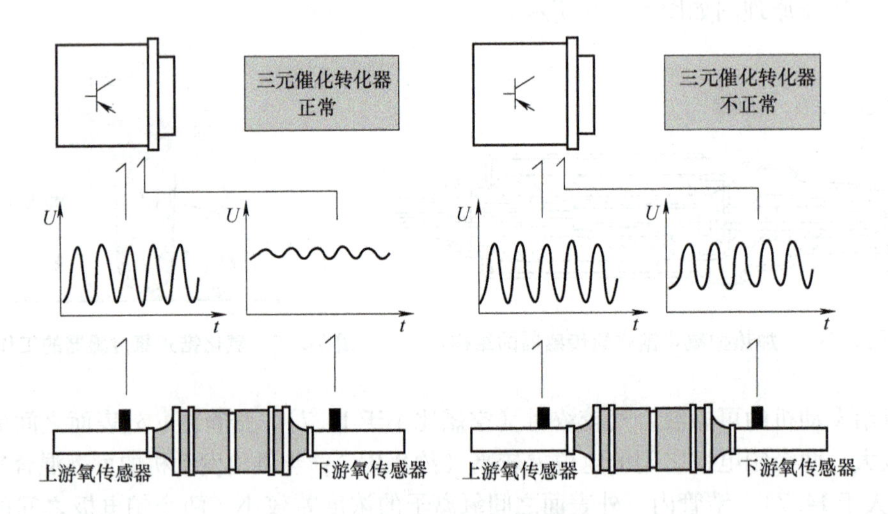


图 5-2-7　三元催化转化器的监测

单元 K20 的 X1-17、X1-40 两个端子分别为两个氧传感器提供屏蔽线连接。两个氧传感器的加热丝供电线连接在一起，经熔丝 F47UA，由发动机控制开关继电器 KR75 提供，加热丝的低电平回路由发动机 ECU 利用脉宽调制控制，以保证工作温度。氧传感器的高、低信号导线直接与发动机控制单元 K20 相连接。

**2. 氧化钛式氧传感器**

氧化钛式氧传感器是利用半导体材料氧化钛的电阻值随排气中氧浓度的变化而改变的特性制成的，是一种电阻型氧传感器，主要由二氧化钛管、传感器保护套、钢质壳体、加热元件和电极引线等组成，外形与氧化锆式氧传感器相似，如图 5-2-9 所示。

二氧化钛材料的电阻随排气中氧离子浓度的变化而变化。利用这个特性，氧化钛式氧传感器的信号源相当于一个可变电阻，故又称为电阻型氧传感器。当工作温度达到 600℃，发动机排出废气中的氧含量较高时，二氧化钛的电阻值增大，发动机排出废气中的氧含量较低时，二氧化钛的电阻值减小。利用适当的电路对电阻值变量进行处理，即可转换成电压信号输送给 ECU，用来确定实际空燃比。在实际的反馈控制过程中，二氧化钛式氧传感器与 ECU 连接端子上的电压在 0.1～0.9V 范围内不断变化。

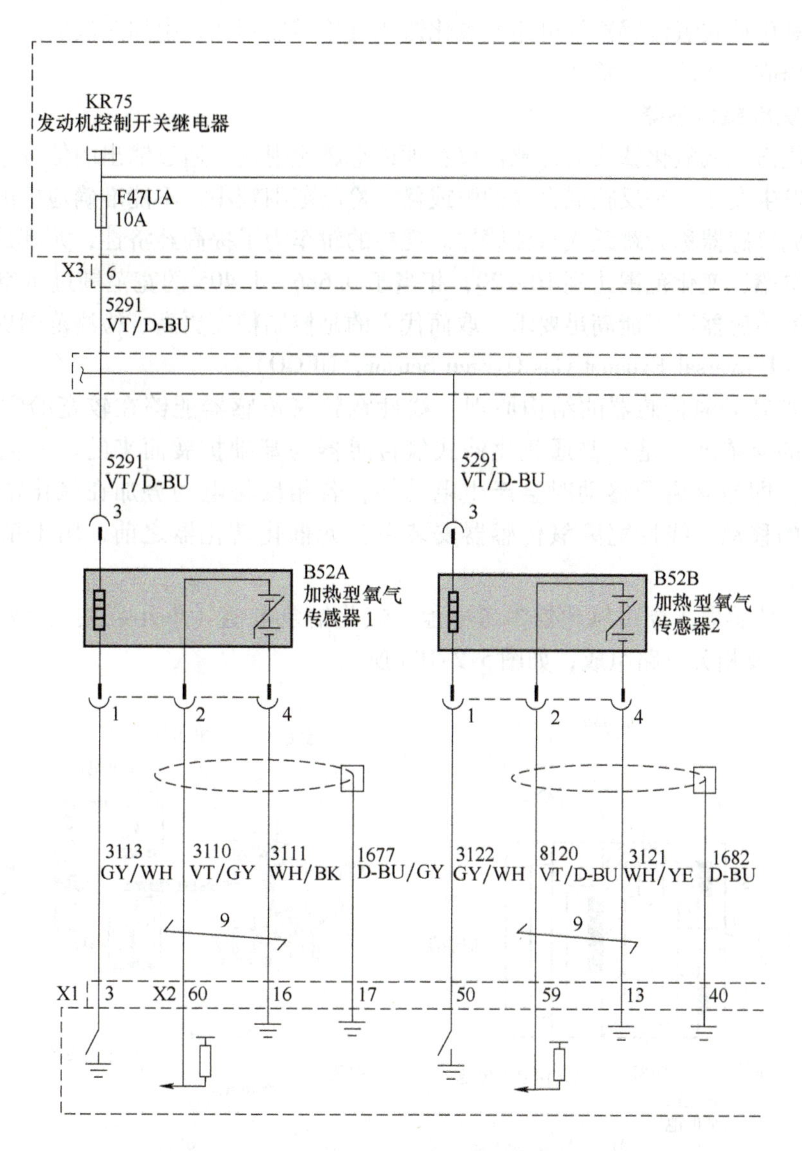


图 5-2-8　科鲁兹 LDE 发动机氧传感器电路

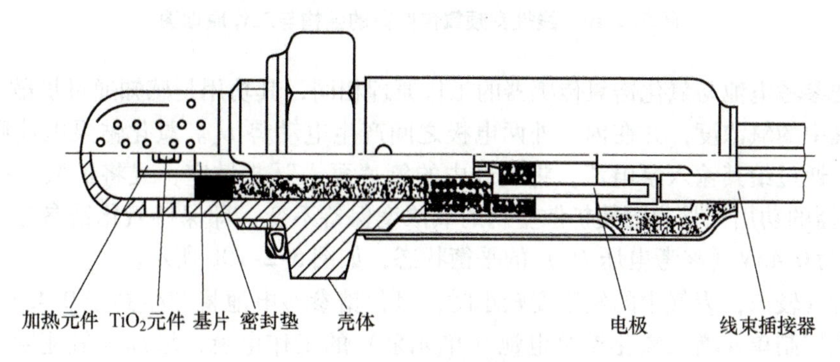


图 5-2-9　氧化钛式氧传感器

加热型氧化钛式氧传感器的电路与氧化锆式氧传感器相似，由加热丝加热电路和氧传感器信号电路构成，在此不再赘述。

**3. 线性宽频氧传感器**

普通氧化锆式或氧化钛式氧传感器仅在理论空燃比附近，通过输出的信号电压由低到高或由高到低发生突变，来反映混合气的浓或稀，检测范围较小，不能准确地检测出混合气的浓度，此种氧传感器称为跳跃式氧传感器。现在的轿车为了提高经济性，尤其是稀薄燃烧技术的发展，空燃比变化范围达到10~20，相当于0.686~1.405的宽范围过量空气系数的变化，传统的氧传感器已不能满足要求，取而代之的是控制精度更高、检测范围更广的线性宽频氧传感器（Universal Exhaust Gas Oxygen Sensor，UEGO）。

（1）线性宽频氧传感器的结构原理　线性宽频氧传感器能够在较宽的空燃比范围内检测尾气中的氧浓度，是在普通氧化锆式氧传感器为基础扩展而来的。氧化锆式氧传感器有一特性，即当氧离子移动时会产生电动势，若相反将电动势加在氧化锆组件上，则造成氧离子的移动。线性宽频氧传感器安装在三元催化转化器之前，用于精确检测排气中的氧含量。

宽量程氧传感器主要由氧化锆参考电池、氧化锆泵电池（单元泵）、扩散孔、扩散室、控制器A和B及相关电路组成，如图5-2-10a所示。

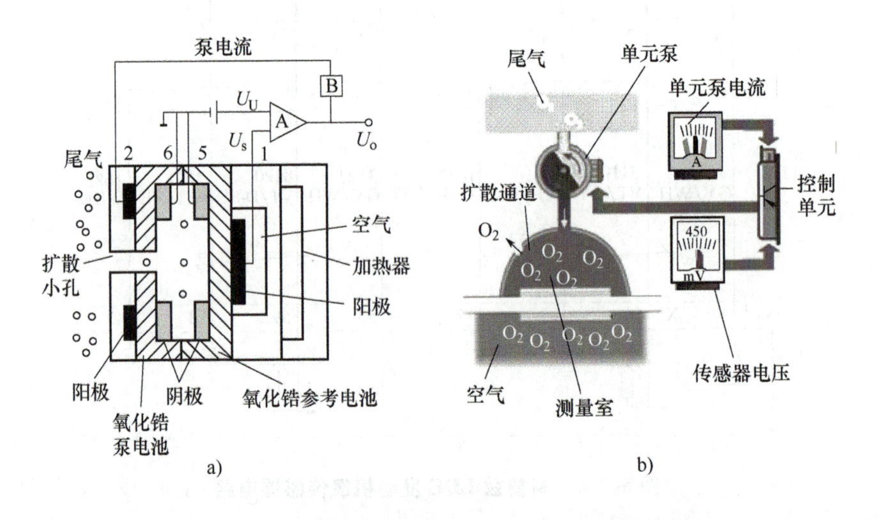


**图5-2-10　线性宽频氧传感器的结构与工作原理图**

氧化锆参考电池与氧化锆氧传感器的工作原理相同，其功用是感知通过扩散小孔进入扩散室的废气中的氧浓度，并在内、外两电极之间产生电动势 $U_s$。氧化锆泵电池则相当于一个氧气泵，通过给其输入泵电流，将废气中的氧“泵入”扩散室，或将扩散室中的氧“泵出”。控制器的功用则是力图使扩散室内的氧浓度保持不变，即保持氧化锆参考电池产生的电动势 $U_s$ 为0.45V（参考电压 $U_U$）的平衡状态，如图5-2-10b所示。

当混合气较浓，废气中的氧浓度较小时，氧化锆参考电池将产生高于0.45V的电动势。此时发动机控制单元增大氧化锆泵电池（单元泵）的工作电流，增加泵氧速度，单元泵泵入测试室中的氧含量增加，使氧化锆参考电池电压值恢复到0.45V，工作过程如图5-2-11所示。

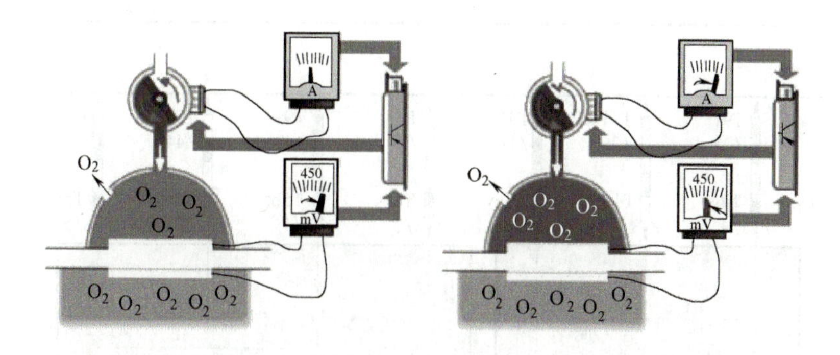


图 5-2-11 浓混合气线性宽频氧传感器工作过程图

当混合气较稀，废气中的氧浓度较大时，氧化锆参考电池将产生低于0.45V的电动势。为能使参考电压值尽快恢复到0.45V，发动机控制单元减小氧化锆泵电池（单元泵）的工作电流，使泵入测试室的氧含量减少。单元泵的工作电流传递给控制单元，控制单元将其折算成电压值信号，工作过程如图5-2-12所示。

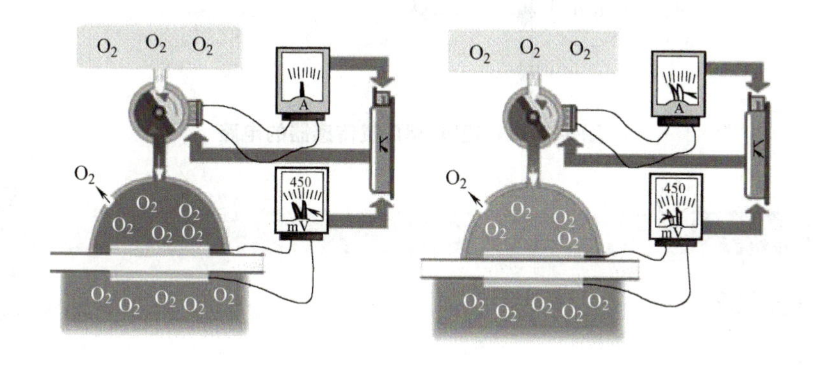


图 5-2-12 稀混合气线性宽频氧传感器工作过程图

随着废气中的氧浓度变化，氧化锆参考电池产生的电动势 $U_s$ 变化，而要使 $U_s$ 保持在0.45V的平衡状态，所需的泵电流也随之成正比变化。通过控制器将变化的泵电流信号转换成连续变化的电压信号 $U_o$(1~2V)，ECU根据此电压信号即可确定混合气的实际浓度。

（2）线性宽频氧传感器电路 迈腾B8L轿车发动机上装配有两个氧传感器，电路如图5-2-13所示。后氧传感器GX7为四线普通氧化锆式氧传感器，其中Z19为加热器，G39为氧传感器元件。前氧传感器GX10为五线宽频氧传感器，其中Z29为加热器，G130为宽频氧传感器元件。两个氧传感器的加热器供电由主继电器J271经熔丝SB8（15A）提供，搭铁由发动机控制单元J623控制。宽频氧传感器G130由三根导线与发动机控制单元J623相连接，其中端子2为搭铁，端子5是氧化锆参考电池输出电压，标准值是0.45V，端子1为泵电流输入，即泵电池上施加的变化电压，正常信号电压为1.0~2.0V。

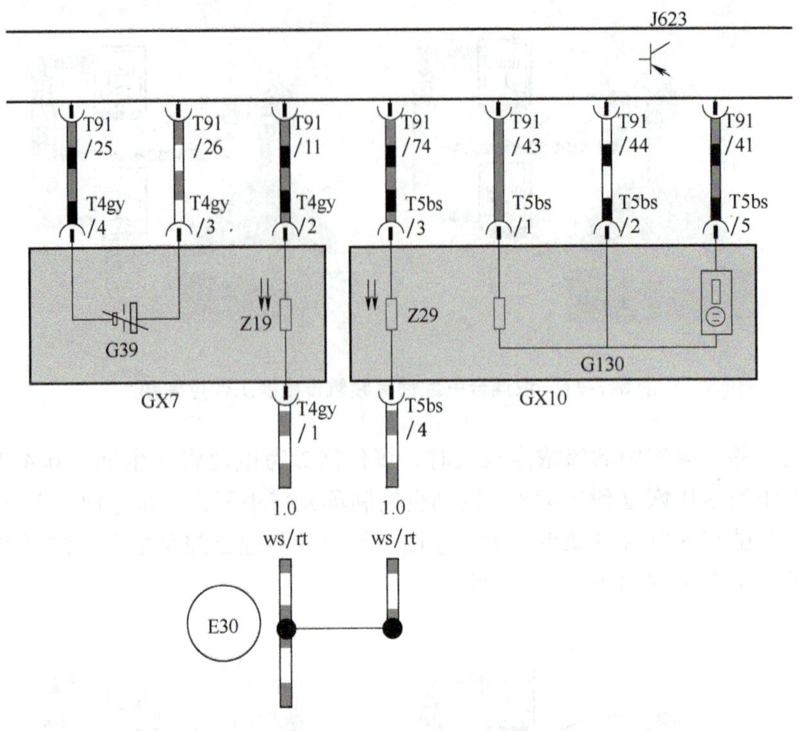


图 5-2-13 迈腾 B8L 氧传感器的电路

## 【任务实施】

氧传感器及控制电路检修

### 一、任务准备

**1. 实训设备**

科鲁兹轿车或 LDE 发动机实训台或相似实训设备。

**2. 实训工具**

汽车拆装手动工具、万用表、汽车诊断仪。

**3. 实训资料**

实训工作页、维修手册、教材。

**4. 辅助材料**

翼子板布和前格栅布、三件套、抹布、白板笔。

### 二、实施步骤

**1. 车辆基本检查**

1）实训车辆安全防护。

2）登记车辆基本信息。

3）车辆油、水、电基本检查。

**2. 氧传感器及电路检测**

1）将点火开关置于 OFF 位置，脱开氧传感器 1（B52A）线束插接器，插接器上有 4 个端子，如图5-2-14所示。端子1加热器低电平控制，端子2传感器高电平信号，端子3加热器供电，端子4传感器低电平信号。

2）用万用表检测前氧传感器端子1和端子3之间的电阻，即加热器内阻应为8～20Ω，如图5-2-15所示。如异常更换氧传感器。

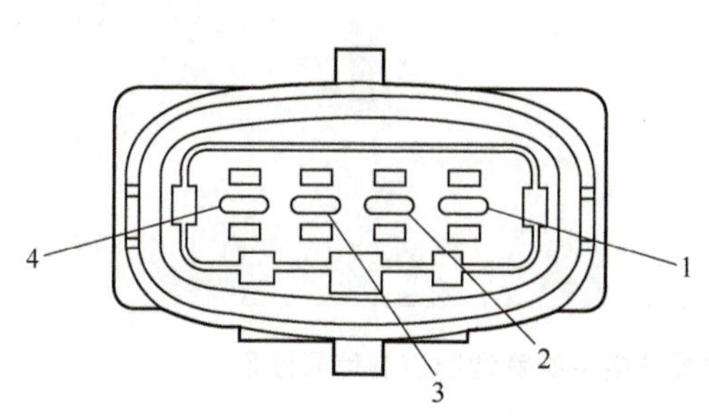
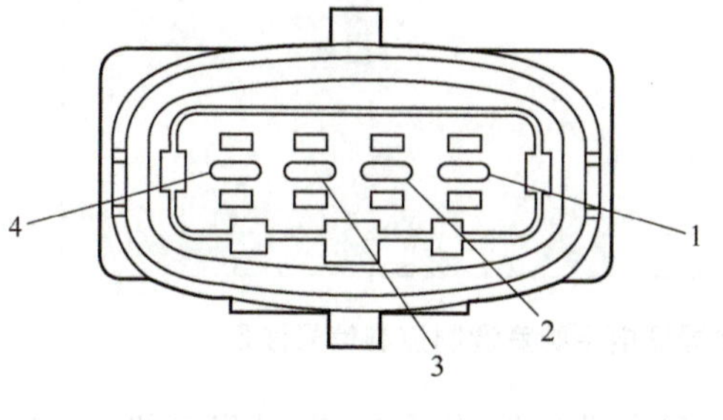


图5-2-14　科鲁兹LDE发动机氧传感器线束插接器　　图5-2-15　氧传感器加热器内阻检测

3）将点火开关置于ON位置，用万用表检测线束端子3与搭铁之间的电压，即加热器供电电压为12V，如图5-2-16所示。如异常应根据电路图检查供电熔丝、继电器或线路。

4）将点火开关置于ON位置，用万用表检测线束端子1与搭铁之间的电压，即加热器低电平脉宽调制控制电压为4.5V，如图5-2-17所示。如异常应根据电路图检查线路或更换发动机控制单元K20。

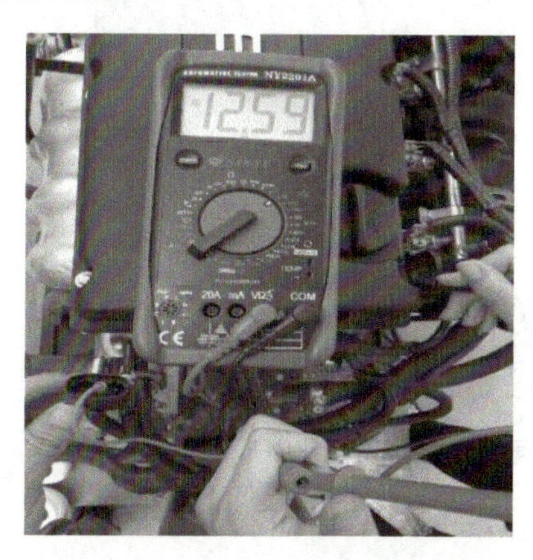


图5-2-16　氧传感器加热器供电检测

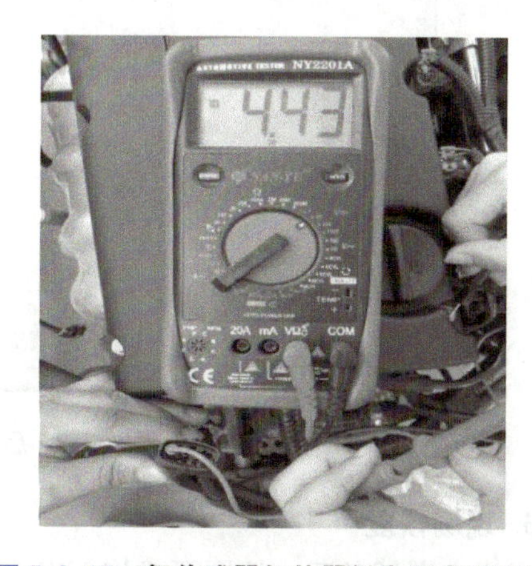


图5-2-17　氧传感器加热器低电平电压检测

5）将点火开关置于OFF位置，连接前氧传感器线束，并按照正确方法连接汽车诊断仪及示波测试线。示波器信号输入端连接端子1，另一端搭铁，起动发动机，检测氧传感器加热器脉宽调制控制信号波形，如图5-2-18所示。

6）将点火开关置于OFF位置，按照正确方法连接汽车诊断仪及双通道示波测试线。示波器CH1信号输入端连接氧传感器1（B52A）端子2，另一端连接端子4。示波器CH2信

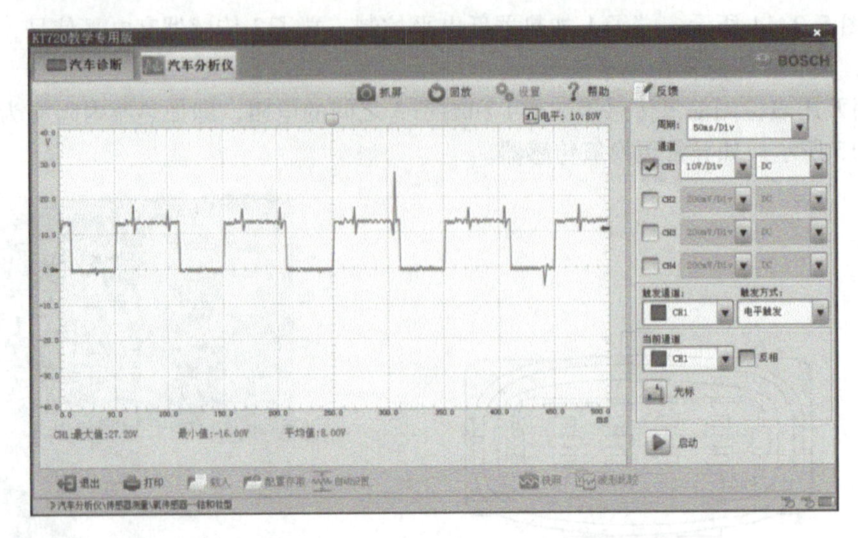


图 5-2-18　氧传感器加热器低电平脉宽调制控制信号波形

号输入端连接氧传感器 2（B52B）端子 2，另一端连接端子 4。起动发动机，同时检测前、后两个氧传感器的信号波形并对比，如图 5-2-19 所示。

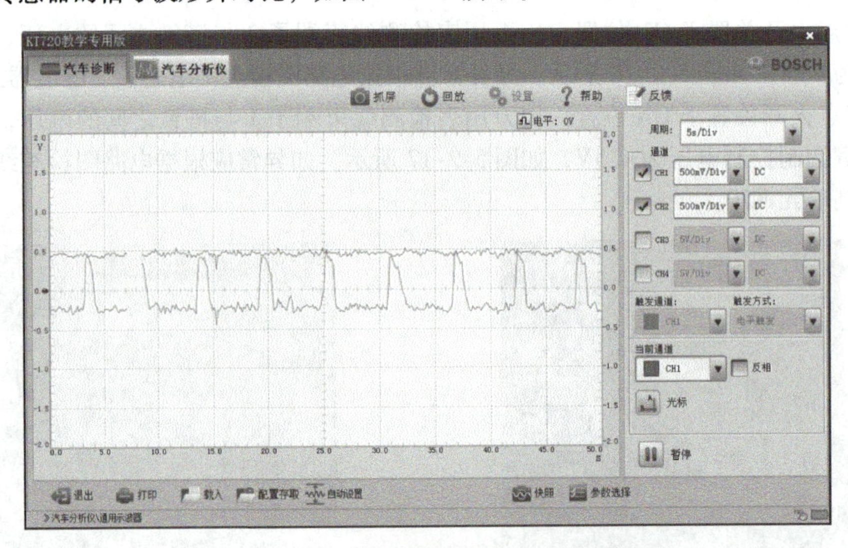


图 5-2-19　前、后氧传感器信号波形检测与对比

**3. 现场恢复**

完成实训任务后，按照要求恢复车辆、仪器和设备，做好现场 6S 管理。

## 【任务小结】

本任务主要介绍了三元催化转化器、氧传感器及其电路的结构与工作原理，重点阐述了氧传感器的检测过程。通过本任务的学习与实训，学生应在掌握相关理论知识的基础上完成三元催化转化器与氧传感器检修的工作任务。

## 【知识拓展】——三元催化转化器的清洗

排气控制系统中的三元催化转化器和氧传感器对汽车起到至关重要的作用。由于燃油中含有硫、磷等有害物质，燃烧后会在氧传感器表面和三元催化转化器内部形成化学络合物。另外，由于驾驶人的不良驾驶习惯，或者长期行驶在拥堵路面，发动机经常处于不完全燃烧状态，会在氧传感器和三元催化转化器内形成积炭，造成三元催化转化器中毒、堵塞、转化率低下甚至失效。因此，定期清洗三元催化转化器是有必要的。另外，三元催化转化器主要载体是由贵重金属构成的，价格十分昂贵，养护三元催化转化器也是降低用车成本的有效方法。

三元催化转化器的清洗方法比较多，在此仅介绍一种利用三元催化转化器清洗剂就车清洗的方法。利用三元催化转化器清洗剂清洗三元催化转化器，需要专门的清洗工具，类似医院输液，俗称为“打吊瓶”，如图5-2-20所示。清洗液通过工具由进气真空管吸入发动机，通过燃烧室、排气管到达三元催化转化器，在一定温度下，与三元催化转化器表面的覆盖物发生化学反应，以达到清洁目的。清洗步骤如下：①起动发动机，待冷却液温度正常后熄灭发动机；②将清洗剂与专用设备连接，将设备输出接头与真空管连接；③起动发动机，将转速控制在2000r/min左右，打开流量控制阀，将本品缓慢滴入进气道，清洗时间约为30～40min；④清洗完毕后保持发动机转速3～5min，以排出残液。

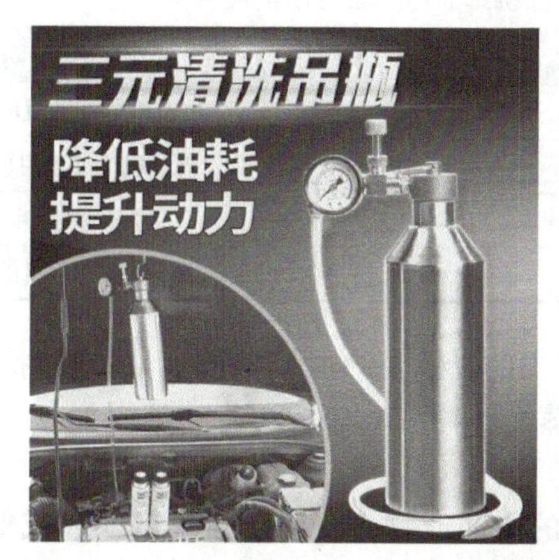

图5-2-20 三元催化器就车清洗

# 任务5.3 汽车尾气的检测与分析

## 【任务导入】

一辆科鲁兹轿车，年检尾气排放检测未达标，入厂进行维修。技术经理要求对该车尾气进行重新检测并分析故障原因。

## 【任务目标】

1. 能描述汽车排放污染物的种类及产生原因。
2. 能描述汽油机排放标准及检测方法。
3. 能够使用尾气分析仪检测汽油发动机尾气。
4. 能通过尾气检测数据分析故障原因。

## 【知识准备】

### 一、汽车排放污染物

#### 1. 汽车排放污染物的种类与来源

汽车排放的主要污染物有一氧化碳（CO）、碳氢化合物（HC）、氮氧化合物（$NO_x$）、二氧化碳（$CO_2$）和微粒物（PM）。汽油机的主要污染物是CO、$NO_x$和HC，用含铅汽油还会产生铅污染。柴油机最重要的排气污染物是PM和$NO_x$，柴油机与汽油机排放污染物对比情况表见表5-3-1。发动机排气中另一种主要的污染物是$CO_2$，它是正常燃烧的主要产物，虽然$CO_2$本身是无毒的，但它却是引起“温室效应”的主要成分，所以备受全球关注。

表5-3-1 柴油机与汽油机排放污染物对比情况表

| 污染物种类 | 柴 油 机 | 汽 油 机 | 备 注 |
| --- | --- | --- | --- |
| CO（%） | <0.5 | <10 | 汽油机为柴油机的20倍以上 |
| HC/$\times 10^{-6}$ | <500 | <3000 | 汽油机为柴油机的5倍以上 |
| $NO_x$/$\times 10^{-6}$ | 1000~4000 | 2000~4000 | 两者相当 |
| PM/(g/km) | 0.5 | 0.01 | 柴油机为汽油机的50倍以上 |

汽车排放的污染物主要来自于发动机排出的废气（约占65%以上），还包括曲轴箱窜气（约占20%）、燃油供给系统中蒸发的燃油蒸气（约占10%~20%）等。

#### 2. 汽车排放污染物产生的原因与危害

（1）一氧化碳CO　CO是烃燃料燃烧的中间产物，主要是在局部缺氧或低温条件下，由于烃不能完全燃烧而产生的，混在内燃机废气中排出。当汽车负载过大、慢速行驶时或空档运转时，燃料不能充分燃烧，废气中CO含量会明显增加。CO是一种化学反应能力低的无色无味的窒息性有毒气体，对空气的相对密度为0.9670，它的溶解度很小。

（2）碳氢化合物HC　汽车尾气的HC来自三种排放源。对一般汽油发动机来说，约60%的HC来自发动机尾气排放，20%~25%来自曲轴箱的泄漏，其余的15%~20%来自燃油系统的蒸发。排气中的HC和$NO_x$在一定的地理、温度和气象条件下，经强烈的阳光照射，会发生光化学反应，生成以臭氧（$O_3$）、醛类为主的过氧化产物，称为光化学烟雾。臭氧具有独特的臭味和很强的毒性，醛类对人眼及呼吸道有刺激作用。此外，它们还妨碍生物的正常生长。

（3）氮氧化合物$NO_x$　混合气在高温、富氧下燃烧时形成多种$NO_x$，例如NO、$NO_2$。汽油机排气中$NO_x$的浓度相比较小，但在柴油机中可占到排气中总$NO_x$的10%~30%。它刺激人眼黏膜，容易引起结膜炎、角膜炎，严重时还会引起肺气肿。

（4）微粒　微粒（碳烟）是柴油机主要有害排放物之一，产生的主要原因是未充分燃烧。微粒的主要成分是吸附物中有多种多环芳香烃，具有不同的致癌作用。这种微粒由在燃烧时生成的含碳粒子（碳烟）及其表面上吸附的多种有机物组成。

## 二、汽车尾气排放标准与检测

### 1. 汽车尾气排放标准

随着汽车尾气污染的日益严重，汽车尾气排放立法势在必行，世界各国早在20世纪六七十年代就对汽车尾气排放建立了相应的法规制度，欧洲和美国都制定了相关的汽车排放标准。欧洲标准是由欧洲经济委员会（ECE）的排放法规和欧共体（EEC）的排放指令共同加以实现的，欧共体（EEC）即是欧盟（EU）。排放法规由ECE参与国自愿认可，排放指令是EEC或EU参与国强制实施的。中国大体上采用欧洲标准体系，标准略低于欧标，随着标准的不断加严，中国的汽车排放控制与世界先进水平的差距也在不断缩小，我国轻型汽车与欧洲排放标准的实施时间见表5-3-2。

表5-3-2　我国轻型汽车与欧洲排放标准的实施时间

| 标　准 | 中国实施年份 | 欧洲实施年份 | 相差时间/年 |
|---|---|---|---|
| 国Ⅰ前（欧0） | 1900 | 1973 | 17 |
| 国Ⅰ（欧Ⅰ） | 2000 | 1992 | 8 |
| 国Ⅱ（欧Ⅱ） | 2004 | 1996 | 8 |
| 国Ⅲ（欧Ⅲ） | 2007 | 2000 | 7 |
| 国Ⅳ（欧Ⅳ） | 2010 | 2005 | 5 |
| 国Ⅴ（欧Ⅴ） | 2017 | 2009 | 8 |

2017年1月1日起在全国实施第五阶段国家机动车排放标准，即国Ⅴ排放标准，相比国Ⅳ标准，新标准轻型车$NO_x$排放可以降低25%，重型车$NO_x$排放可以降低43%。按照上海市机动车年度注册登记总量35万辆左右计算，预计上海年度新增车辆可以减少$NO_x$年度排放量1000t左右。另外，国内国Ⅴ标准排放控制水平相当于欧洲正在实施的第5阶段排放标准。

### 2. 汽油发动机尾气检测方法

按《点燃式发动机汽车排气污染物排放限值及测量方法（双怠速法及简易工况法）》（GB 18285-2005）的规定，自该标准实施之日起全国点燃式发动机在用汽车排放监控，采用本标准规定的双怠速法排气污染物限值及测量方法；在机动车保有量大、污染物严重的地区，也可采用稳态工况法、瞬态工况法和简易瞬态工况法三种简易工况法中的一种方法作为在用汽车排气污染物检测方法。采用简易工况法的地区应制定地方排气污染物排放限值。

（1）怠速工况法　怠速工况法是让汽车静止不动，发动机处于怠速工况，不带负荷，即关闭空调和动力转向泵等，然后将排气采样管插入汽车排气管尾端，按照规范对汽车排气中的CO和HC浓度进行检测的方法。

怠速工况法只能反映发动机怠速状态下空负荷排放情况，这时发动机为频氧偏浓燃烧，主要产生CO和HC，产生少量或不产生$NO_x$。怠速检测操作方便快捷，检测仪器价格和使用成本偏低。怠速时排放的 CO 和 HC 化合物浓度虽高，但汽车怠速运行时间占总运行时间的比例不大，检测结果缺乏全面性，为了提高测量精度，我国已经开始采用双怠速法进行排放测量。

（2）双怠速法　双怠速法是指在怠速工况下和高怠速工况下测试汽车的排放浓度，高怠速工况是指满足怠速条件下，用加速踏板将发动机转速稳定在 50% 的额定转速或制造厂技术文件中规定的高怠速转速时的工况。轻型汽车的高怠速转速规定为（2500 ± 100）r/min，重型汽车的高怠速转速规定为（1800 ± 100）r/min。如有特殊规定的按照制造厂技术文件规定的高怠速转速。

（3）简易工况法　车辆置于底盘测功机上，车辆按规定车速在底盘测功机上“行驶”。驱动轮带动滚筒转动，滚筒并非处于自身无阻力可旋转状态，底盘测功机会按照检测标准事先设定向滚筒（最终向驱动轮）施加一定的负荷，来模拟汽车道路行驶阻力。车辆按一定的速度，克服一定的阻力，走完试验工况，同时测量尾气中污染物含量。由于在用车的有载荷检测法与新车试验的完全工况法相比，设备、仪器做了简化，试验时间也缩短很多，故称为“简易工况法”。

（4）汽油车简易稳态工况法（ASM）　简易稳态工况法是美国加州汽车维修管理局（简称 Bar）提出的一种更为简单的工况法，该方法主要是稳定的匀速过程，加载保持固定值。有两个等速工况段：一是 ASM5025 工况，车速为 25km/h。按车辆加速度为 $1.47\text{m/s}^2$ 负荷的 50% 作为设定功率对车辆进行加载。二是 ASM2540 工况，车速为 40km/h。按车辆加速度为 $1.47\text{m/s}^2$ 负荷的 25% 作为设定功率对车辆进行加载。

**3. 汽油机尾气分析**

汽油机尾气分析是对发动机的燃烧状况进行综合评价，主要分析内容有混合气空燃比、点火正时及三元催化转化器效率等。主要分析的参数有 CO、HC、$CO_2$ 和 $O_2$ 等的含量，还有空燃比（$A/F$）或过量空气系数 $\lambda$ 等。

（1）尾气分析仪　汽油机尾气分析需要使用尾气分析仪，如图 5-3-1 所示。尾气分析仪可检测多种气体，常见的为四气体或五气体。五种气体的检测仪也称为五气分析仪，它可测量 HC、CO、$CO_2$、$NO_x$ 和 $O_2$ 五种气体成分。其中 HC、CO、$CO_2$ 采用不分光红外法（NDIR）测量，而 $O_2$ 和 NO 采用电化学法测量。同时，还能测量大气温度、大气压力、发动机转速和排气温度等参数，并能显示空燃比（或 $\lambda$）值。

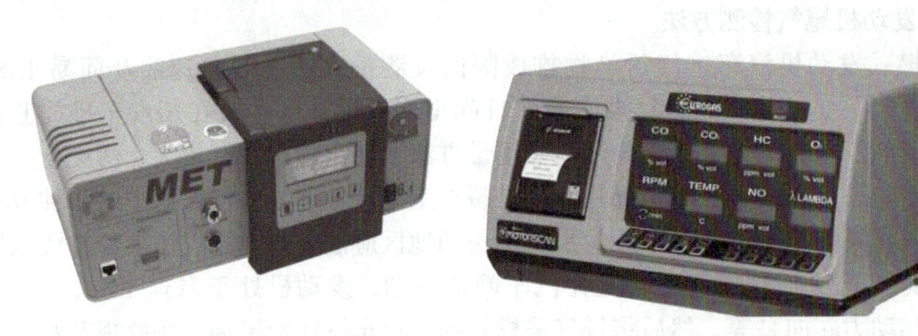


图 5-3-1　汽车尾气分析仪

（2）尾气超标分析　电控汽油机在怠速工况下，主要的尾气排放中 HC 大约为 55 ×

$10^{-6}$以下，CO 低于 0.5%，$O_2$ 为 1.0% ~2.0%，$CO_2$ 为 13.8% ~14.8%。尾气中的 CO、HC、NO 浓度与空燃比的关系图如图 5-3-2 所示。

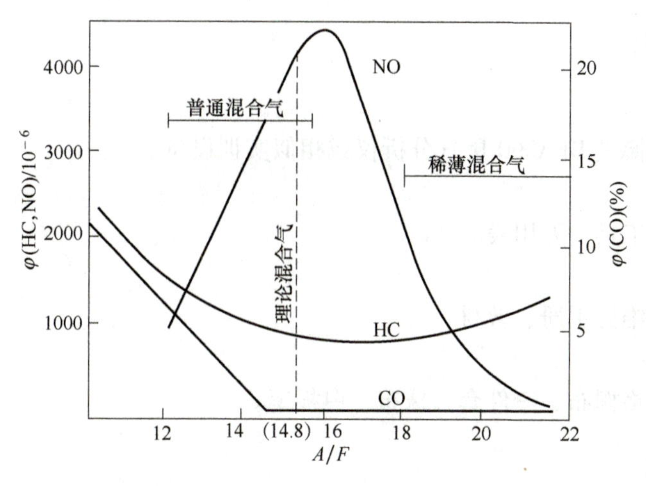


图 5-3-2 尾气中的 CO、HC、NO 浓度与空燃比的关系图

在进行废气分析前，首先要有该车型发动机在不同工作状况下废气排放浓度正常值的资料。然后通过被检测汽车实际废气排放值与正常值的比较，用于辅助判断发动机各系统故障。

尾气中 $CO_2$ 可以反映出燃烧的效率，当发动机中的混合气充分燃烧时，$CO_2$ 将达到峰值；$O_2$ 是反映空燃比的最好指标，如果混合气过浓，$O_2$ 的读数就低，CO 的读数就高，如果混合气过稀，$O_2$ 的读数就高，CO 的读数就低；HC 的读数高则说明燃油没有充分燃烧、气缸压力不足、发动机温度过低、油箱中的燃油蒸发、混合气由燃烧室向曲轴箱泄漏、混合气过浓或过稀、点火正时不对、间歇性失火、冷却液温度传感器不良、喷油器泄漏或堵塞以及油压过高或过低等因素都将导致 HC 读数过高；CO 是因为燃烧不完全引起的。混合气过浓将产生大量的 CO，混合气过稀引起失火，将生成过多的 HC。如果发动机的 CO 过高，很可能是喷油器漏油、燃油压力过高或电控系统产生了故障。尾气排放的综合分析见表 5-3-3。

表 5-3-3 尾气排放的综合分析

| CO | HC | $CO_2$ | $O_2$ | 故障原因 |
|---|---|---|---|---|
| 低 | 很高 | 低 | 低 | 间歇性失火 |
| 低 | 很高 | 低 | 低 | 气缸压力不正常 |
| 很高 | 很高/高 | 低 | 低 | 混合气过浓 |
| 很低 | 很高/高 | 低 | 很高/高 | 混合气过稀 |
| 高 | 低 | 正常 | 正常 | 点火太迟 |
| 低 | 高 | 正常 | 正常 | 点火太早 |
| 变化 | 变化 | 低 | 正常 | EGR 阀泄漏 |
| 很低 | 很低 | 很低 | 很高 | 燃油喷射系统有故障 |
| 低 | 低 | 低 | 高 | 排气管漏气 |

## 【任务实施】

汽车尾气的检测与分析

### 一、任务准备

**1. 实训设备**

科鲁兹轿车、博世 BEA060 尾气分析仪或相似实训设备。

**2. 实训工具**

汽车拆装手动工具、万用表。

**3. 实训资料**

实训工作页、维修手册、教材。

**4. 辅助材料**

翼子板布和前格栅布、三件套、抹布、白板笔。

### 二、实施步骤

**1. 车辆基本检查**

1）实训车辆安全防护。

2）登记车辆基本信息。

3）车辆油、水、电基本检查。

**2. 尾气分析仪的连接**

1）起动发动机，车辆暖机至正常工作温度，即冷却液温度不低于80℃，保持怠速运转。

2）检查尾气分析仪主机、电源线、取样管等部件齐全，并按正确方法连接，同时检查计算机、测试软件运行正常，且与尾气分析仪通信正常，如图 5-3-3 所示。

图 5-3-3 尾气分析仪使用前检查

3）将尾气分析仪的取样管插入尾气抽排管上的小孔内，再将尾气抽排管吸头套接在车辆的排气管上，取样管插入深度大于400mm，如图 5-3-4 所示。

4）按一下设备面板上的电源开关键，起动尾气分析仪 BEA060，观察设备电源指示灯状态为橙色和绿色之间 1s 交替闪烁，如图 5-3-5 所示。若电源指示灯不点亮，则说明 BEA060 供电有问题，若指示灯闪烁状态异常，则为设备硬件故障。

图 5-3-4 尾气分析仪取样管连接

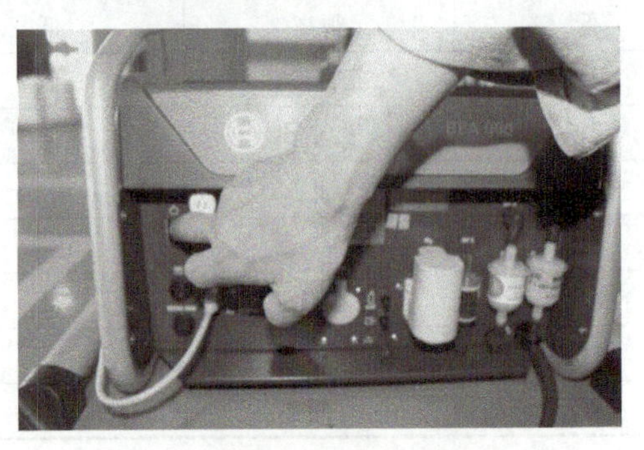

图 5-3-5 尾气分析仪 BEA060 开机

**3. 尾气检测与分析**

1）单击计算机桌面上的Bosch-Emision-Analysis图标，起动尾气分析仪测试软件，确认检测计算机及软件与尾气分析仪通信正常。在测试程序的起动初始界面，单击功能键F5【诊断测试】，测试程序进入到诊断测试界面，如图5-3-6所示。

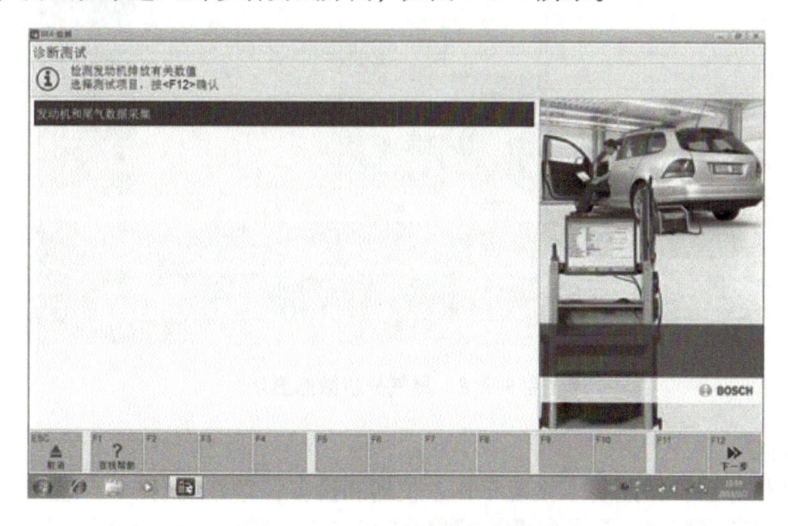


图5-3-6　进入诊断测试主界面

2）在诊断测试界面，单击F12【下一步】，此时测试程序默认为：发动机和尾气数据采集测试项，测试程序进入到“零点校准”及“HC残留测试”阶段，并自动执行。待设备完成自检测过程，计算机屏幕上会出现测试参数数值，如图5-3-7所示。

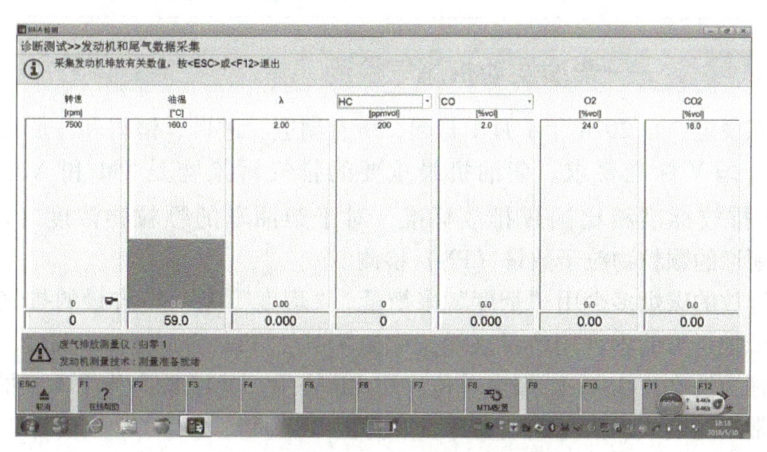


图5-3-7　零点校准及尾气测试界面

3）按下尾气分析仪的测量键，当计算机屏幕上的$CO_2$数值大于6%后，开始记录CO、CH、$CO_2$、$O_2$、λ数值，如图5-3-8所示。

4）测试完毕，单击软件ESC（退出键）及F4（确认键），关闭计算机测试程序，待BEA060的抽气泵停止工作后，按住电源开关键3s，即可关闭尾气分析仪的电源，此时电源指示灯熄灭，将尾气分析仪的取样管回收至指定位置放置。

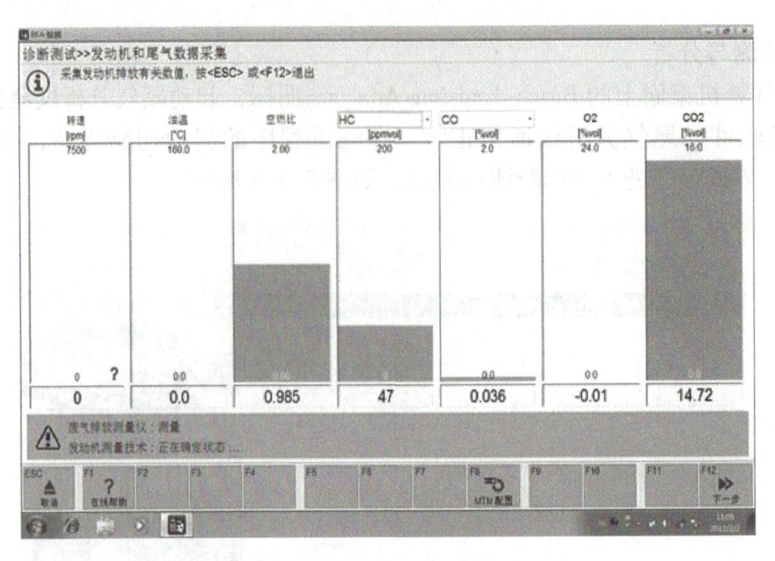


图 5-3-8　尾气分析数据显示

**4. 现场恢复**

完成实训任务后，按照要求恢复车辆、仪器和设备，做好现场 6S 管理。

## 【任务小结】

本任务主要介绍了汽车排放污染物的种类、产生原因及汽车排放的相关标准与检测，重点阐述了汽油机尾气检测的过程。通过本任务的学习与实训，学生应在掌握相关理论知识的基础上，完成汽车尾气检测与分析的工作任务。

## 【知识拓展】——柴油发动机尾气检测

根据国家规定，自 2018 年 1 月 1 日起，所有制造、进口、销售和注册登记的轻型柴油车，需符合国Ⅴ标准要求。柴油机最重要的排气污染物是 PM 和 $NO_x$（$NO_x$ 约占 90%），国Ⅴ排放标准相比国Ⅳ排放标准，对于柴油车的颗粒物浓度（PM）降低了 82%，还有新增的颗粒物粒子数量（PN）检测。

柴油机排放的碳烟多少用“烟度”来衡量。“烟度”是一定容量的排气所透过滤纸的黑度。滤纸被染黑的程度用数量表示，称为 FSN（Filter Smoke Number），是没有量纲的数值，又称为波许（Bosch）烟度单位，用 Rb 表示。滤纸最白为 Rb0，最黑为 Rb10。碳烟的检测常用滤纸式、消光式烟度计，如博世 BEA350、BEA070 烟度计，南华 NHT-2 消光式烟度计，如图 5-3-9 所示。

柴油机碳烟检测方法是汽车自由加速试验不透光烟度法。自由加速工况是在发动机怠速下，迅速但不猛烈地踏下加速踏板，使喷油泵供给最大油量。在发动机达到调速器允许的最大转速前，保持此位置。一旦达到最大转速，立即松开加速踏板，使发动机恢复至怠速。

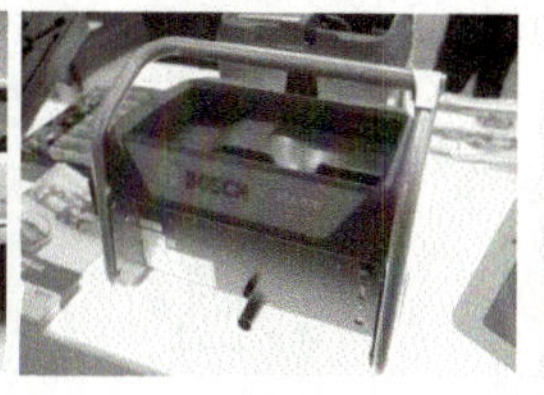
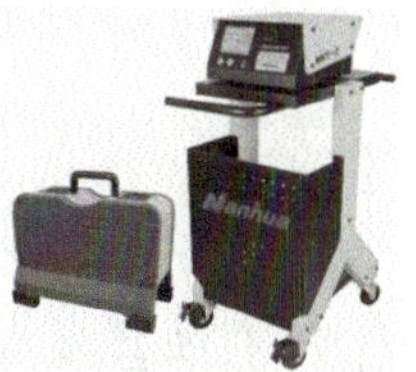


图 5-3-9　柴油机尾气分析仪（烟度计）

# 附录 科鲁兹 LDE 发动机电路图

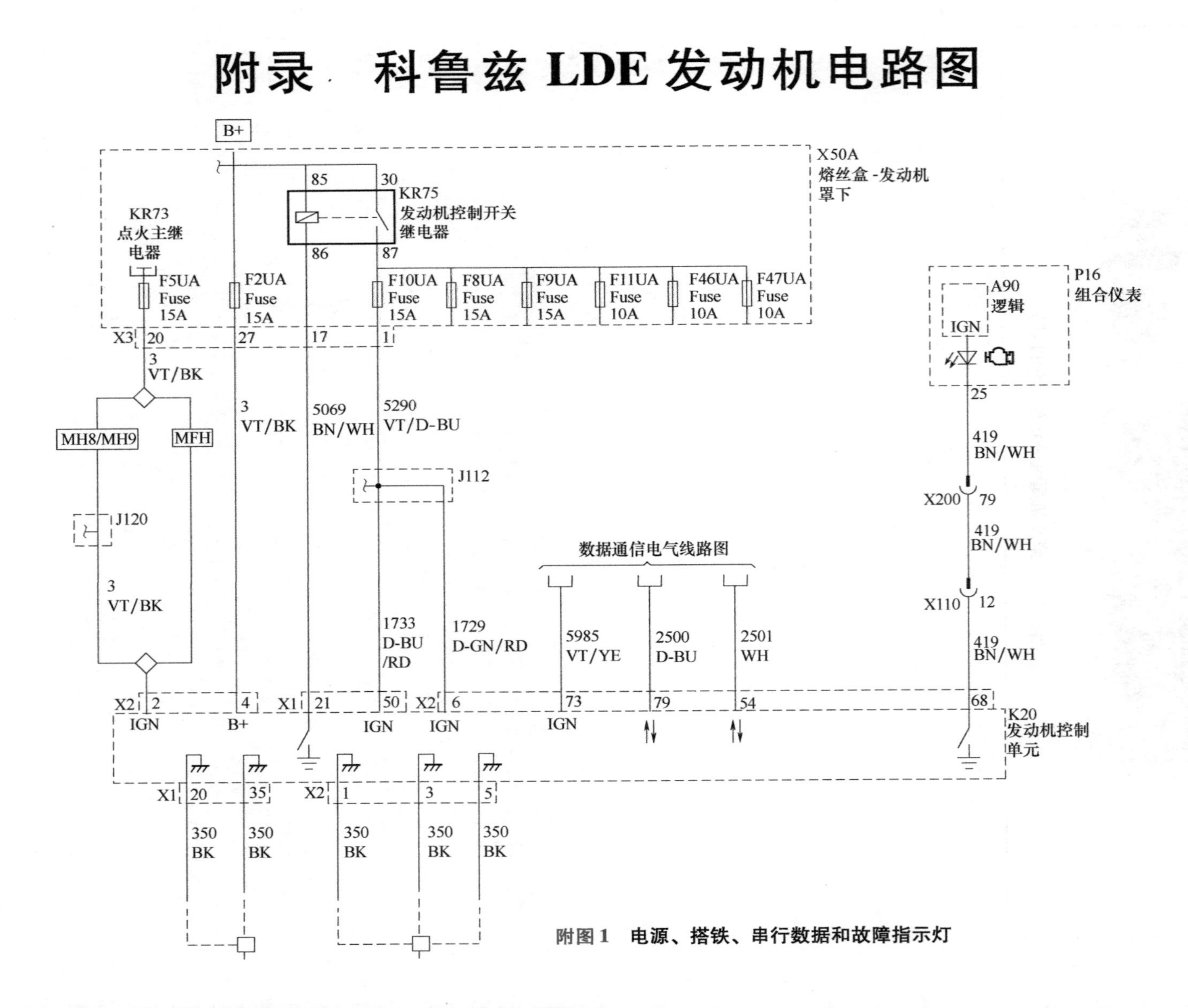


附图 1 电源、搭铁、串行数据和故障指示灯

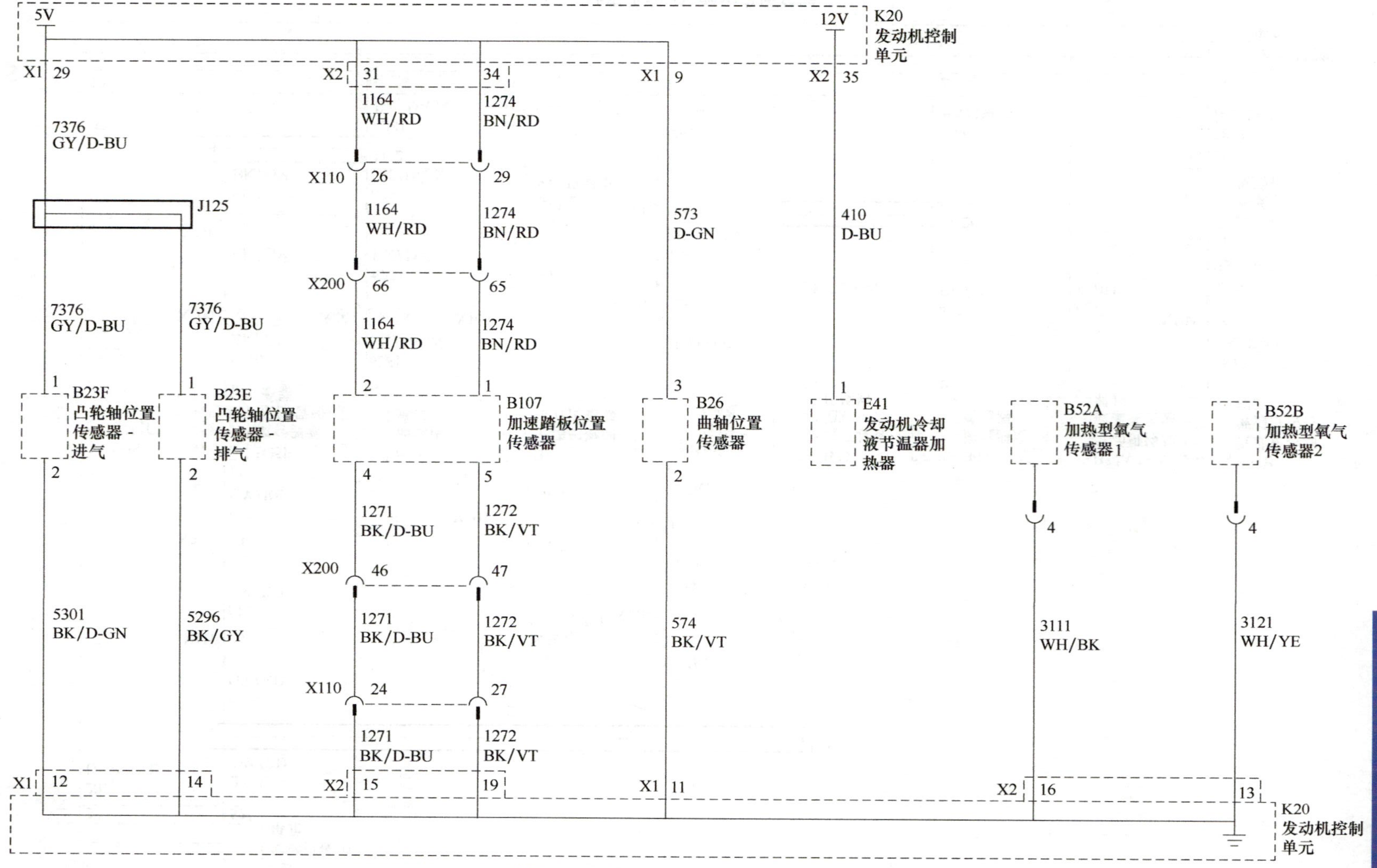


附图 2　低电平和 5V 参考电压总线（一）

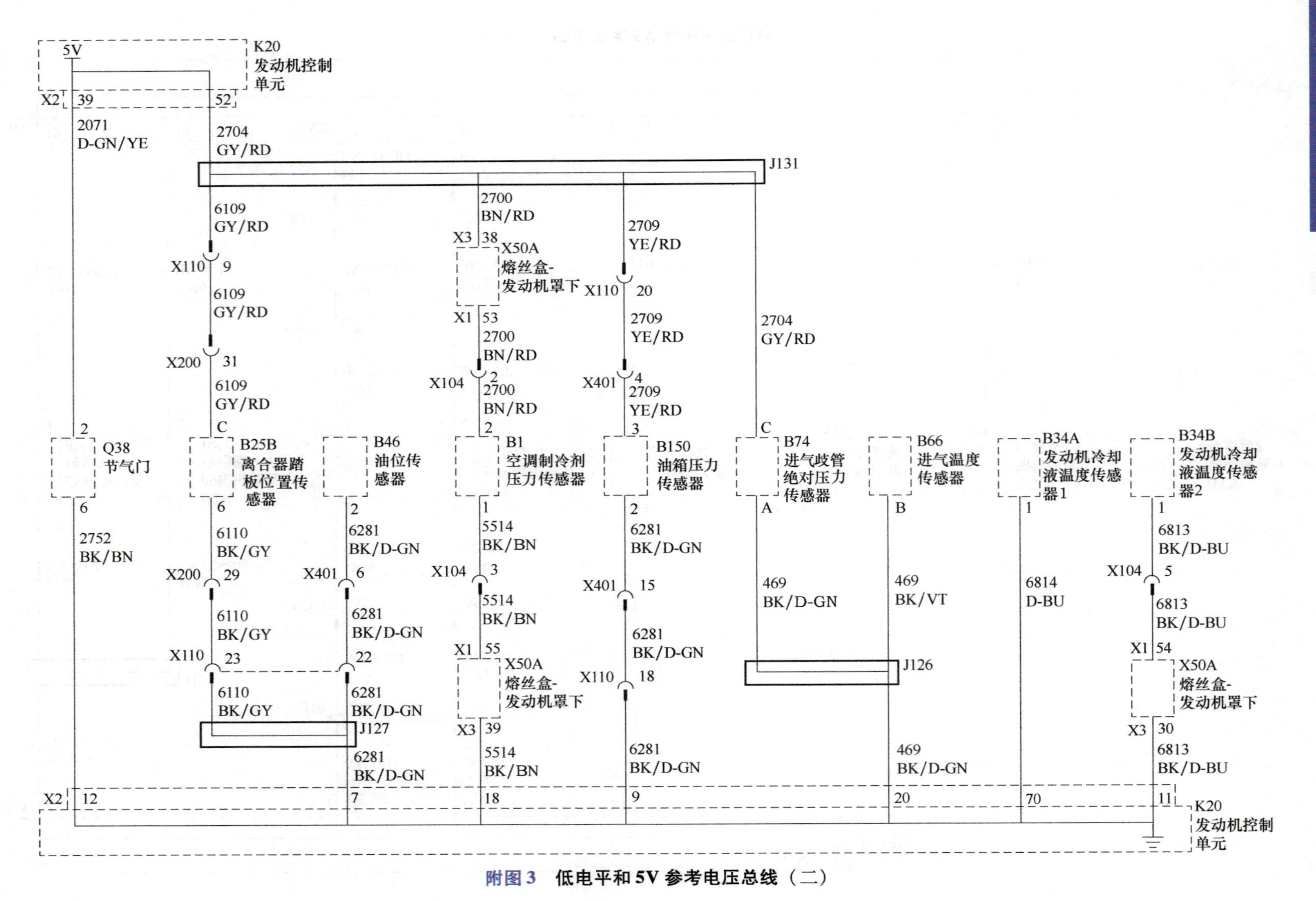


附图3　低电平和5V参考电压总线（二）

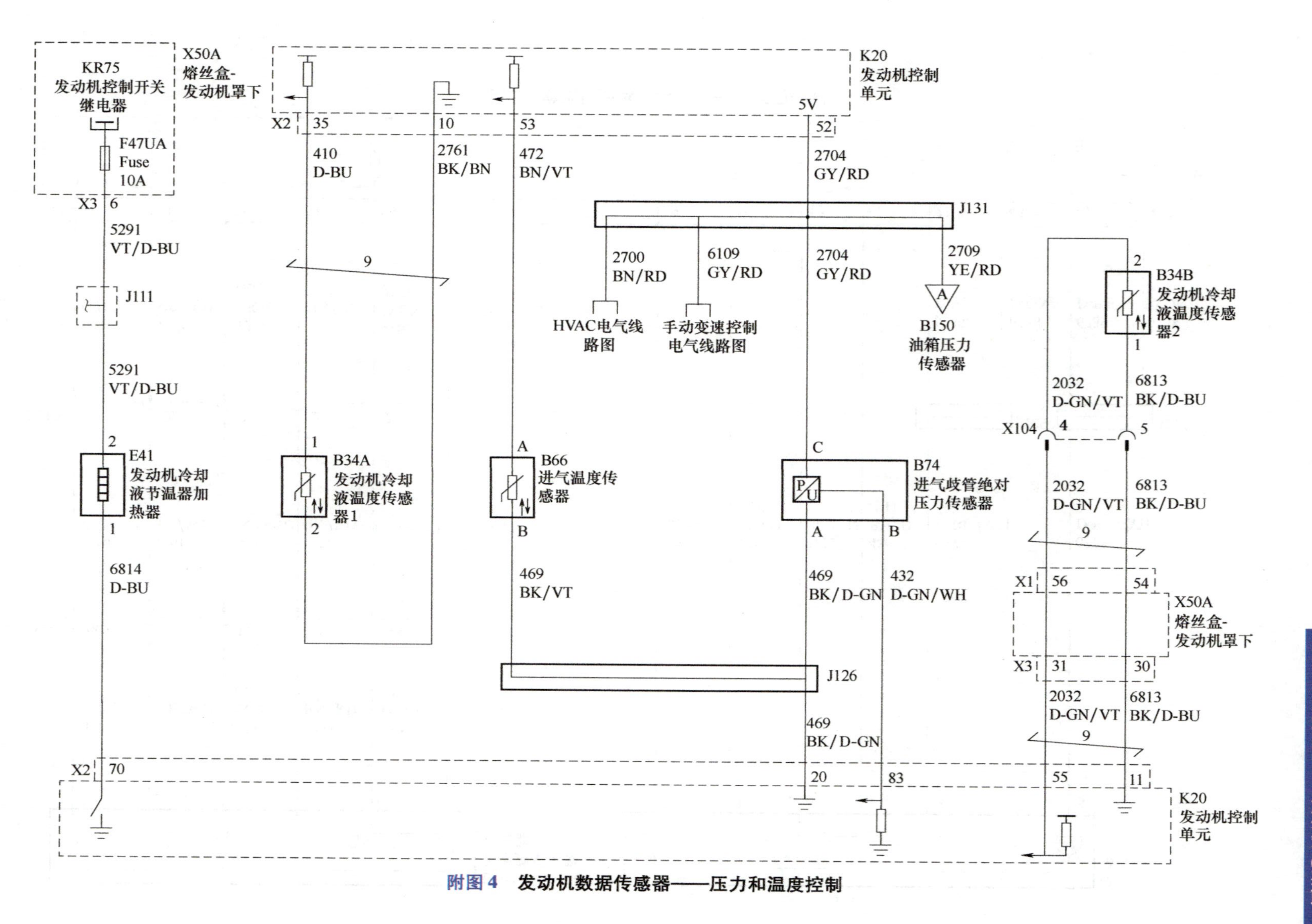


附图 4　发动机数据传感器——压力和温度控制

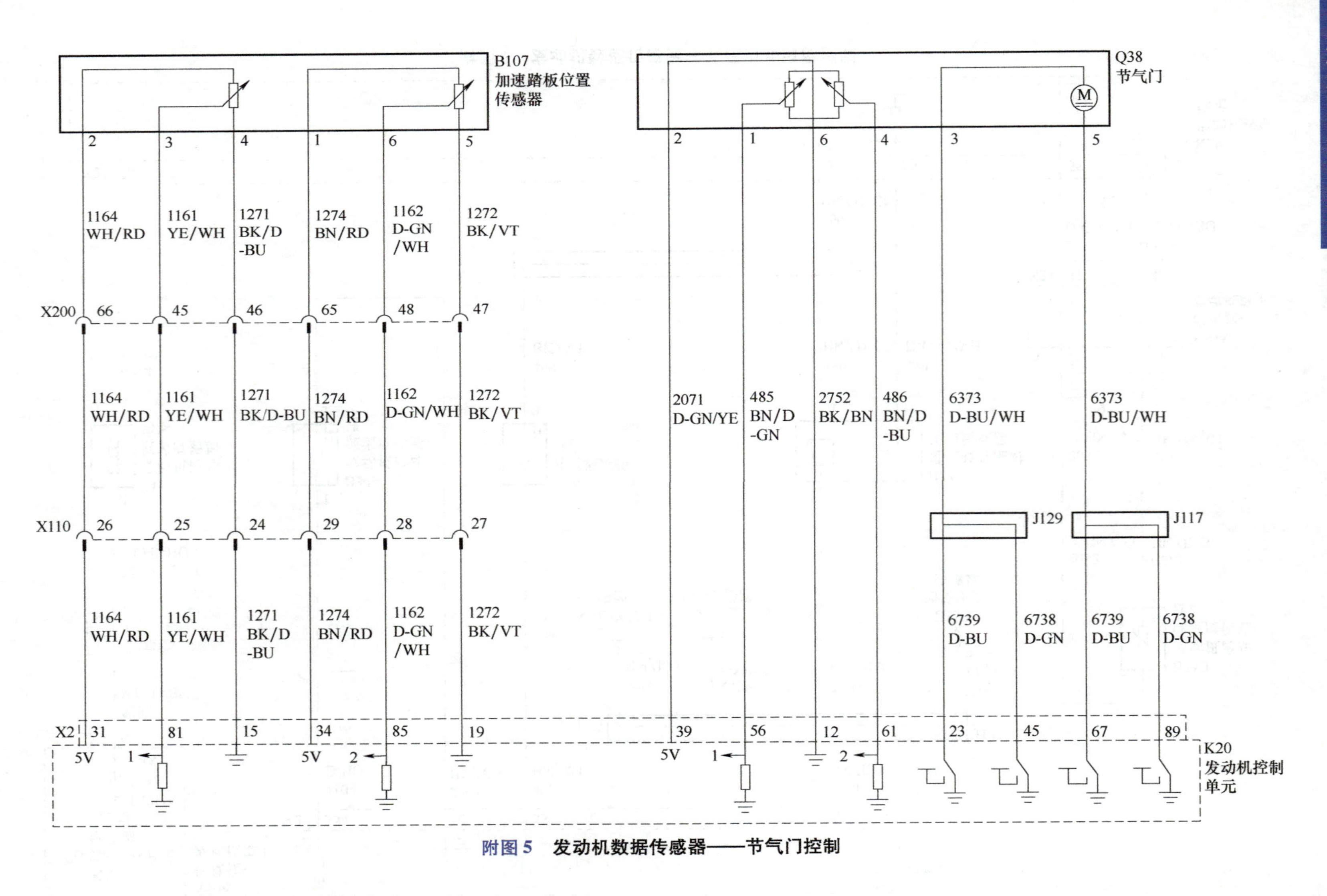


附图 5　发动机数据传感器——节气门控制

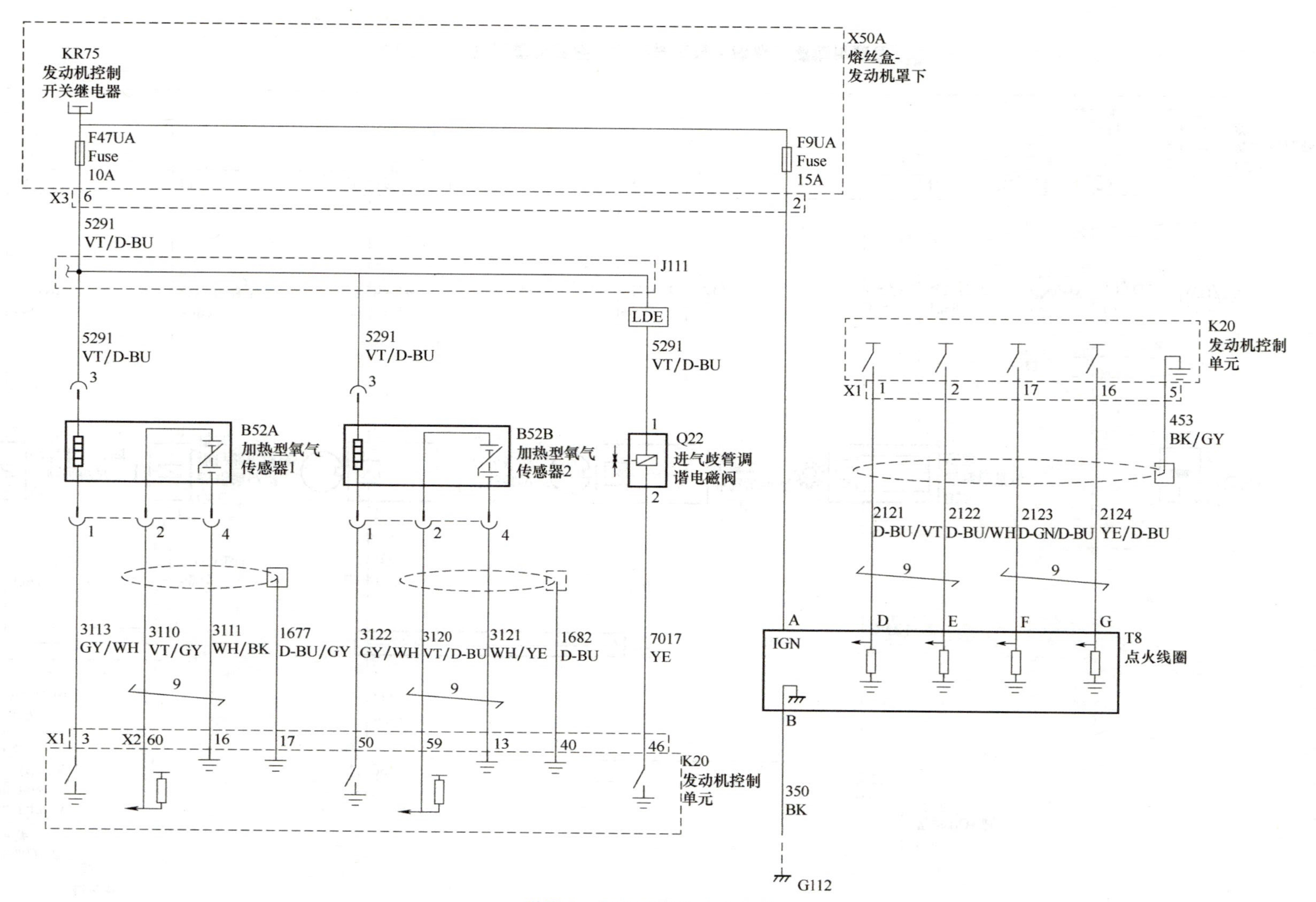


附图 6　氧传感器和点火系统

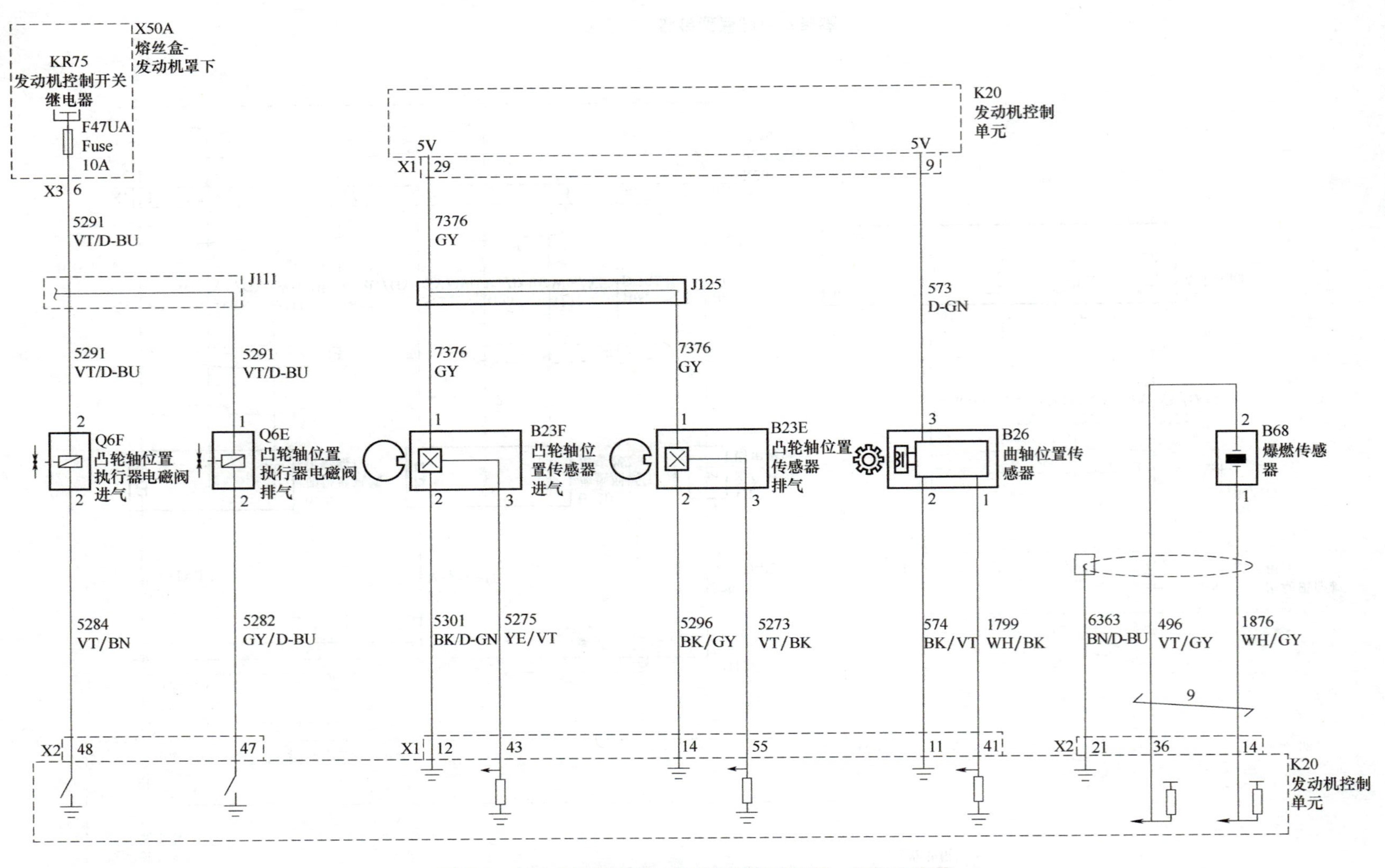


附图7　曲轴位置传感器、凸轮轴位置传感器、爆燃传感器

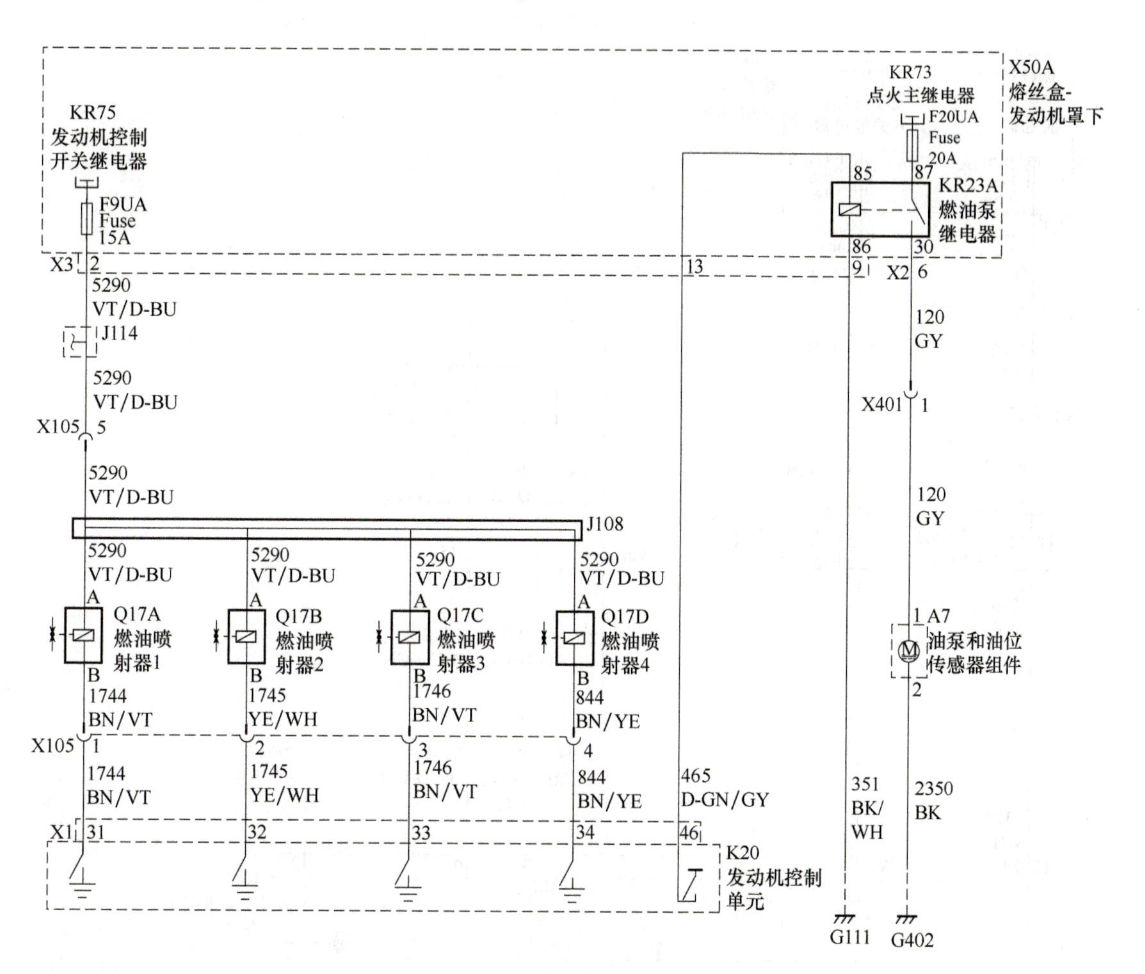


附图 8　燃油控制——喷油器和燃油泵

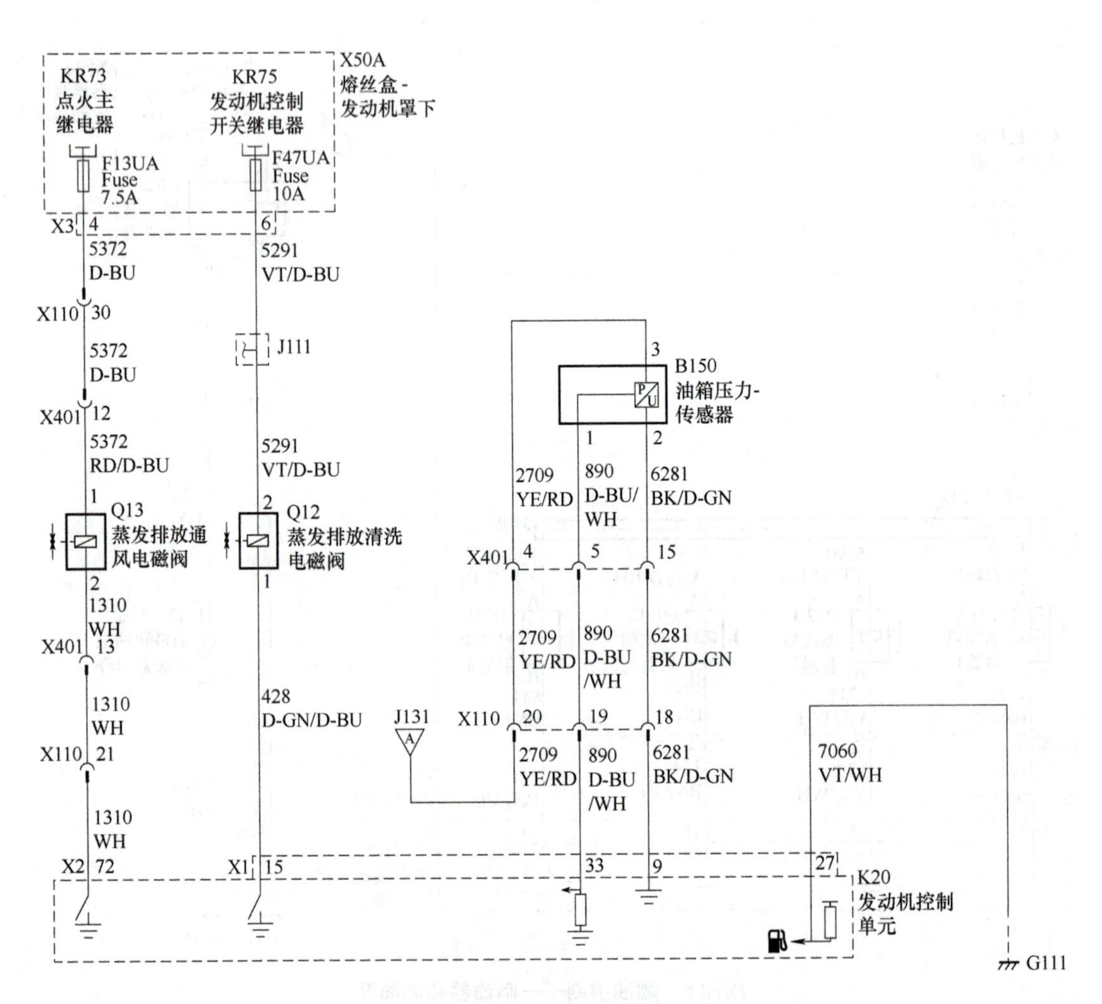


附图 9 燃油控制——蒸发排放

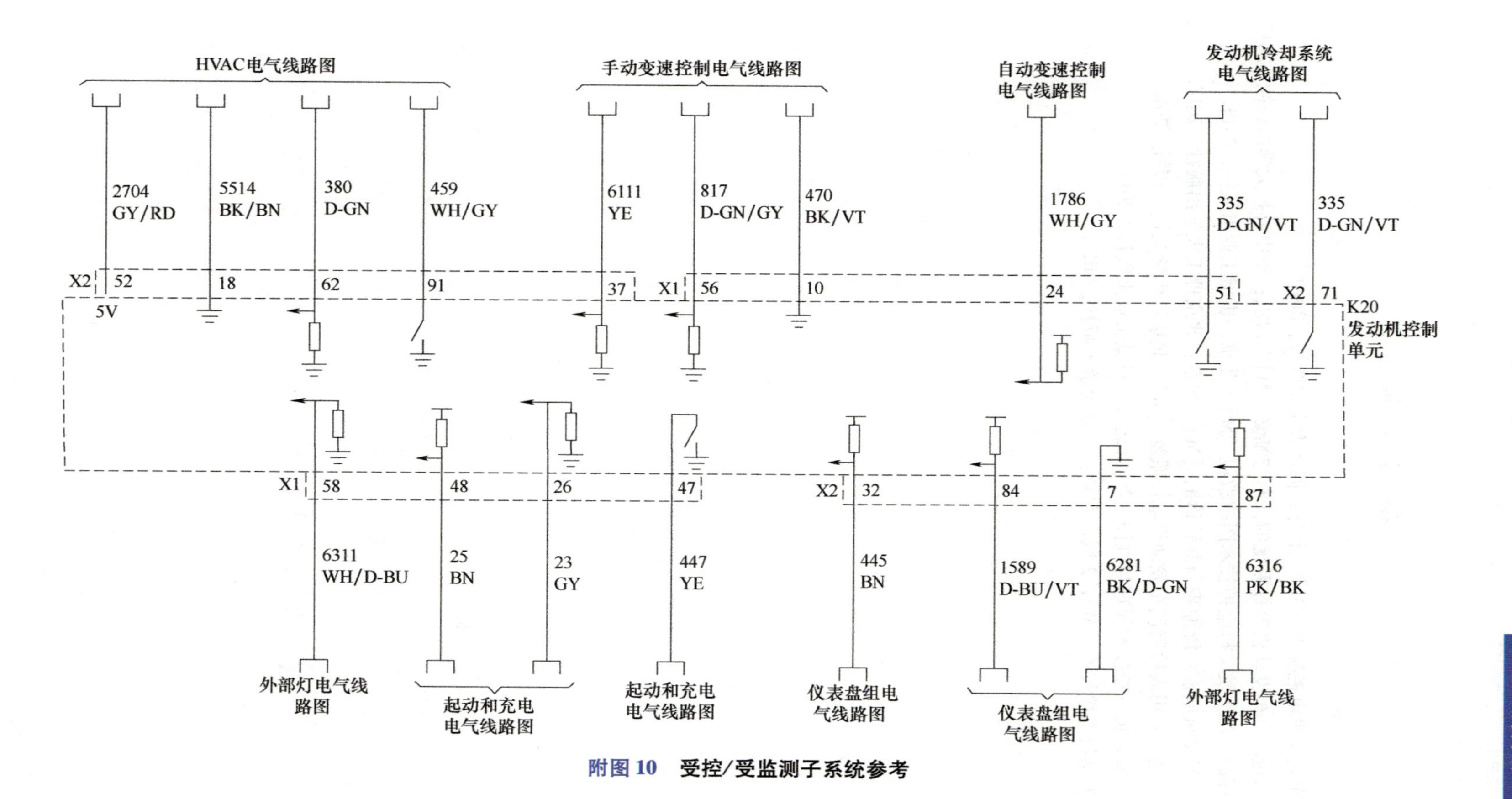


附图 10　受控/受监测子系统参考

# 参考文献

[1] 吴荣辉. 汽车发动机电控技术 [M]. 上海：同济大学出版社，2010.
[2] 李晶华，黎永键. 汽车发动机电控系统的诊断与维修 [M]. 武汉：华中科技大学出版社，2017.
[3] 黄费智，黄理经. 汽车发动机电控技术图解教程 [M]. 北京：机械工业出版社，2013.
[4] 许冀阳. 汽车发动机电控系统原理与故障诊断 [M]. 北京：北京理工大学出版社，2017.
[5] 李良洪，张大鹏. 万用表检测汽车发动机电控系统 [M]. 北京：化学工业出版社，2013.
[6] 曹红兵. 汽车发动机电控技术原理与维修 [M]. 北京：机械工业出版社，2014.
[7] 张俊. 汽车发动机电控技术 [M]. 2 版. 北京：北京大学出版社，2017.